中

5科の総まと

この本の特色としくみ

この本は，効率よく重要事項が確認できるように，要点を簡潔にまとめてあります。各教科の特性に応じて，図解・表解・写真による説明，例題とくわしい解説で理解しやすいしくみになっています。消えるフィルターを活用し，繰り返し学習して力をつけましょう。

補足説明として，注意，参考，発展などを載せています。

☆☆☆ 重要度を3段階で示しています。

得点UP テストでよく問われる内容やアドバイスを入れています。

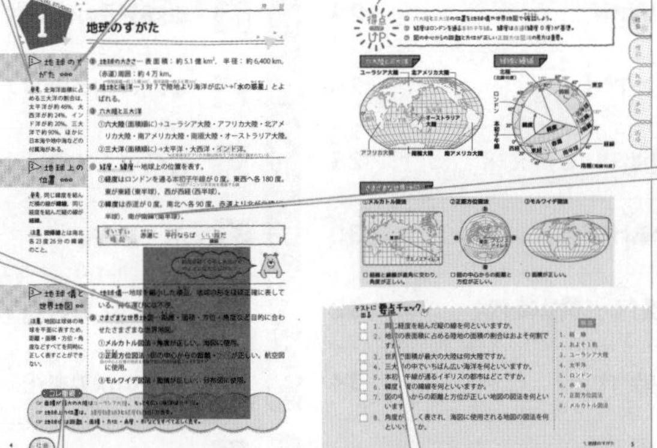

すいすい暗記 ゴロでポイントをまとめています。

上にのせると，消えるフィルターの中の赤い文字が消えます。

・コレ重要・ 特に覚えるべき重要項目を載せています。

テストに出る要点チェック（数学以外） ミニテストで要点が理解できているか確認できます。

CONTENTS | もくじ

数学

英語

国語

国語は巻末から始まります

SOCIAL STUDIES
1

月　日

地球のすがた

1 地球のすがた ☆☆☆

参考 全海洋面積に占(し)める三大洋の割合は，太平洋が約46%，大西洋が約24%，インド洋が約20%。三大洋で約90%。ほかに日本海や地中海などの付属海がある。

❶ **地球の大きさ**…表面積：約5.1億 km^2，半径：約6,400 km，(赤道)周囲：約4万km。

❷ **陸地と海洋**…3対7で陸地より海洋が広い→「**水の惑星**(わくせい)」とよばれる。
↱陸地面積→約1.5億 km^2，海洋面積→約3.6億 km^2

❸ **六大陸と三大洋**

①**六大陸**(面積順に)→ユーラシア大陸・アフリカ大陸・北アメリカ大陸・南アメリカ大陸・**南極**大陸・オーストラリア大陸。

②**三大洋**(面積順に)→太平洋・大西洋・**インド洋**。
↳太平洋はアフリカ大陸以外の5つの大陸に囲まれている

2 地球上の位置 ☆☆☆

参考 同じ緯度を結んだ横の線が**緯線**，同じ経度を結んだ縦の線が**経線**。

注意 **回帰線**とは南北各23度26分の緯線のこと。

● **経度・緯度**(いど)…地球上の位置を表す。

①**経度**はロンドンを通る**本初子午線**が0度。東西へ各180度。東が東経(東半球)，西が西経(西半球)。
↳旧グリニッジ天文台を通過する線

②**緯度**は**赤道**が0度。南北へ各90度。赤道より北が北緯(北半球)，南が南緯(南半球)。

> **すいすい暗記** 赤道(せきどう)に　平行(へいこう)ならば　いい線(せん)だ（緯線）

緯度が高くなると気温は
どのように変化するかな？

3 地球儀と世界地図 ☆☆

注意 地図は球体の地球を平面に表すため，距離・面積・方位・角度などすべてを同時に正しく表すことができない。

❶ **地球儀**(ぎ)…地球を縮小した模型(もけい)。地球の形をほぼ正確に表している。持ち運びには不便。

❷ **さまざまな世界地図**…距離(きょり)・面積・方位・角度など目的に合わせたさまざまな世界地図。

①**メルカトル図法**→**角度**が正しい。海図に使用。

②**正距方位図法**(せいきょ)→図の中心からの**距離**・**方位**が正しい。航空図に使用。
図の中心と任意の地点を直線で結んだ線が最短コースを表す↵

③**モルワイデ図法**→**面積**が正しい。分布図に使用。

・コレ重要・

☞ 面積が最大の大陸はユーラシア大陸，もっとも広い海洋は太平洋。
☞ 地球上の位置は，緯度(緯線)と経度(経線)で表す。
☞ 地球儀は距離・面積・方位・角度・形などをすべて正しく表す。

得点アップUP

① 六大陸と三大洋の位置を地球儀や世界地図で確認(かくにん)しよう。
② 経度はロンドンを通る本初子午線，緯度は赤道（緯度０度）が基準。
③ 図の中心からの距離と方位が正しい正距方位図法の見方は重要。

六大陸と三大洋

経度と緯度

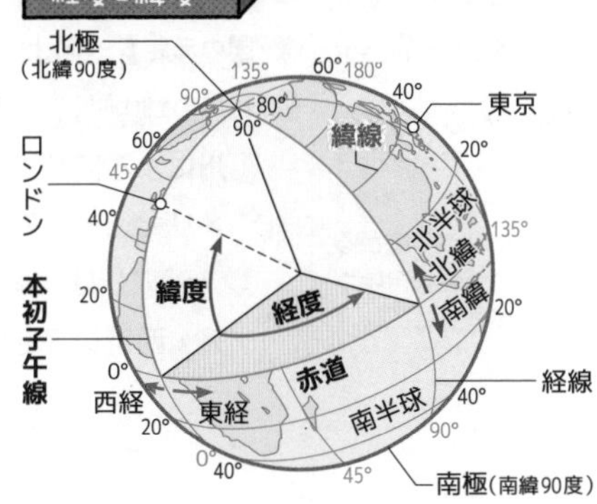

さまざまな世界地図

①メルカトル図法

経線と緯線が直角に交わり，角度が正しい。

②正距方位図法

図の中心からの距離と方位が正しい。

③モルワイデ図法

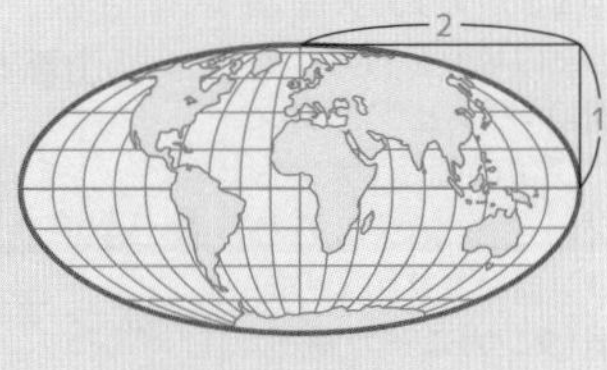

面積が正しい。

テストに出る 要点チェック

- [ ] 1．同じ経度を結んだ縦の線を何といいますか。
- [ ] 2．地球の表面積に占める陸地の面積の割合はおよそ何割ですか。
- [ ] 3．世界で面積が最大の大陸は何大陸ですか。
- [ ] 4．三大洋の中でいちばん広い海洋を何といいますか。
- [ ] 5．本初子午線が通るイギリスの都市はどこですか。
- [ ] 6．緯度０度の緯線を何といいますか。
- [ ] 7．図の中心からの距離と方位が正しい地図の図法を何といいますか。
- [ ] 8．角度が正しく表され，海図に使用される地図の図法を何といいますか。

解答

1．経線
2．およそ３割
3．ユーラシア大陸
4．太平洋
5．ロンドン
6．赤道
7．正距方位図法
8．メルカトル図法

月　日

世界の国々と地域区分

1 世界の国々と地域区分 ☆☆

注意 世界最大の面積をもつロシア連邦はヨーロッパとアジアの2州にまたがって広がるが，この分かれ目はウラル山脈である。

↗日本が承認している国の数は195か国，国連加盟国は193か国(2020年3月現在)

1. **世界の国(独立国)の数**…約190か国。
2. **国の三要素**…領土・国民・主権(政府)。
3. **世界の地域区分**…6つの州に分けられる。
   ①**州による区分**→アジア州・ヨーロッパ州・アフリカ州・北アメリカ州・南アメリカ州・オセアニア州。
   ②アジア州は，東アジア・東南アジア・南アジア・中央アジア・西アジアとロシア連邦(れんぽう)のシベリア地方に区分される。

日本は東アジアに区分されるよ。他の地域にはどんな国があるかな？

2 さまざまな国境線 ☆☆

参考 アフリカ大陸で自然の地形を利用した国境→ザンビアとジンバブエの国境(ザンベジ川)，タンザニアとコンゴ民主共和国の国境(タンガニーカ湖)など。

1. **自然の地形を利用した国境線**…河川(かせん)・山脈や湖など。
   ①**河川を利用した国境線**→アメリカ合衆国とメキシコ＝リオグランデ川，タイとラオス＝メコン川など。
   ②**山脈を利用した国境線**→チリとアルゼンチン＝アンデス山脈，イタリアとスイス＝アルプス山脈など。

   ヨーロッパの国々が植民地として分割支配した時に引いた境界線のなごり↖
2. **経線や緯線を利用した国境線**…アフリカ大陸に多い。
   エジプトとリビア→東経25度，エジプトとスーダン→北緯(ほくい)22度。アメリカ合衆国とカナダ→北緯49度と西経141度。
   ↳五大湖もアメリカ合衆国とカナダの国境の一部に利用されている

すいすい暗記	国境(こっきょう)は　山(やま)・川(かわ)・海岸(かいがん)　経緯線(けいいせん) 経線・緯線

3 さまざまな特色のある国々 ☆☆☆

注意 オーストラリアは大陸なので，島国(海洋国)ではない。

1. **国の形**…イタリア→長靴(ながぐつ)の形，チリ→南北に細長い形。
2. **島国(海洋国)**…日本，イギリス，ニュージーランド，キューバなど。
3. **内陸国**…モンゴル，スイス，ボリビアなど。
4. **面　積**…最大の国→ロシア連邦，最小の国→バチカン市国。
   イタリアのローマ市内にあるカトリックの総本山で，面積は約0.44 km²↩
5. **人口が多い国**…中国，インド，アメリカ合衆国の順。
   アメリカ合衆国は，人口と面積がともに世界第3位↩
6. **日本から遠い国**…南アメリカ州のブラジルやウルグアイ。

・コレ重要・
- ☞ 世界には約190の独立国(領土・国民・主権の三要素を満たす)がある。
- ☞ 面積が世界最大の国はロシア連邦，人口が世界最多の国は中国である。

得点アップUP

① 世界の6州の名称(めいしょう)や世界の面積・人口の上位国を覚えよう。
② 経線・緯線の直線的な国境がアフリカ大陸に多い理由を説明できるようにしよう。
③ 世界の国は日本との関係でおさえよう(人口・面積や位置など)。

世界の地域区分

特徴のある形の国

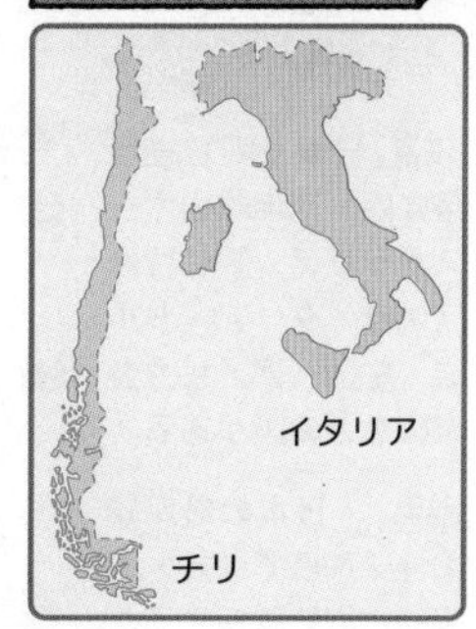

世界の略地図のかき方

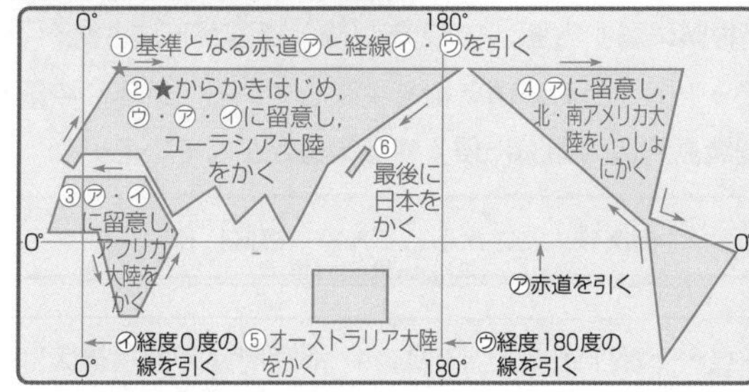

大きな国

大きな国(2018年)	面積(km^2)
1. ロシア連邦	1,710万
2. カナダ	999万
3. アメリカ合衆国	983万
4. 中国	960万
5. ブラジル	852万

(2020/21年版「日本国勢図会」)

テストに出る 要点チェック

- [ ] 1. 現在世界には独立国が約何か国ありますか。
- [ ] 2. ユーラシア大陸はヨーロッパ州と何州に分けられますか。
- [ ] 3. アジア州を地域で区分すると，日本はどの地域に属しますか。
- [ ] 4. ブラジルやウルグアイが属する，日本からもっとも遠い位置にある州は何州ですか。
- [ ] 5. 緯線と経線を利用した国境線が多いのは何大陸ですか。
- [ ] 6. 日本のように国土の周りを海で囲まれた国を何といいますか。
- [ ] 7. 南北に細長い形をした，南アメリカ州の西側にある国はどこですか。
- [ ] 8. 世界で人口がいちばん多い国はどこですか。

解答

1. 約190か国
2. アジア州
3. 東アジア
4. 南アメリカ州
5. アフリカ大陸
6. 島国(海洋国)
7. チリ
8. 中国

月　日

日本のすがた

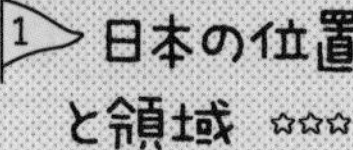

1 日本の位置と領域 ☆☆☆

注意 日本と同じ経度帯には，南半球のオーストラリア，同じ緯度帯にはイタリア・トルコ・中国・アメリカ合衆国などの国がある。

参考 ● 日本の最南端の沖ノ鳥島では排他的経済水域を確保するため，護岸工事を行って，波による侵食・水没を防いでいる。
● 竹島をめぐって，日本は国際司法裁判所での話し合いを提案しているが，韓国はこれを拒否している。

❶ **位　置**…ユーラシア大陸の東。北緯 20～46 度，東経 123 ～ 154 度にある島国(海洋国)。南北間は約 3,000 km。
（オホーツク海・日本海・東シナ海・太平洋に囲まれている）

❷ **領　域**…領土・**領海**・領空からなる。
（主権のおよぶ範囲は，領土と海岸線から 12 海里以内の領海とその上空）

❸ **排他的経済水域**…海岸線から 200 海里までの海域(領海をのぞく)→沿岸国に水産資源や鉱産資源の管理・利用が認められる。
（日本は島国のため，排他的経済水域は広く，国土面積の 10 倍以上にもなる）

❹ **日本の領域**…北海道・本州・四国・九州と約 1 万 4,000 の島々。
①**国土面積**→約**38 万** km^2。②**日本の東西南北の端**→北端は**択捉島**，南端は**沖ノ鳥島**，東端は**南鳥島**，西端は**与那国島**。

❺ **領土をめぐる問題**…ロシア連邦や韓国，中国・台湾との問題。
①**北方領土**→**択捉島**・**国後島**・**色丹島**・**歯舞群島**は日本固有の領土だが，現在ロシア連邦が不法占拠。日本は返還を要求。
（1945 年の終戦後にソ連に占拠された）
②**竹島**→島根県に属する島。1952 年以降，韓国が不法占拠。
③**尖閣諸島**→中国・台湾が領有権を主張している。近年，中国船が尖閣諸島周辺の領海に侵入する事態が生じている。
（1970 年代に海域内で地下資源の埋蔵が確認されたことがきっかけ）

すいすい暗記　主権あり　ここからどくかい　領域じゃ
（どくかい＝(領)土・(領)空・(領)海）

2 都道府県と県庁所在地 ☆

発展 和歌山県北山村のように，和歌山県と離れて，他県に囲まれた**飛び地**が全国にある。

❶ **47 都道府県**…1 都 1 道 2 府 43 県。47 都道府県で面積最大は北海道，最小は香川県。人口最多は東京都，最少は鳥取県。

❷ **県庁所在地**…各県の政治の中心的役割を担う県庁が置かれている都市。岩手県盛岡市や沖縄県那覇市のように，都道府県名と県庁所在地名が異なる都市が 18 都市ある。

3 世界各地との時差 ☆☆

発展 日付変更線は太平洋上のほぼ 180 度の経線に沿って引かれている。

❶ **時　差**…地球は 24 時間で 360 度回転するので，**経度 15 度**で 1 時間の時差。日本の**標準時子午線**は，兵庫県**明石市**を通る東経 **135** 度の経線で，本初子午線とは 9 時間の時差。
（ロンドンを通る経度 0 度の線）
（求め方　135°÷15°＝9 時間の時差。日本が早い）

❷ **日付変更線**…西から東へ越えると日付を 1 日遅らせ，東から西へ越えると 1 日早める。

・コレ重要・
☞ 領域は国の主権がおよぶ範囲のことで，領土・領海・領空からなる。
☞ 日本の国土面積→約38万 km^2。南北間の距離は約 3,000 km。

得点アップUP

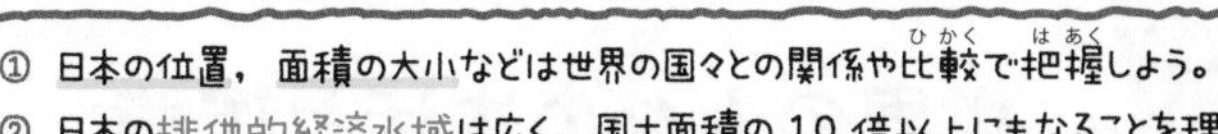

① 日本の位置，面積の大小などは世界の国々との関係や比較(ひかく)で把握(はあく)しよう。
② 日本の排他的経済水域は広く，国土面積の 10 倍以上にもなることを理解しよう。
③ 北方領土は日本固有の領土→不法占拠するロシア連邦に返還を求めている。

日本の位置と領域

日本の都道府県と県庁所在地

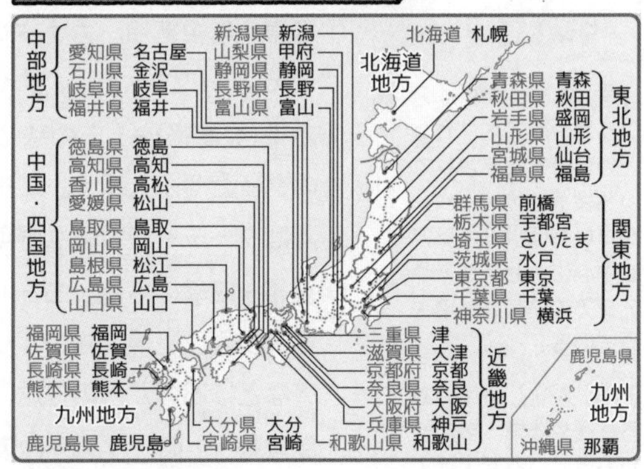

領土・領海・領空

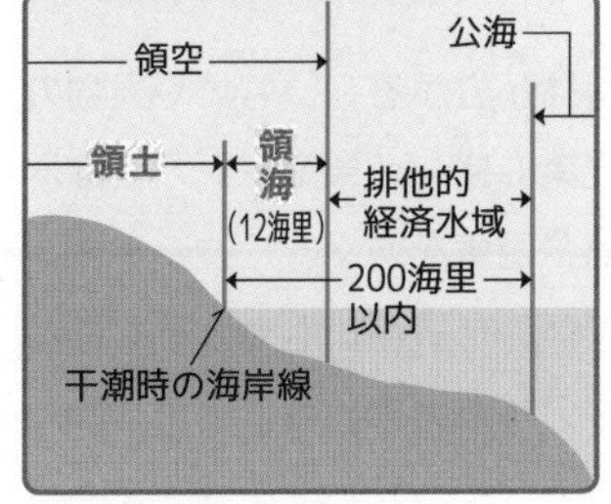

世界の時差

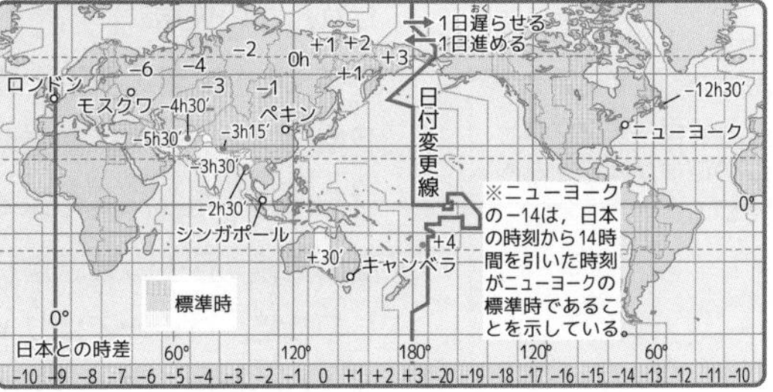

テストに出る 要点チェック

- [ ] 1. 日本は何大陸の東に位置していますか。
- [ ] 2. 国の領域を構成しているのは領土・領海と何ですか。
- [ ] 3. 沿岸国が水産・鉱産資源を管理・利用できる排他的経済水域は海岸線から何海里までの海域ですか。
- [ ] 4. 日本の国土面積はおよそ何万 km^2 ですか。
- [ ] 5. 日本の東端に位置する島は何島ですか。
- [ ] 6. 日本固有の領土だが，現在はロシア連邦が不法占拠している北海道の北東の島々をまとめて何といいますか。
- [ ] 7. 日本で最も面積が小さい都道府県はどこですか。
- [ ] 8. 東京が 4 月 2 日午前 6 時のとき，イギリスのロンドンは 4 月何日の（午前・午後）何時ですか。

解答

1. ユーラシア大陸
2. 領空
3. 200 海里
4. 38 万 km^2
5. 南鳥島
6. 北方領土
7. 香川県
8. 4月 1 日午後 9 時

月　日

世界の人々の生活と環境

1 世界の人々の生活と環境 ☆☆

参考 **キャッサバ**はアフリカや南アメリカなどの熱帯で栽培されている主食となるいも。**タロいも**はポリネシアを中心にオセアニアやアジアの熱帯で栽培されている。

注意 気候と関係のある住居や農業，また近年おきている変化はよく出題されるので写真やイラストも見ておくこと。

参考 フィジーでは観光業が発達する一方で，**さんご礁**や**マングローブ**の破壊が問題となっている。

● 世界の気候と生活

①**寒帯**→年中寒冷。カナダの北部では，**イヌイット**が**イグルー**やテントに住み生活。魚やあざらし，カリブーの肉を食べる。
→近年では生活が変化，資源開発や観光業などの仕事を行う

②**冷帯**(**亜寒帯**)→1年の寒暖差が大きい。シベリアには針葉樹の**タイガ**や**永久凍土**。二重窓や厚い木の玄関などで寒さ対策。夏はダーチャで新鮮な野菜やじゃがいもを栽培。
→家庭菜園付きの小さな家。栽培した野菜は酢漬けにして保存食にもする

③**温帯**→**四季**の区別。ヨーロッパの**地中海性気候**は夏に乾燥，冬に多雨。乾燥に強いオリーブやトマトなどの栽培。イタリアなどは石のかべの住居。日本は温帯(温暖)湿潤気候。
強い日差しを防ぎ，熱を通さないしくみ

④**乾燥帯**→少雨。**サハラ砂漠**やその南部の**サヘル**。乾燥に強い羊やヤギの遊牧。地下水がわき出る**オアシス**。焼畑農業やかんがい施設の普及。木材を得にくいため，伝統的な家は**日干しれんが**の住居。
→世界最大の砂漠

タロいも・キャッサバ・ヤムいもなど

⑤**熱帯**→年中高温・多雨。**熱帯雨林**が広がる。いも類や果物の栽培。フィジーでは漁業や観光業も盛ん。東南アジアでは木材を使用した**高床式**の家で，熱や湿気を防ぐ。

⑥**高山気候**→昼夜の気温差が大きい。じゃがいもやとうもろこしの栽培。ペルーでは**リャマ**や**アルパカ**の放牧。日干しれんがや石の住居。アルパカの毛皮でつくった**ポンチョ**をまとう。
→木材を得にくいため。紫外線や寒さを防ぐ役割

すいすい暗記 赤道直下　寝たい(熱帯)お家は　高床住居

2 世界の宗教と生活 ☆

参考 インドでは人口の80%以上の人々が**ヒンドゥー教**を信仰。牛は神の使いとされ，牛肉を食べない。

地中海の東部にあるエルサレムはユダヤ教・キリスト教・イスラム教の聖地

1 **キリスト教**…**ヨーロッパ**，南・北アメリカなどで信仰。『聖書』が教典。ヨーロッパの植民地支配などで世界各地に広がる。

唯一神アラーを信仰。豚肉を食べることや飲酒はタブー

2 **イスラム教**…西アジア・北アフリカ・東南アジアなどで信仰。『コーラン』が教典。最大の聖地は**メッカ**。

3 **仏　教**…東アジア・東南アジアなどで信仰。『経』が教典。日本の文化に大きな影響を与える。

・コレ重要・
☞ 世界の人々の環境と生活は気候との関わりでとらえる。
☞ 世界の三大宗教→キリスト教・イスラム教・仏教。

得点UP（アップ）

① 人々の生活は，自然環境や伝統・文化によって異なることを理解しよう。
② 写真やイラストを見て，世界各地の衣食住の違（ちが）いを理解しよう。
③ 世界の三大宗教や地域と結びつきが強い宗教の特色をおさえよう。

世界のおもな食べ物

米　いも類　とうもろこし こうりゃんなど
小麦　その他

世界の気候帯，衣服と住居

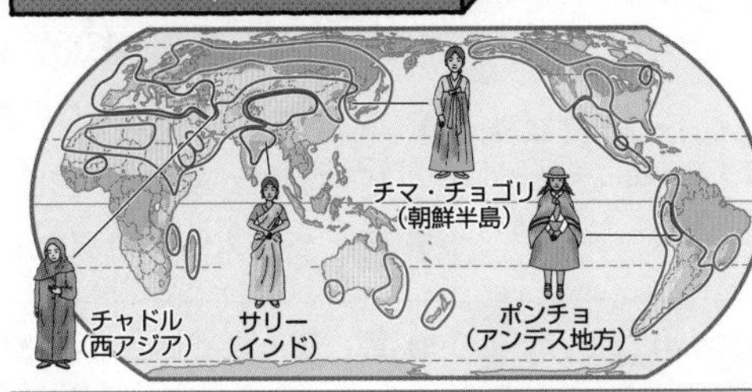

気候帯
熱帯　温帯　寒帯
乾燥帯　冷帯(亜寒帯)

家のおもな材質
木の家が多い地域　土の家が多い地域
石の家が多い地域

世界の宗教

※斜線の地域…複数の宗教の混合地域

キリスト教　イスラム教　仏教
ヒンドゥー教　その他の宗教

(2020年)

その他	22.7
仏教	6.9
ヒンドゥー教	15.1
イスラム教	24.1
キリスト教	31.2%

※各宗教人口の合計に対する割合
(2020/21年版「世界国勢図会」)

世界の宗教人口

テストに出る要点チェック

- □ 1．イヌイットの冬の住居を何といいますか。
- □ 2．シベリアなどにある一年中こおったままの土を何といいますか。
- □ 3．「岸辺」を意味する，サハラ砂漠の南に広がる乾燥した地域を何といいますか。
- □ 4．南アメリカのアンデス山脈中央部に位置し，高山地域ではリャマやアルパカの放牧を行っている国はどこですか。
- □ 5．西アジアや北アフリカで広く信仰されている宗教は何ですか。
- □ 6．インドで広く信仰されている宗教は何ですか。

解答

1．イグルー
2．永久凍土
3．サヘル
4．ペルー
5．イスラム教
6．ヒンドゥー教

月　日

アジア州① 東アジア

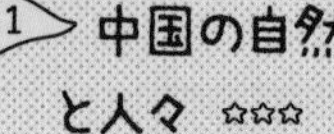

1 中国の自然と人々 ☆☆☆

参考 「**一人っ子政策**」は夫婦一組に子どもは一人までとする政策。

❶ **自　然**…日本の約25倍の国土面積。北部に**黄河**(こうが/ホワンホー)。中・南部に**長江**(ちょうこう/チャンチアン)やチュー川(珠江(しゅこう))。西部にチベット高原やヒマラヤ山脈。

❷ **人　口**…約14億人で世界一。**一人っ子政策**で人口の増加を抑制(よくせい)→急激な高齢化が生じ，2015年に廃止。
（すべての夫婦が2人まで子どもをもつことが可能に）

❸ **民　族**…人口の約90%は**漢民族**。少数民族も50以上存在。

2 中国の産業 ☆☆☆

参考 1970年代末までは国の計画に沿って農業や工業の生産が行われていたが，1980年代に改革された。

注意 地域の**経済格差**をなくすために政府は2000年から内陸部の産業の育成や交通網(もう)の整備・開発を始めた。（「**西部大開発**」）

発展 2013年に習近平(しゅうきんぺい/シーチンピン)国家主席が「一帯一路」という巨大(きょだい)経済構想を立てた。中国とヨーロッパを陸海両方の交易路で結び，「現代のシルクロード」と称(しょう)される。

❶ **農　業**…世界最大の穀物生産国。生産量世界一の米・小麦。

①北部（東北部・華北(かほく)）は冷涼(れいりょう)・少雨。**畑作**中心→**小麦**・大豆・とうもろこしなど。

②南部（華中・華南）は温暖・多雨。**稲作**(いなさく)や茶の栽培(さいばい)など。

③西部（内陸）は乾燥(かんそう)。牧畜(ぼくちく)が中心。

❷ **工　業**…安く豊富な労働力で「**世界の工場**」へ。（BRICS(ブリックス)の1つ）
（農村からの出かせぎ労働者など）

①**経済特区**→1980年代から外国企業(きぎょう)の資本，技術の導入。沿岸部のシェンチェン（深圳）やアモイ（厦門）など。

②シャンハイ（上海）やティエンチン（天津）の工業化。
（外国の企業と共同で経営する工場をつくる）

③**経済の成長**→ペキン（北京），シャンハイ，ホンコン（香港）などの都市には高層のオフィスビルが立ち並ぶ。

> **すいすい暗記**
> 沿岸(えんがん)の 5つの地域(ちいき)は 特別区(とくべつく)
> シェンチェン・チューハイなど　経済特区（経済特別区）

❸ **課　題**…大気汚染(おせん)や水質汚染など**環境問題**(かんきょう)が深刻化。沿岸部と内陸部の経済格差が拡大。2020年のホンコン（香港）への国家安全維持(いじ)法導入に伴(ともな)う人権問題→民主活動家の逮捕(たいほ)など。

3 アジアNIESの成長 ☆☆

参考 アジアNIESは韓国・台湾・ホンコン・シンガポール。

● **アジアNIES**(ニーズ)…繊維(せんい)製品や電子部品などの生産・輸出で急成長。
（新興工業経済地域）

①**大韓民国**(だいかんみんこく)→首都**ソウル**。重化学工業やハイテク産業が急成長。
（北緯38度線で朝鮮民主主義人民共和国と国境を分ける）

②**台湾**(たいわん)→コンピューターや半導体などのハイテク産業が盛(さか)ん。

海外進出を積極的に行っているのはどうしてかな？

コレ重要

☞ 中国の農業は東北部・華北は畑作，華中・華南は稲作，西部は牧畜中心。

☞ 中国の工業化は経済特区を中心に成長→「世界の工場」とよばれる。

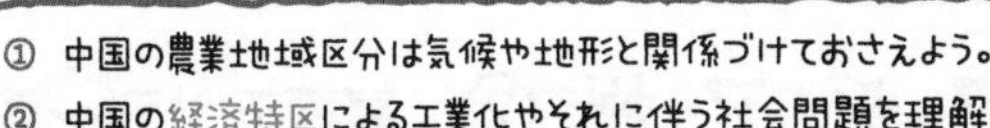

① 中国の農業地域区分は気候や地形と関係づけておさえよう。
② 中国の経済特区による工業化やそれに伴う社会問題を理解しよう。
③ 中国のおもな都市や韓国・台湾・ホンコンなどの位置を地図で確認(かくにん)しよう。

東アジアの国々と産業

中国の輸出・輸入

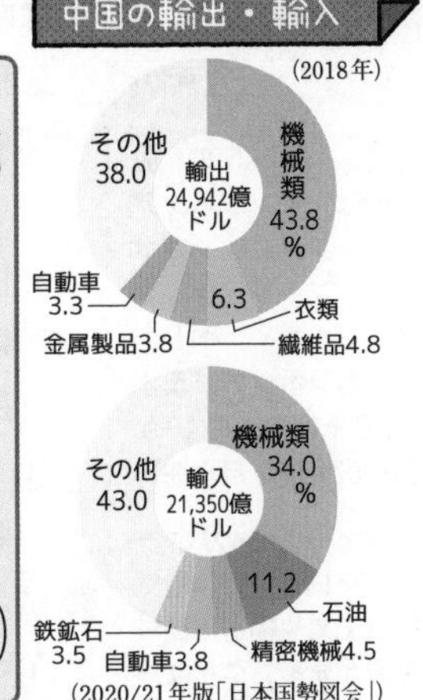

中国の農業地域

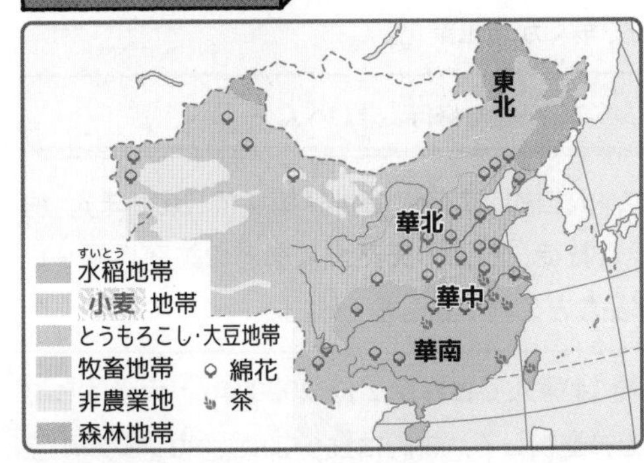

世界の米と小麦の生産量

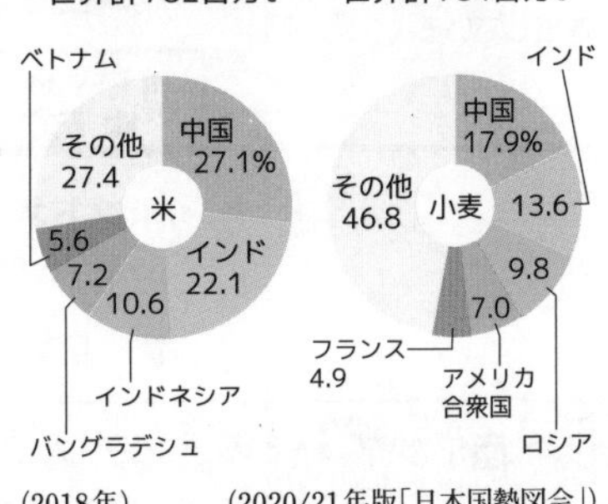

テストに出る 要点チェック

- [ ] 1．中国で人口増加をおさえるために2015年まで行われていた，子どもの数を制限する政策を何といいますか。
- [ ] 2．シェンチェンなど，外国企業誘致(ゆうち)のために特典を設けた沿海部の5地区を何といいますか。
- [ ] 3．長江の河口にある，中国有数の港湾・商工業都市はどこですか。
- [ ] 4．韓国・台湾・ホンコン・シンガポールの新興工業経済地域は何とよばれるようになりましたか。

解答

1．一人っ子政策
2．経済特区
3．シャンハイ（上海）
4．アジアNIES

月　日

アジア州② 東南アジア～西アジア

1 東南アジア ☆☆☆

参考 ●ASEANの加盟国は，インドネシア，マレーシア，シンガポール，フィリピン，タイ，ブルネイ，ベトナム，カンボジア，ラオス，ミャンマーの10か国（2021年2月現在）。

●タイ・シンガポール・マレーシアは電気機械工業や輸送用機械工業が発達。タイは自動車生産の拠点（きょてん）。近年はミャンマーやカンボジアにも衣服や生活用品などの外国の工場が進出している。

❶ **東南アジアの自然と産業**…熱帯気候で温暖・多雨な地域。

①**稲作**→**季節風**（モンスーン）による雨を利用，**二期作**。（メコン川やチャオプラヤ川の下流の三角州などで稲作が盛ん）

②**モノカルチャー経済から工業国へ発展**→**プランテーション**（**大農園**）では，天然ゴムやコーヒーの栽培（さいばい）。多くの人が機械化により都市の工場に働く場を求める。（特定の農産物・鉱産資源の生産や輸出に国の経済が依存している経済）

③**東南アジア諸国連合**（**ASEAN**（アセアン））→加盟国の政治的安定や経済成長，貿易の拡大を目指して1967年5か国で結成。

④ **1980年代から外国企業の誘致**（きぎょう）（ゆうち）**で工業化**→資本や技術を経済援助（えんじょ）で補う（おぎな）。**工業団地**を整備して企業誘致。

❷ **インドシナ半島の国々**…**タイ**以外は戦後植民地から独立。

①**マレーシア**→多様な民族，宗教や言語→**複合民族国家**。（先住のマレー系と中国系・インド系住民。国教のイスラム教徒以外も多い）

②**シンガポール**→**華人**による都市国家。近年工業化が進展。

③**タイ**→仏教徒が多い。チャオプラヤ川流域で稲作（いなさく）が盛ん（さか）。自動車生産などで早くから工業化。

> **すいすい暗記** 仏教（ぶっきょう）の　一途（いちず）な修行（しゅぎょう）　たい（タイ）へんだ

④**インドネシア**→人口約2.7億人で世界第4位（2020年）。約87%が**イスラム教徒**。石油・天然ガスなどの鉱産資源が豊富。自動車部品などの機械類も多く輸出。

2 南アジア ☆☆

発展 インドの情報通信技術産業は南部のベンガルールなどで発展。

● **インド**…人口は約14億人で世界第2位（2020年）。大半は**ヒンドゥー教徒**（牛を神聖視して，牛肉は食べない）。ガンジス川流域→米・小麦など。**デカン高原**→綿花。**情報通信技術（ICT）産業**の成長，外国企業の進出が活発になる。（英語や数学の教育水準が高く，世界各地でも活躍している）

3 西アジア ☆☆

参考 中央アジアは，**レアメタル**などの鉱産資源に恵（めぐ）まれている。

● **西アジア**…住民の大半はイスラム教徒，聖地はメッカ。世界一の産油地帯→**ペルシア湾**（わん）岸に集中。**石油輸出国機構**（**OPEC**（オペック））結成。サウジアラビアは，石油輸出量世界一（2017年）。（産油国の利益を守り，原油価格の安定を図る目的。13か国が加盟（2020年））

・コレ重要・

☞ 東南アジアでは，ASEAN諸国を中心に工業化が進展。

☞ ペルシア湾岸は世界最大の産油地帯，サウジアラビアが産油国の中心。

得点アップUP

① 東南アジアは近年の工業化の進展が重要。
② インドは情報通信技術産業が急速に発展している。
③ 西アジアは石油，ペルシア湾，OPEC，イスラム教などの語句を確認しよう。

東南アジアの国々と産業

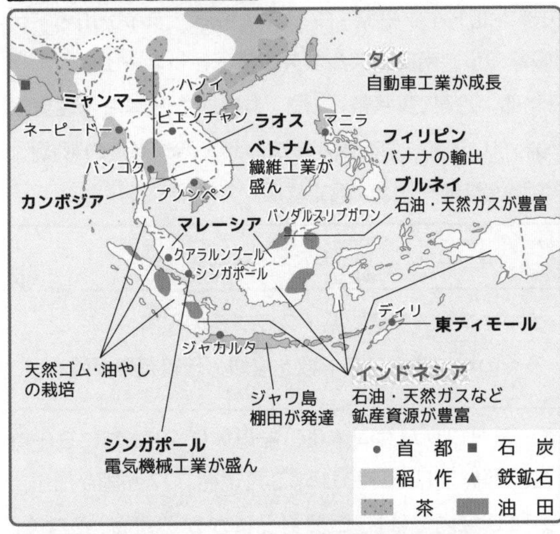

世界の農産物生産量

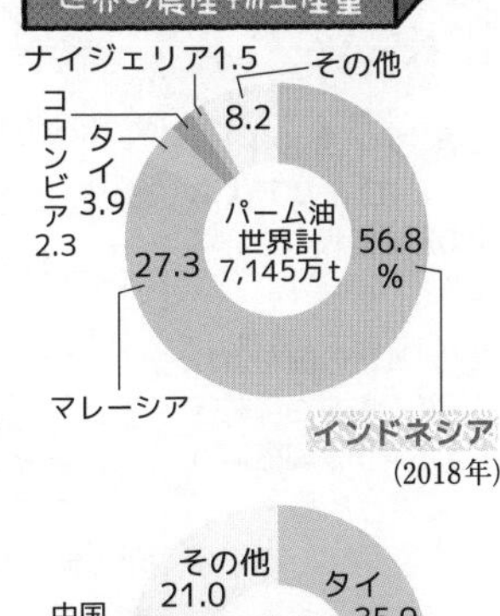

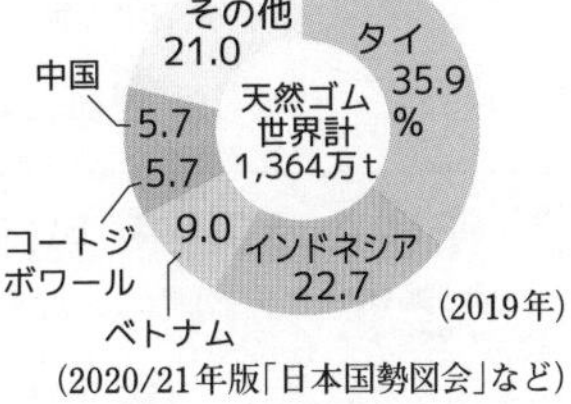

(2020/21年版「日本国勢図会」など)

南アジア・中央アジア・西アジアの国々と産業

テストに出る要点チェック

- □ 1．東南アジアの自動車生産の拠点となる国はどこですか。
- □ 2．東南アジアなどでおこなわれている，同じ耕地で年に2回米をつくる農法を何といいますか。
- □ 3．石油輸出国機構の略称は何ですか。
- □ 4．中央アジアなどで産出される希少金属の総称は何ですか。
- □ 5．インドのベンガルールで発展している産業は何ですか。

解答

1．タイ
2．二期作
3．OPEC
4．レアメタル
5．情報通信技術(ICT)産業

月　日

ヨーロッパ州 ①

1 ヨーロッパの自然と社会 ☆☆☆

注意 **フィヨルド**(湾や入り江)と**リアス海岸**の形成過程の違いに注意。

発展 複数の国を流れ，外国の船も自由に航行できる河川が**国際河川**。

❶ **地　形**…北部：スカンディナビア山脈。**フィヨルド**(氷河地形)。中央部：北ドイツ平原・フランス平原。ライン川・ドナウ川など**国際河川**。南部：アルプス山脈・ピレネー山脈。
（氷河の侵食作用でできた谷に海水が入り込んでできた湾や入り江）

❷ **気　候**…北部：冷帯(亜寒帯)気候。中央部：西岸海洋性気候→高緯度のわりに温和→**偏西風**と暖流の**北大西洋海流**の影響。南部：**地中海性気候**→夏は少雨で乾燥，冬はやや多雨。

すいすい暗記	ヨーロッパ　西風もたらす　海洋気候
	西風＝偏西風　海洋気候＝西岸海洋性気候

❸ **民　族**…ゲルマン系・**ラテン**系・スラブ系の民族。
（ゲルマン系：イギリス・ドイツなど／ラテン系：イタリア・フランスなど／スラブ系：ポーランド・ロシアなど）

❹ **宗　教**…多くの地域で**キリスト教**を信仰。伝統行事が残る。
（日曜日の礼拝，クリスマス，イースターなど）

2 EUの歩みと課題 ☆☆

参考 ドーバー海峡を通り，フランスとイギリスを結ぶユーロトンネルは1994年に開通。両国を鉄道で結ぶ。

❶ **EUの成立**…ヨーロッパ共同体(EC)を母体に1993年にヨーロッパ連合(EU)が発足した。2021年2月現在，27か国が加盟。
（本部はベルギーのブリュッセル）
（2016年6月，イギリスは国民投票でEUからの離脱を決め，2020年1月に離脱した）

❷ **EUの政策**…EU域内では**関税**(貿易品にかかる税金)がなく，商品・資本・労働力の移動が自由。共通通貨**ユーロ**。

❸ **EUの課題**…加盟国間の**経済格差**。外国人労働者や難民の流入。負担増と主権喪失の不安による結合のゆらぎ→イギリスの離脱。
（2009年のギリシャの経済危機を始めとしたユーロ危機へ）

3 ヨーロッパの産業と生活 ☆☆☆

参考 自動車を郊外の駅で駐車し，都市へは公共交通機関で移動するパークアンドライド方式は，環境への配慮や交通渋滞の緩和といった効果がある。

❶ **ヨーロッパの産業**…①**農業**→フランスはEU最大の農業国。
北部：**酪農**→乳牛飼育。中部：**混合農業**→農耕＋家畜飼育。
（食用作物(小麦・じゃがいも)，飼料作物(大麦・てんさい)＋家畜）
南部：**地中海式農業**→冬は小麦，夏は乾燥に強い**果樹**栽培。
②**工業**→国境を越え分業で生産(航空機)。外国人労働者を雇用。
（フランスのトゥールーズ）
（イギリスは産業革命の発祥国。ドイツはEU最大の工業国）

❷ **フランス**…EUの穀倉→EU最大の**小麦**の生産・輸出国。小麦→パリ盆地など。地中海式農業→夏にぶどう(ワインの原料)・オリーブなどの果樹栽培。工業や観光も盛ん。

❸ **ドイツ**…EU最大の工業国。**ルール工業地域**を中心に重工業が発達→石油化学工業→現在では，ミュンヘンなどで**ハイテク産業**(先端技術産業)が発達。パークアンドライド方式の採用。
（エネルギーの中心が石炭から石油にかわっていった）

コレ重要

☞ EU域内では商品(モノ)，資本(カネ)，労働力(ヒト)などの移動が自由。

☞ EUの工業はドイツ(ルール工業地域)，農業はフランス(小麦)が中心国。

得点アップUP

① ヨーロッパの気候に影響する偏西風と北大西洋海流は必出語句。
② EU の歩みと主要加盟国・EU 本部の位置をおさえよう。
③ 混合農業・酪農・地中海式農業などの語句を理解しよう。

ヨーロッパの自然

ヨーロッパの農業地域

EU 加盟国の拡大

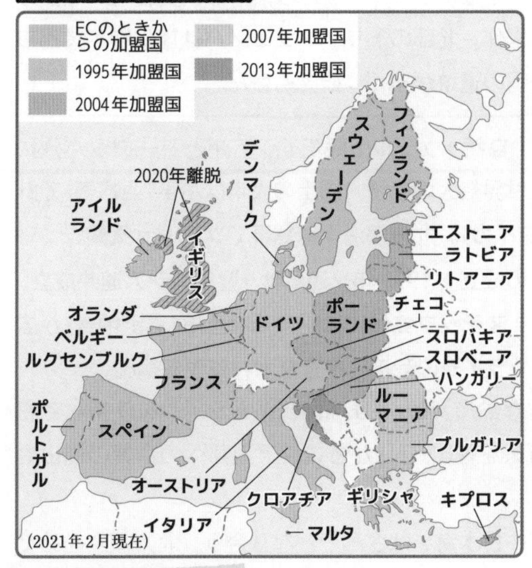

国境を越えた分業

テストに出る 要点チェック

1. ルール工業地域を流れる国際河川を何といいますか。
2. ヨーロッパで広く信仰されている宗教は何ですか。
3. EU で導入された共通通貨を何といいますか。
4. EU の本部があるベルギーの都市はどこですか。

解答

1. ライン川
2. キリスト教
3. ユーロ
4. ブリュッセル

月　日

ヨーロッパ州 ②

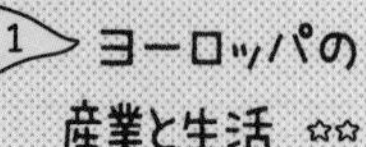

1 ヨーロッパの産業と生活 ☆☆

参考 **産業革命**は18世紀にイギリスの綿工業からおこり，機械を用いた大量生産が行われた。

注意 **酪農**は乳牛の飼育(チーズ・バターを生産)，**混合農業**は肉牛や豚(ぶた)の飼育である。**園芸農業**は花や野菜の栽培。

参考 スイスは永世中立国で，EUに不参加。

❶ **イギリス**…世界初の**産業革命**→かつて「世界の工場」。1970年代から**北海油田**の開発。過密化したロンドンの再開発→郊外(こうがい)にニュータウン建設。2020年1月にEUから離脱。
（↱イングランド，ウェールズ，スコットランド，北アイルランドの連合王国）
（↳イギリスのほか，ノルウェー・オランダ・デンマークなども開発）

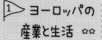

すいすい暗記　革命(かくめい)やり　油田(ゆでん)も掘(ほ)ったよ　英(えい)ちゃんは
（産業革命　北海油田　イギリス）

❷ **オランダ**…面積は九州地方とほぼ同じ。国土の約4分の1が**ポルダー**とよばれる干拓(かんたく)地。ライン川河口(かこう)にユーロポート。乳製品(←酪農)やチューリップ(←園芸農業)などを輸出。
（↳低地が広がるオランダでは，浅い海(ゾイデル海)を干拓して農地を拡大）

★デンマークやスイス(**移牧**による飼育)でも酪農(らくのう)が盛(さか)ん。
（↳春～夏は高地の放牧場(アルプ)，冬は平地の畜舎で乳牛飼育）

❸ **イタリア**…北部に4,000 m級のアルプス山脈。火山・地震が多い。首都のローマ市内に世界最小面積の**バチカン市国**。**地中海式農業**が盛ん→夏はオリーブ・ぶどう，冬は小麦栽培(さいばい)。北部のポー川流域で米作。北部のトリノ・ジェノバは重化学工業都市。古代ローマ帝国(ていこく)の遺跡(いせき)が多く，観光も盛ん。
（↳スペインやポルトガル，ギリシャも地中海式農業が盛ん）

2 ロシア連邦の自然と産業 ☆

発展 ロシア連邦は日本の約45倍の面積。東西に広い国土のため，11の標準時がある。

参考 2014年，ウクライナ南端(なんたん)のクリミアの分離(ぶんり)独立運動が激化，3月に議会が独立を宣言し，住民投票を経てロシアに編入された。この動きに欧米(おうべい)諸国は強く反発している(「ウクライナ問題」)。

❶ **ロシア連邦**(れんぽう)…①**自然**→**ウラル山脈**でアジア州とヨーロッパ州に分かれる。世界最大の面積。国土の大半は冷帯(亜寒帯)で針葉樹林帯(**タイガ**)。北極海沿岸は寒帯で**ツンドラ気候**。

②**ロシア連邦の成立**→1991年ソ連解体→翌年ロシア連邦成立。
（↱1922年世界で最初に誕生した社会主義国）

③**産業**→**農業**：**ステップ気候**には肥よくな土壌(どじょう)(黒土地帯)が広がる→**小麦**やライ麦の栽培。豊富な木材資源を輸出。

工業：豊富な鉱産資源。EUへは**パイプライン**を使用して**石油**や**天然ガス**を輸出。EUからロシア連邦への企業(きぎょう)の進出も盛ん。

❷ **日本との関わり**…日本海をはさんでとなり合う。**北方領土**をめぐる問題。日本は鉱産資源やさけ・かになどの魚介(ぎょかい)類を輸入し，自動車などの機械製品を輸出。

・コレ重要・

☞ イギリスは北海油田。オランダのポルダーでは酪農や園芸農業が盛ん。

☞ ロシア北西部には針葉樹林帯(タイガ)，南部には小麦産地の黒土地帯。

得点アップUP

① イギリスの北海油田やイタリアの地中海式農業など各国の特色をおさえよう。
② 地中海沿岸の果樹栽培(オリーブなど)は気候との関係で理解しよう。
③ ロシア連邦の気候や豊富な鉱産資源による貿易を確認しよう。

ヨーロッパの産業

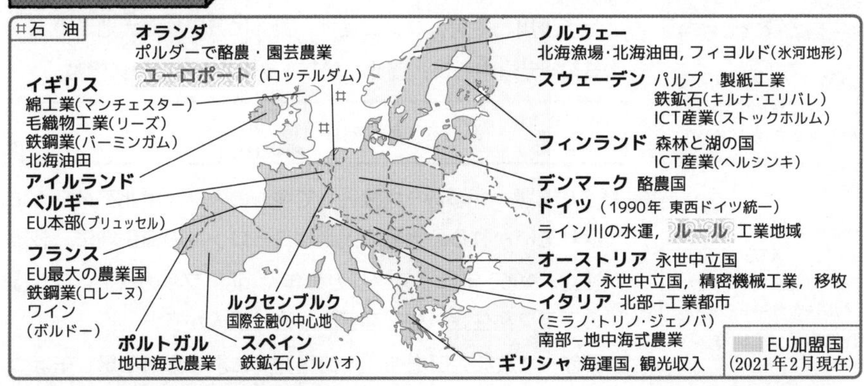

ロシア連邦とその周辺の鉱工業

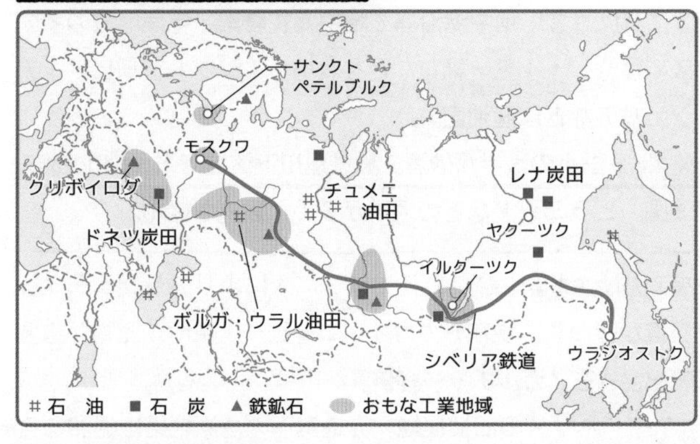

ロシアの輸出入

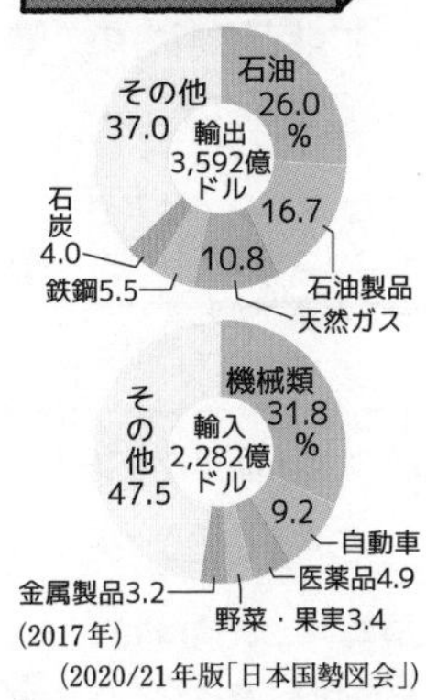

テストに出る要点チェック

- [ ] 1. オランダの国土の約4分の1を占める干拓地を何といいますか。
- [ ] 2. 乳牛を飼い，乳製品を生産する農業を何といいますか。
- [ ] 3. 1970年代からイギリスで開発が進んだ海底油田を何といいますか。
- [ ] 4. 石油や天然ガスを輸送するために使用する管を何といいますか。
- [ ] 5. ウクライナからロシア南部にかけての黒土地帯は，何の主産地ですか。

解答

1. ポルダー
2. 酪農
3. 北海油田
4. パイプライン
5. 小麦

月　日

アフリカ州

1 アフリカの自然と社会 ☆

注意 **サヘル**の砂漠化は，人口増加に伴う食料確保のための家畜の過放牧や過耕作などが原因。

発展 近年，ケニアなどでは，スマートフォンの普及に伴い，モバイル送金サービスが急速に広がっている。

❶ **自　然**…①**地形**→全体は高原状の大陸。北部に**サハラ砂漠**，ナイル川。中央にコンゴ盆地。東部にアフリカ大地溝帯。

（サハラ砂漠以北が北アフリカ，以南が中南アフリカ）（大陸東部にある南北に連なるくぼ地。タンガニーカ湖などがある）

②**気候**→赤道中心に，南北に熱帯→乾燥帯→温帯の気候帯。

> **すいすい暗記**　赤道を　軸に対称　熱・乾燥（熱帯・乾燥帯）

❷ **社会と課題**…①**歩み**→**奴隷**として多くの人々が南北アメリカに連れていかれる。大陸の大半はヨーロッパの**植民地**に。戦後独立。1960年は「アフリカの年」。北アフリカ→**イスラム教**のアラブ系住民。中・南アフリカは黒人が多い。

（17か国が独立）

②**課題**→急激な人口増加「**人口爆発**」による食料不足。干ばつや民族紛争などによる難民の発生。サヘルの**砂漠化**の問題。

（都市の人口が急増しスラムでくらす人々も多い）

2 北アフリカの産業とくらし ☆☆

参考 アルジェリアやモロッコ沿岸では地中海式農業が盛ん。

❶ **北アフリカの産業**…地中海沿岸で**地中海式農業**。乾燥地域のオアシスでは**やし**・小麦・綿花などを栽培。エジプト・リビア・アルジェリアなどは**産油国**。

（果実は甘く，乾燥地域の重要な食料。菓子の原料にも利用）

❷ **エジプト**…国土の大半が砂漠。**ナイル**川下流域で米・綿花栽培。産油国。ピラミッドなどの遺跡が多く，観光も盛ん。

3 中・南アフリカの産業とくらし ☆☆

発展 ギニア湾岸には穀物海岸・象牙海岸・黄金海岸や奴隷海岸などの海岸がある。植民地時代に積み出された産物やアメリカ大陸などに連れ出された奴隷に由来。

❶ **中央アフリカの産業**…かつてヨーロッパ人により**プランテーション農業**が行われ，現在もカカオ・コーヒー・茶や鉱産物が重要な輸出品→**モノカルチャー経済**。

（熱帯・亜熱帯地方にある大規模農園）

❷ **ケニア**…イギリスの旧植民地。赤道直下の高原地帯は温和な気候→内陸の高地では**茶**やバラが栽培され，多くが輸出される。

❸ **ガーナ**…ギニア湾岸。かつては**カカオ**の生産量・輸出量が世界一。現在は**金**など鉱産資源の輸出増加。

❹ **南アフリカ共和国**…少数の白人が黒人を差別支配→**アパルトヘイト**とよばれた人種隔離政策→1991年に廃止。金・ダイヤモンド・石炭の産出。**レアメタル**の輸出増加。

（クロム・マンガン・白金族など，産出量が少ない金属。希少金属ともいう）

・コレ重要・

☞ 北アフリカはアラブ民族・イスラム教。エジプトなどでは石油産出。

☞ ケニア→茶・コーヒー，ガーナ→カカオ・金，南アフリカ共和国→金・ダイヤモンド・石炭。

得点アップUP

① 赤道，ナイル川，サハラ砂漠やコンゴ盆地の位置を地図でおさえよう。
② プランテーション作物や鉱産資源などおもな国の輸出品を確認(かくにん)しよう。
③ 奴隷や植民地，戦後の独立などアフリカの歩みを理解しよう。

アフリカの自然

アフリカの気候

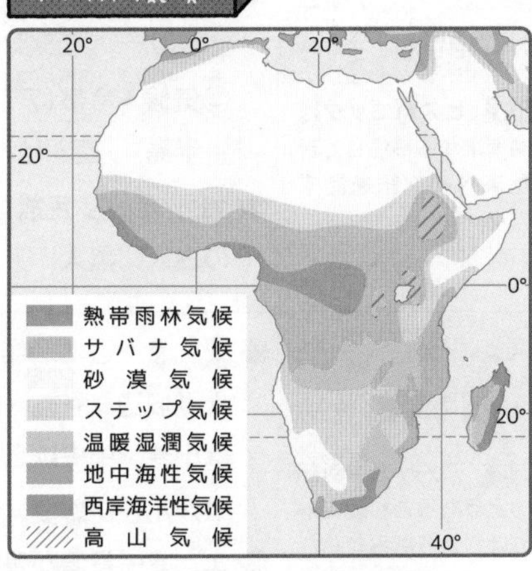

アフリカの鉱産資源

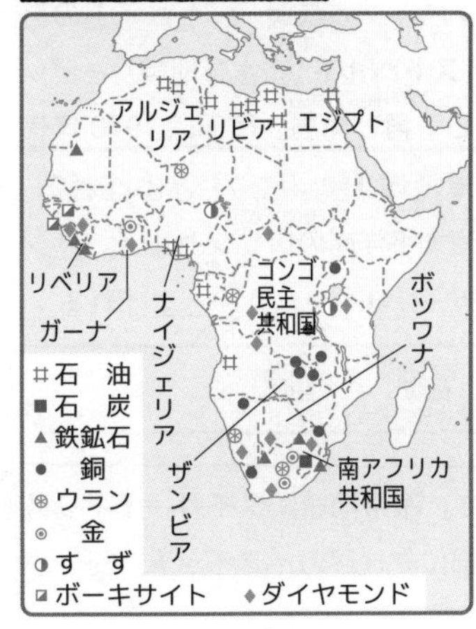

モノカルチャー経済国(輸出額の割合)

			その他
ザンビア 計90.5億ドル	銅 75.2%		その他 24.8
ボツワナ 計65.7億ドル	ダイヤモンド 89.8%		その他 10.2
コートジボワール 計118億ドル	カカオ豆 27.5%	カシューナッツ 9.8	その他 62.7
ナイジェリア 計624億ドル	石油 82.3%		その他 17.7

(2018年) (2020/21年版「世界国勢図会」)

テストに出る 要点チェック

- [ ] 1. アフリカ大陸北部に広がる砂漠を何といいますか。
- [ ] 2. 世界一長い河川(かせん)が流れ，古代文明が栄えた国はどこですか。
- [ ] 3. 茶の輸出が多いアフリカの高原国はどこですか。
- [ ] 4. 特定の作物や資源の輸出に頼(たよ)る経済を何といいますか。

解答

1. サハラ砂漠
2. エジプト
3. ケニア
4. モノカルチャー経済

月　日

北アメリカ州

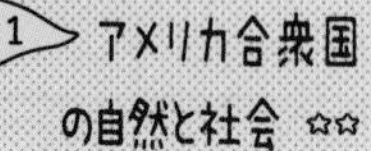

1 アメリカ合衆国の自然と社会 ☆☆

注意 **ヒスパニック**は中南米から移住してきたスペイン語を話す人々。

❶ **自　然**…①**地形**→西は**ロッキー山脈**。中央は中央平原，プレーリー，ミシシッピ川，五大湖。東はアパラチア山脈。

②**気候**→冷帯（アラスカや五大湖付近）・温帯・熱帯（フロリダ半島）。西部は乾燥帯。大陸南部では**ハリケーン**が発生。
（↗西経 100 度線より東は湿潤で農耕。西は少雨乾燥）

❷ **社　会**…**多民族国家**→**先住民**のネイティブアメリカン。**移民**の白人，黒人，アジア系など。近年，**ヒスパニック**が増加。

2 アメリカ合衆国の産業 ☆☆☆

注意 アメリカ中西部のとうもろこし栽培地域は，とうもろこしなどを飼料に肉牛，ぶたを飼育する混合農業地域でもある。

発展 ●大規模農業を行うアメリカ合衆国では，風雨で表面の肥よくな土壌が流出する**土壌侵食**などの課題がある。
●**ラストベルト**→五大湖周辺に位置する，石炭，鉄鋼，自動車などの主要産業の衰退が進む地域のよび名。

❶ **農　業**…適地適作→大規模で**企業的な農業**→世界の食料庫。五大湖周辺→酪農。南東部→綿花。中央部のプレーリーの北・南は小麦。中央はとうもろこし。ロッキー山脈周辺は肉牛の放牧やかんがい農業。太平洋岸→地中海式農業。
（↳適地適作：その地域の気候や土壌などの自然条件に適した作物を大量に栽培すること）

❷ **工　業**…資源が豊富，世界最大の工業国へ。大量生産。**多国籍企業**の活動。五大湖沿岸はアパラチア**炭田**とメサビ**鉄山**の資源を五大湖の水運が結ぶ→ピッツバーグの鉄鋼，デトロイトの自動車などが発展するが衰退［**ラストベルト**（赤さび地帯）］→ピッツバーグはICT 産業を盛んにして再び発展。南部は 1970 年代に発達。北緯 37 度以南の工業地域→サンベルトとよばれる。メキシコ湾岸のヒューストンや太平洋岸のロサンゼルス。サンフランシスコ近郊サンノゼ付近→シリコンバレーとよばれる。
（「ラスト（rust）」は「さび」という意味で，使われなくなった工場や機械を表現）
（サンベルト：広い土地や豊かな労働力をもとにハイテク産業が発展）
（ヒューストン：宇宙産業や石油化学工業）（ロサンゼルス：航空機）
（シリコンバレー：情報通信技術産業が盛ん）

> **すいすい暗記**　メサビ鉄（鉄鉱石）　アパラ石炭（アパラチア炭田）　メキ油田（メキシコ湾）

3 カナダ・メキシコ ☆

参考 アメリカ合衆国・メキシコ・カナダ協定（USMCA）が 2020 年 7 月に発効，貿易での結びつきを強める。

❶ **カナダ**…面積が世界第二の広さ。冷帯地域にタイガ。イギリス系住民とフランス系住民。北部に先住民のイヌイット。紙・パルプや小麦の輸出。

❷ **メキシコ**…高原国。スペインから独立。銀や石油を産出。

❸ **カリブ海沿岸諸国**…キューバ，パナマ（パナマ運河）など。バナナ，いも，豆，さとうきびの栽培。

コレ重要

☞「世界の食料庫」，アメリカ合衆国の農業は適地適作，大規模で企業的な農業が特色。
☞ サンベルト→シリコンバレーなどで情報通信技術産業が発展。

得点アップUP

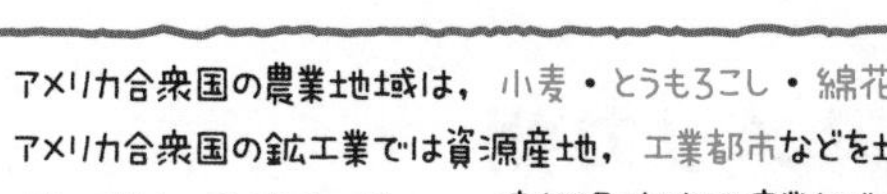

① アメリカ合衆国の農業地域は，小麦・とうもろこし・綿花の栽培地が重要。
② アメリカ合衆国の鉱工業では資源産地，工業都市などを地図で確認しよう。
③ サンベルト，シリコンバレー，情報通信技術産業などの内容を理解しよう。

アメリカ合衆国の自然

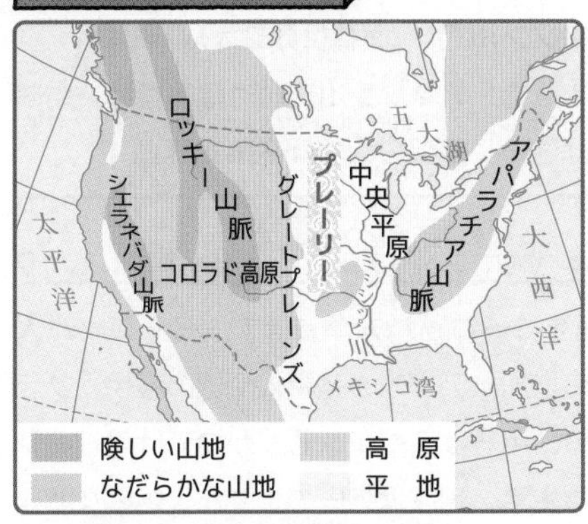

アメリカ合衆国の農業地域

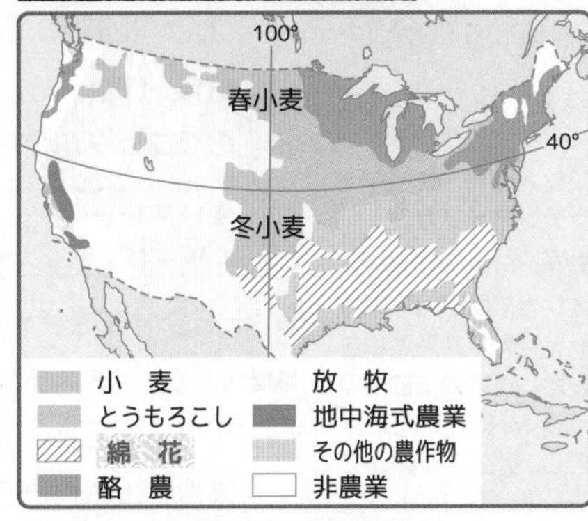

アメリカ合衆国の鉱工業と都市

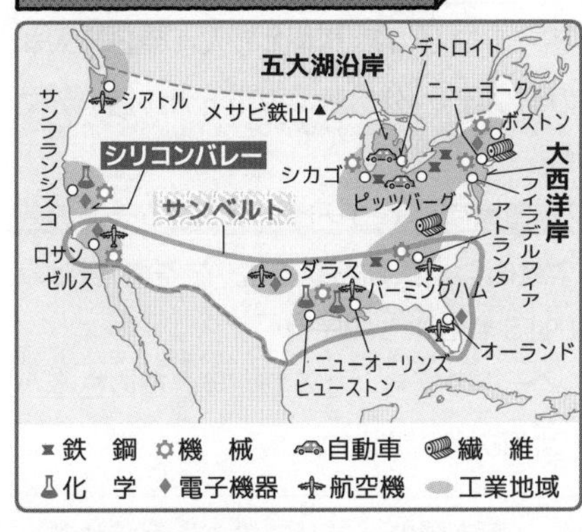

世界の農畜産物の生産量

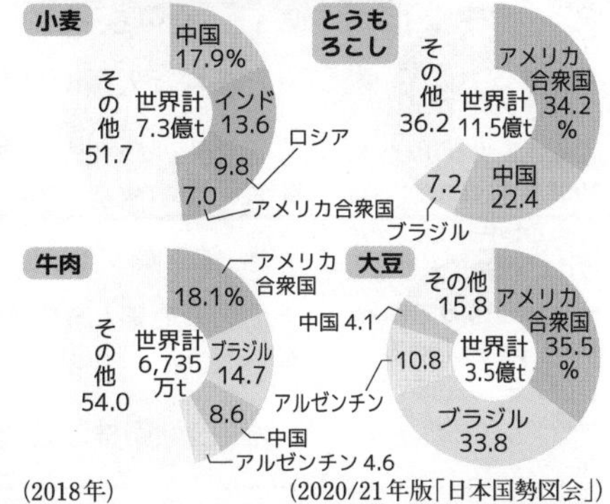

(2018年)　(2020/21年版「日本国勢図会」)

テストに出る 要点チェック

- [ ] 1．中南米のスペイン語系の国からアメリカ合衆国に移住してきた人々を何といいますか。
- [ ] 2．プレーリーで栽培され，アメリカ合衆国が世界で輸出上位の作物は何ですか。
- [ ] 3．熱帯が広がるメキシコ湾(わん)に面した地域で発生し，暴風雨や大洪水(こうずい)などの大きな被害(ひがい)を出す災害は何ですか。
- [ ] 4．アメリカ合衆国の工業の中心地となっている，北緯37度以南の地域を何といいますか。
- [ ] 5．世界的規模で活動する企業のことを何といいますか。

解答

1．ヒスパニック
2．小麦
3．ハリケーン
4．サンベルト
5．多国籍企業

月　日

南アメリカ州

1 南アメリカの自然と社会 ☆☆

注意 メキシコ以南はスペイン人などラテン系白人の移民が多い→**ラテンアメリカ**。

発展 1995年に南アメリカで関税の原則撤廃と域外の共通関税を設定した**南米南部共同市場**(MERCOSUR)が発足し，現在5か国が加盟している(2021年)。

1 自　然…①**地形**→西部：**アンデス山脈**。東部：アマゾン盆地，ブラジル高原，**アマゾン川**(流域面積世界最大)。

②**気候**→赤道付近は熱帯で，アマゾン川流域には**熱帯林**。南部のラプラタ川流域は温帯。西部の山地は高山気候。
（この熱帯林をセルバ，ラプラタ川流域の温帯草原をパンパという）

すいすい暗記 南米人　熱せばパオンと　爆発す
熱帯＝セルバ　パンパ＝温帯

2 社　会…先住民の国をヨーロッパ人が滅ぼす。ヨーロッパ人との混血＝**メスチソ**の増加。アフリカ系黒人や他の移民。ブラジル以外の大半の国の公用語は**スペイン語**。かつては**焼畑農業**や漁業による自給的な生活。現在は外国の企業が大規模な開発のために進出。
（ヨーロッパ人→スペイン・ポルトガル）（アフリカ系黒人→かつて奴隷として連れてこられた）

2 ブラジルの社会と産業 ☆☆

参考 ブラジルへは1908年に日本からはじめて移民船がサンパウロに到着。大半はコーヒー農園の労働者。現在は約190万人(2017年)の日系人がブラジルに住む。

1 社　会…ヨーロッパ系，アフリカ系，混血の人々や日系人など多様な人種→「人種のるつぼ」。公用語は**ポルトガル語**。アマゾン川流域の国土開発。
（豊かな水量を利用し，ブラジルの発電量の62.9%(2017年)は水力発電）

2 産　業…農業→**ブラジル高原**南部でコーヒーやさとうきびの栽培。鉱工業→**カラジャス鉄山**など鉄鉱石が豊富→航空機・自動車の製造も盛ん→中南米NIESやBRICSの一員。
（BRICS→ブラジル・ロシア・インド・中国・南アフリカ共和国）

3 課　題…バイオエタノールの原料となるさとうきびの生産が増加→熱帯林の破壊→環境破壊の問題へ。

3 南アメリカの国々 ☆

参考 1870年代に冷凍船がつくられ，アルゼンチンからヨーロッパへの生肉の輸出が可能となり，肉牛飼育が盛んになった。

1 アルゼンチン…ラプラタ川下流域の**パンパ**での小麦栽培や羊・牛の牧畜が盛ん→混合農業。大豆・小麦・肉類などの農畜産物の輸出が多い。

2 アンデス諸国…①**コロンビア**→コーヒー輸出。石油も産出。

②**エクアドル**→赤道直下。バナナ・石油などを輸出。
（国名は赤道を意味するスペイン語）

③**ペルー**→インカ帝国のマチュピチュ遺跡。銅鉱や水産物の輸出。

④**チリ**→南北に細長い国土。銅鉱の生産量世界一。

・コレ重要・

☞ アマゾン川流域の開発が進む→環境問題。

☞ ブラジルはコーヒーや鉄鉱石の生産が多い。近年工業化が進む。

得点アップUP

① セルバ→アマゾン川→熱帯林。パンパ→ラプラタ川→温帯草原。
② ブラジルの農業はコーヒー・さとうきびから，小麦・大豆など多種類化へ。
③ 南米ではA＝アルゼンチン，B＝ブラジル，C＝チリの三国に注目しよう。

南アメリカの自然

南アメリカの人種構成と公用語

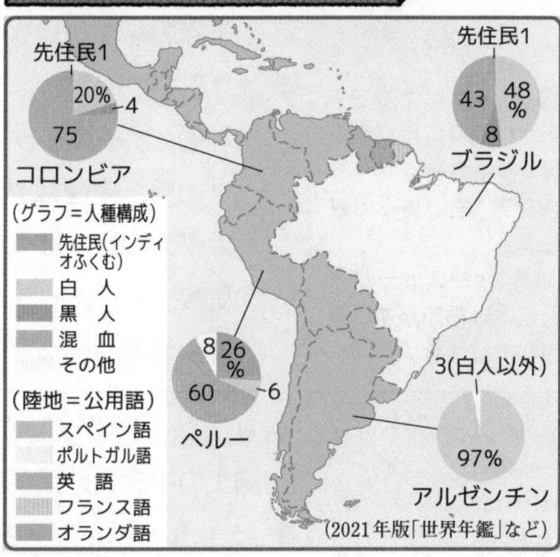

(2021年版「世界年鑑」など)

南アメリカの国で生産が盛んな農産物・鉱産物

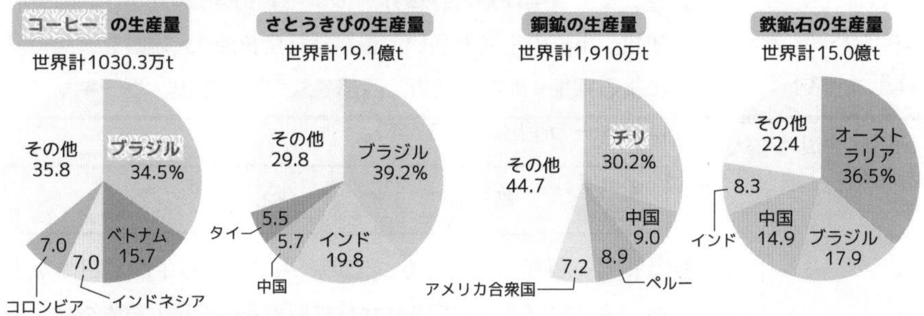

(2018年。銅鉱は2015年。鉄鉱石は2017年)　(2020/21年版「世界国勢図会」)

テストに出る要点チェック

- [ ] 1．世界最大の流域面積をもつ河川(かせん)は何ですか。
- [ ] 2．白人と先住民との混血を何といいますか。
- [ ] 3．アルゼンチンの公用語は何語ですか。
- [ ] 4．ブラジルが世界一の生産国で，コロンビアでも生産が盛んな農産物は何ですか。
- [ ] 5．ラプラタ川流域に広がり，牧畜や小麦の栽培が行われている広大な草原を何といいますか。
- [ ] 6．銅鉱の生産量が世界一の南アメリカの国はどこですか。
- [ ] 7．かつてインカ帝国(ていこく)が栄えた国はどこですか。

解答

1．アマゾン川
2．メスチソ
3．スペイン語
4．コーヒー
5．パンパ
6．チリ
7．ペルー

月　日

オセアニア州

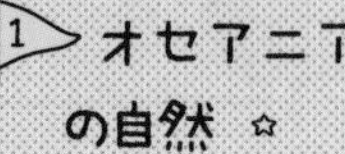

1 オセアニアの自然 ☆

発展 ミクロネシア→小さい島々，ポリネシア→多くの島々，メラネシア→黒い島々の意味。

注意 オーストラリアと日本は季節が逆，雨温図では注意。

❶ **オセアニアの範囲**…オーストラリア大陸，ニュージーランドと太平洋の島々からなる。
↳ミクロネシア・ポリネシア(ニュージーランドやハワイ諸島をふくむ)・メラネシアに区分

❷ **オセアニアの自然**

①**地形**→オーストラリア大陸は東部にグレートディバイディング山脈，内陸はグレートアーテジアン(大鑽井)盆地や砂漠。太平洋の島々は火山島やさんご礁の島。

②**気候**→オーストラリアは国土の約 7 割が**乾燥帯**，北部に熱帯，東部や南西部は**温帯**。太平洋の島々は大半が熱帯気候。

2 オーストラリア ☆☆

参考 オーストラリアと日本は，観光，姉妹都市提携や若者のワーキングホリデー制度などにより交流が盛ん。

注意 オーストラリアの輸入相手国の上位 3 か国は，中国，アメリカ合衆国，日本(2019 年)。

❶ **自　然**…南半球に位置し，日本の真南。「乾燥大陸」とよばれ，国土の中央に砂漠が広がる。温帯の地域に人口が集中。

❷ **社　会**…イギリス系入植者が開発。先住民は**アボリジニ**。かつては**白豪主義**の政策。現在は**多文化社会**が国の方針。
↳1901 年から有色人種の移住を制限，1970 年代には廃止され，アジア系移民が増加

❸ **産　業**…牧羊が盛ん→世界一の羊毛輸出国(2018 年)。肉牛の放牧。小麦の生産も多い。豊富な鉱産資源→大規模な**露天掘り**による採掘→東部で**石炭**，西部で**鉄鉱石**を産出。ボーキサイトは世界一の産出国(2017 年)。

> **すいすい暗記**　露天掘り　東炭西鉄　日本へと
> 東部＝石炭，西部＝鉄鉱石

❹ **貿　易**…貿易相手国はかつての**イギリス**から中国や日本などへ。主要輸出品は農畜産物から鉱産資源に変化。日本へは，液化天然ガス・**石炭**・鉄鉱石や肉類などを輸出。

3 オセアニアの国々 ☆

参考 近年はアジアからの観光客が増加。太平洋の島々はリゾート地として発展。

❶ **ニュージーランド**…島国(海洋国)。**環太平洋造山帯**→火山が多い。
↳ニュージーランドは偏西風と海流の影響を受ける西岸海洋性気候
先住民は**マオリ**。国土の約半分は牧草地→牧羊・牧牛が盛ん→乳製品，肉類などを輸出。

❷ **ツバル・キリバス**…さんご礁の島国。**地球温暖化**による海面上昇で国土が水没する可能性もあるといわれている。

・コレ重要・

☞ オーストラリアの最大の輸出・輸入相手国はともに中国である(2019 年)。

☞ オーストラリアの鉄鉱石は西部，石炭は東部で多く産出される。

得点アップUP

① オーストラリアは世界有数の牧羊国，羊毛の輸出は世界一。

② オーストラリアの先住民はアボリジニ。ニュージーランドの先住民はマオリ→両国とも先住民の文化や権利を尊重する多文化社会をめざす。

オーストラリアの自然

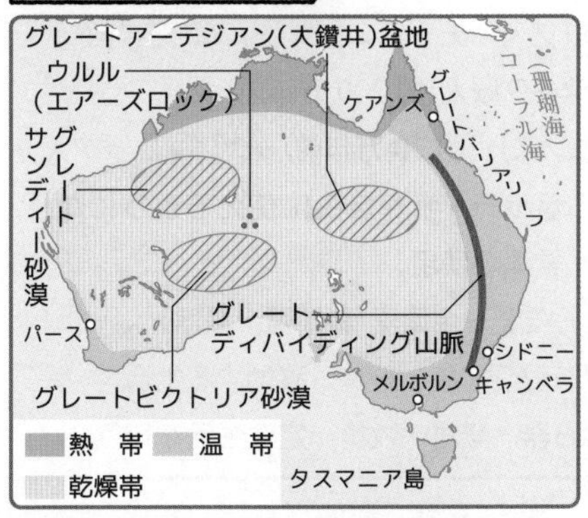

オーストラリアの農牧業と鉱産資源

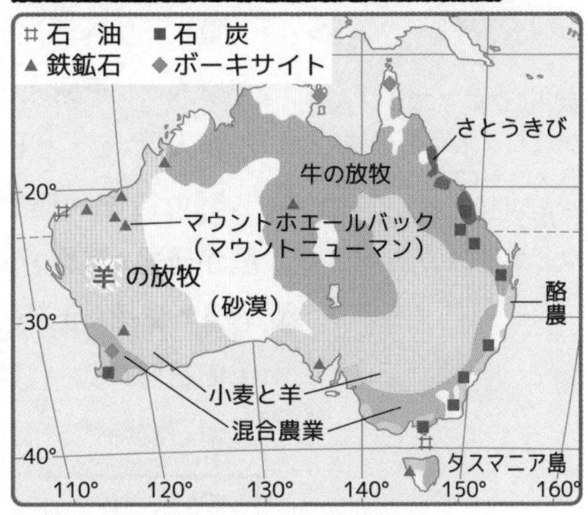

オーストラリアの貿易相手国

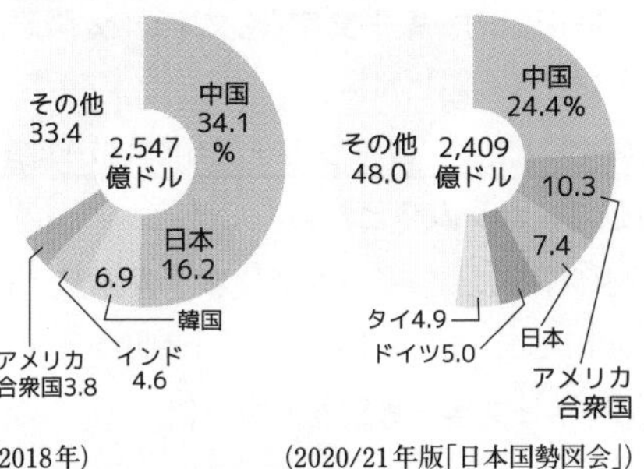

(2018年) (2020/21年版「日本国勢図会」)

オーストラリアと日本との貿易

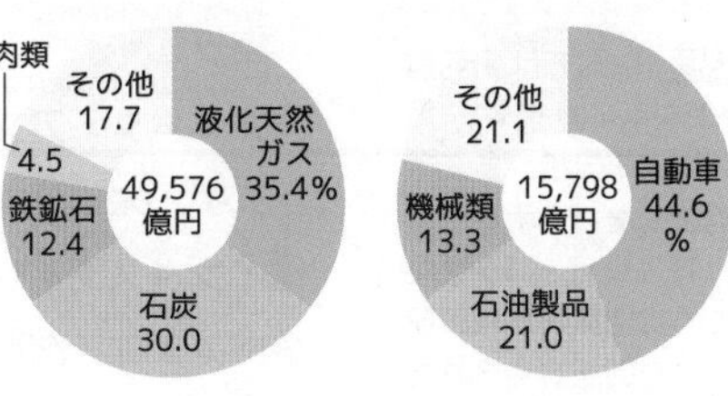

(2019年) (2020/21年版「日本国勢図会」)

テストに出る要点チェック

- □ 1．オーストラリアの先住民を何といいますか。
- □ 2．オーストラリアに見られる，鉱産物を地表から直接けずり取る大規模な採掘方法を何といいますか。
- □ 3．オーストラリアで飼育が盛んな乾燥に強い家畜は何ですか。
- □ 4．オーストラリアの最大の輸入相手国はどこですか。
- □ 5．オーストラリアの生産が世界一である，アルミニウムの原料となる鉱産資源は何ですか。
- □ 6．ニュージーランドの先住民を何といいますか。

解答

1．アボリジニ
2．露天掘り
3．羊
4．中国
5．ボーキサイト
6．マオリ

月　日

人類の出現と古代文明

1 人類のおこり ☆☆

発展 **クロマニョン人**が残した洞窟壁画は，ラスコー(フランス)やアルタミラ(スペイン)などがある。

❶ **人類の出現と進化**…猿人→原人→新人と進化。

①**猿人**→サヘラントロプス・チャデンシス(約700万年前)。（アフリカのチャドで発見）

②**原人**→北京原人・ジャワ原人(約200万年前)。（火や言語を使う）

③**新人(ホモ・サピエンス)**(約20万年前)→**クロマニョン**人。

❷ **人類の特徴**…直立二足歩行→手が自由に使えるようになり，脳が発達→道具・火・言葉の使用。

❸ **道具の発達による区分**…石器→金属器(青銅器・鉄器)へ。

①**旧石器時代→打製石器**，採集・狩猟，移動する生活。（打製石器：石を打ち欠いた石器）（旧石器時代：人類の出現期から数百万年続いた）

②**新石器時代→磨製石器**，農耕・牧畜，定住生活を行う。（磨製石器のほか，土器や骨角器も使用。約1万年前ごろから始まる）

すいすい暗記　新石器（新石器時代）　農耕・牧畜　磨き石（磨製石器）

2 古代文明の発生 ☆☆☆

参考 中国では紀元前4000年より前に，黄河中・下流域，長江下流域で農耕文明が生まれた。紀元前16世紀ごろには黄河流域に**殷**という国がつくられた。

● **世界の古代文明**…農耕適地の大河の流域で発生。

①**エジプト文明**(ナイル川流域)→**象形文字**(絵文字)，**太陽暦**，**ピラミッド**，スフィンクス，パピルス。（紀元前3000年ごろ）

②**メソポタミア文明**(チグリス川・ユーフラテス川流域)→**楔形文字**，太陰暦，60進法，ハンムラビ法典。（紀元前3000年ごろ）

③**インダス文明**(インダス川流域)→**インダス文字**，青銅器，**モヘンジョ・ダロ**の都市遺跡，身分制度(カースト制度)。（紀元前2500年ごろ）

④**中国文明**(黄河流域)→**甲骨文字**，青銅器，殷王朝。

3 古代の中国・朝鮮とヨーロッパ ☆☆

参考 キリスト教は1世紀ごろに，パレスチナに生まれた**イエス**が説いた。

❶ **中国の古代帝国**…**殷**(殷墟)→周→春秋・戦国(儒教)→**秦**(**始皇帝**が統一)→**漢**(**シルクロード**で西方と交易)。（儒教：紀元前6世紀ごろ孔子が開く。仏教は紀元前5世紀ごろインドでシャカが開く）（シルクロード：「絹の道」）

❷ **朝鮮半島**…紀元前後，北部に**高句麗**。南部は小国が分立。

❸ **ヨーロッパ世界**…ギリシャ文明→**アテネ**などの都市国家(**ポリス**)。パルテノン神殿→**アレクサンドロス大王**の東方遠征→**ヘレニズム**。**ローマ帝国**が紀元前1世紀ごろ地中海地域を統一，4世紀に東西に分かれた。（ヘレニズム：ギリシャとオリエントの文化が結びつく）（東ローマ帝国(ビザンツ帝国)）

・コレ重要・

☞ 人類は他の動物と異なり，直立二足歩行→道具・言葉・火の使用に進展。

☞ 古代文明は大河の流域，文字や青銅器の使用，国家の形成などが共通点。

① 人類の出現時期・人骨の発見地や人類の特徴について確認しよう。
② 旧石器(打製石器)時代と新石器(磨製石器)時代の違いをおさえよう。
③ 四大文明の発生地とそれぞれの文明の特色について理解しよう。

人類の進化

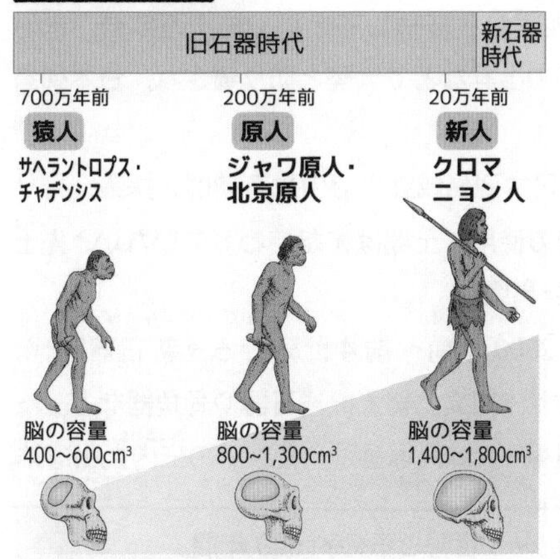

人類の出現と四大文明

古代文明の特色

文明の名称	河　川	文　字	文化財など
エジプト文明(前 3000 年ごろ)	ナイル川	象形文字	ピラミッド，パピルス，太陽暦
メソポタミア文明(前 3000 年ごろ)	チグリス川・ユーフラテス川	楔形文字	ハンムラビ法典，太陰暦，60 進法
インダス文明(前 2500 年ごろ)	インダス川	象形文字(インダス文字)	都市遺跡(モヘンジョ・ダロなど)
中国文明(前 1600 年ごろ)	黄　河	甲骨文字	青銅器，土器(彩陶・黒陶)

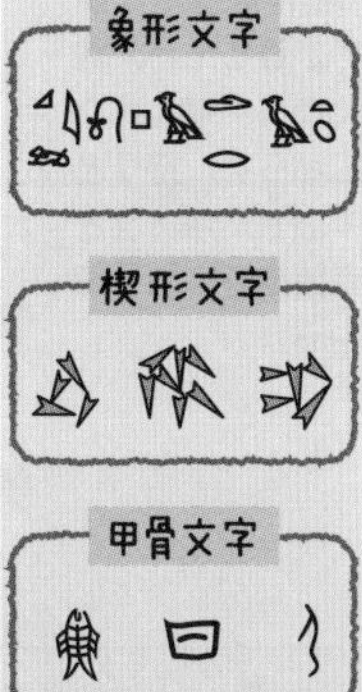

テストに出る 要点チェック

- [ ] 1．エジプト文明で使用された，天文学から発達した暦を何といいますか。
- [ ] 2．メソポタミア文明で使用された文字を何といいますか。
- [ ] 3．殷王朝時代につくられ，漢字のもととなった文字を何といいますか。
- [ ] 4．中央アジアを横断し，東西の交易に重要な役割を果たした古代の交通路を何といいますか。

解答

1．太陽暦
2．楔形文字
3．甲骨文字
4．シルクロード(絹の道)

月　日

日本のあけぼの

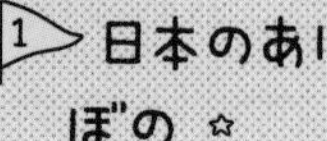

1 日本のあけぼの ☆

発展 ・**土偶**は魔除けや豊かな収穫を願ってつくられたと考えられている。
・成人になる儀式としての抜歯や，死者の霊による災いを防ぐためとされる屈葬が行われた。

❶ **日本の始まり**…氷河時代は大陸と陸続きで，ナウマンゾウやオオツノジカなどが大陸から移動してきた。約1万年前，氷河時代が終わり，海面の上昇などで大陸と切り離され，日本列島が成立。
↳長野県の野尻湖できばを発見

❷ **日本の旧石器時代**…日本列島成立までの数万年間。採集，狩り，漁の生活→**打製石器**の使用。土器はまだ使われていない→先土器時代。**岩宿遺跡**(群馬県)。
↳約1万年以上前の地層から石器が出土。日本の旧石器時代の存在が明らかになる

❸ **縄文時代**…約1万2000年前～前4世紀ごろ→新石器時代。採集，狩り，漁の生活→縄文土器・**磨製石器**や骨角器など。**たて穴住居**。土偶。**貝塚**→大森貝塚遺跡。青森県の三内丸山遺跡。
縄文時代の大規模な集落遺跡で，約5500年～4000年前のもの

2 弥生時代「ムラ」から「クニ」へ ☆☆

参考 稲作は温暖な西日本で定着したが，寒冷な北海道や東北地方には広がらず，狩りと漁が中心で，沖縄などの南西諸島では漁と畑作が中心。

❶ **弥生時代**…前4世紀～3世紀ごろの約600年間。

❷ **稲作の開始**…紀元前4世紀ごろ大陸から伝わる。定住生活。**高床倉庫**。**弥生土器**。**金属器**→青銅器(銅鐸・銅矛など)・鉄器。登呂遺跡(静岡県)や**吉野ヶ里遺跡**(佐賀県)。
↳弥生時代の大規模な集落遺跡で，深い堀や高い柵などがあった

すいすい暗記 広まった　稲作・金属（青銅器や鉄器）　弥生（弥生時代）には

❸ **「ムラ」(集落)の出現**…貧富や身分の差が発生→支配者(王)の出現→農作業・祭り・用水路などの工事や戦いを指導。

❹ **「クニ」(国)の成立**…強い「ムラ」が他の「ムラ」を支配→小さな「**クニ**」が各地に出現。

3 小国分立時代 ☆☆

注意 中国の歴史書では，「**倭**」は日本，「**倭人**」は日本人のこと。

❶ **漢　書**…紀元前後ごろ，倭は100余りの小国に分立。

❷ **後漢書**…57年，奴の国王が後漢の光武帝から「漢委奴国王」の金印を授かる。
↳紀元前202から紀元後8年まで前漢，紀元後25年から220年まで後漢

❸ **魏志倭人伝**…3世紀ごろ，**邪馬台国**の女王**卑弥呼**が魏に使者を派遣。「**親魏倭王**」の称号と金印や銅鏡を授かる。邪馬台国は30余りの小国を従え，身分の違いもあったとされる。

・コレ重要・
☞ 縄文時代→採集・狩り，漁。磨製石器・縄文土器。たて穴住居，三内丸山遺跡。
☞ 弥生時代→稲作・金属器。クニの出現。吉野ヶ里遺跡。

得点アップUP

① 旧石器・縄文・弥生時代のくらしなどを比較(ひかく)して把握(はあく)しよう。
② 岩宿・三内丸山・吉野ヶ里遺跡について，場所，内容をおさえよう。
③ 稲作開始→定住生活，富の蓄積(ちくせき)，貧富・身分の差の発生を理解しよう。

縄文時代と弥生時代の比較

	縄文時代	弥生時代
時期	約1万2000年前～前4世紀ごろ	前４世紀ごろ～３世紀ごろ
道具	磨製石器・骨角器	磨製石器・金属器（青銅器）
生産	狩猟・採集	農耕（稲作）
社会	身分・貧富の差，階級の別がない	身分・貧富の差，階級の別が発生
おもな遺跡	大森貝塚遺跡（東京都） 三内丸山遺跡（青森県）	登呂遺跡（静岡県） 吉野ヶ里遺跡（佐賀県）

弥生土器

土偶

青銅器

銅矛

銅鐸　銅剣

金印

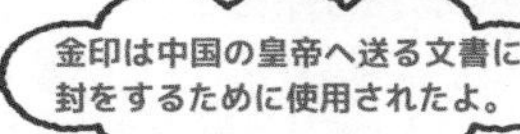

金印は中国の皇帝へ送る文書に
封をするために使用されたよ。

テストに出る要点チェック

- □ 1．縄文時代の大規模な集落の存在が明らかになった，青森県の遺跡を何といいますか。
- □ 2．縄文時代の人々の住居を何といいますか。
- □ 3．表面に縄目の文様がある厚手の土器を何といいますか。
- □ 4．縄文時代に食べ物の残りや不要物を捨てた場所を何といいますか。
- □ 5．縄文時代に魔除けや豊作を願うために土でつくられた人形を何といいますか。
- □ 6．卑弥呼が中国の皇帝から授けられたといわれる称号は何ですか。

解答

1．三内丸山遺跡
2．たて穴住居
3．縄文土器
4．貝塚
5．土偶
6．親魏倭王

月　日

古墳時代・飛鳥時代

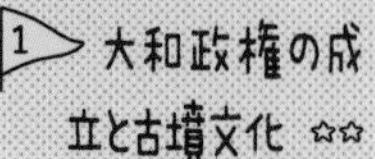

1 大和政権の成立と古墳文化 ☆☆

注意 ● 土偶→縄文時代，豊作などを願う。
● 埴輪→古墳時代，古墳の周囲に置かれた。

1 大和政権の成立…3世紀後半，近畿地方の豪族が王を中心とした連合政権を樹立→5世紀ごろには九州から関東地方までを統一→大王（だいおう）とよばれる王が支配。

↳豪族たちは親から子へと役割を引きつぐ

2 古墳文化…3～7世紀，大王や豪族の強い権力と優れた土木技術。前方後円墳→大仙古墳など。埴輪が出土。

↳大阪府堺市にある世界最大級の墓で，強い権力が分かる（伝仁徳天皇陵）

3 大陸文化…渡来人が仏教・儒教・学問や多くの技術を伝来。

↳朝鮮半島から移り住んだ人々　↳漢字　須恵器↵

4 朝鮮との関係…大和政権は5世紀初め，伽耶地域（任那）に進出，百済と結んで高句麗・新羅と戦う。

5 宋書…5世紀に倭の五王が南朝の宋に使者を派遣。

↳讃・珍・済・興・武

2 聖徳太子の政治と大化の改新 ☆☆☆

参考 ● 摂政は天皇が幼少・女性・病気のときなどに置かれ，天皇に代わり政治を行う。
● 厩戸皇子は，用明天皇の子で，のちに仏教を広めるなどした聖人として「聖徳太子」とよばれるようになった。

1 聖徳太子（厩戸皇子）の政治… 6世紀末，推古天皇の摂政。蘇我氏と協力し，**天皇中心の中央集権政治の樹立**をめざす。

↱役人を位づけし，氏や姓にとらわれずに才能や功績のある人を登用した

①**冠位十二階**の制定　②十七条の憲法→役人の心得を示したもの。　③**遣隋使**の派遣→**小野妹子**を中国の**隋**に派遣。

すいすい暗記	節水と　放流を　12回
	摂政・推古天皇　法隆寺　冠位十二階

↱592年の推古天皇の即位から710年の平城遷都までの期間が飛鳥時代

2 飛鳥文化…わが国最初の仏教文化。**法隆寺**・釈迦三尊像。

↳世界最古の木造建築

3 中国の動き…7世紀の初め，唐が中国を統一。

4 大化の改新…① 645年，中大兄皇子（のちの**天智天皇**），**中臣（藤原）鎌足**らが，蘇我氏を倒し政治改革を始める。改新の詔→**公地・公民**制。租税制度の確立などを示す。

②改新政治の進展→天智天皇：大津宮で即位し全国の戸籍を作成。

3 律令国家の成立へ ☆

1 天智天皇の没後… 672年，壬申の乱に勝った天武天皇は律令や歴史書の作成を進める。

↳大友皇子と大海人皇子の皇位争い。大海人皇子が勝利

2 律令制度の準備…持統天皇（天武天皇の后）が藤原京をつくる。

中国の都にならって，碁盤状のように区画↵

・コレ重要・

☞ 大和政権は，大王中心の豪族連合政権。朝鮮半島にも進出した。

☞ 聖徳太子（厩戸皇子）→冠位十二階・十七条の憲法，遣隋使派遣などで天皇権力を強化。

得点アップUP

① 大きな古墳の多くは前方後円墳。代表的な古墳の位置をおさえよう。
② 聖徳太子(厩戸皇子)の政治→大化の改新→大宝律令制定までのできごとを理解しよう。
③ 飛鳥文化は大陸の影響が大きい。東アジアなど大陸との関係に留意しよう。

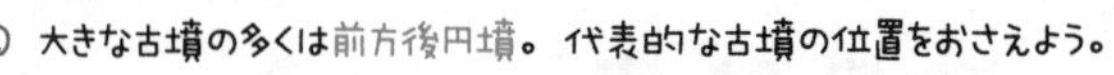

おもな古墳の分布

おもな古墳の形

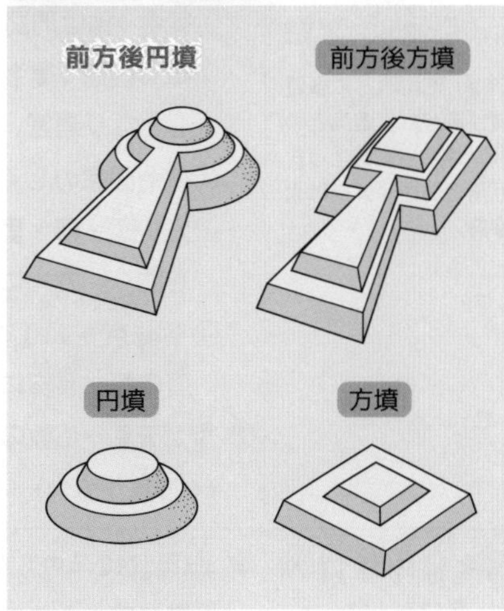

5 世紀ごろの東アジア

十七条の憲法

一に曰く，和をもって貴しとなし，さからうことなきを宗となせ。(和を尊び，争いをやめよ)
二に曰く，あつく三宝を敬え。三宝とは仏・法・僧なり。(仏教を信仰せよ)
三に曰く，詔をうけたまわりては，必ずつつしめ。(天皇の命令には従え)

(一部読み下し文)

テストに出る要点チェック

□ 1．大仙古墳や稲荷山古墳などの古墳の形を何といいますか。
□ 2．聖徳太子が，家柄によらず，有能な人を役人に取り立てようとした制度を何といいますか。
□ 3．日本が百済と結んで戦った朝鮮半島の国は，高句麗とどこですか。
□ 4．聖徳太子が，607 年に遣隋使として派遣したのはだれですか。
□ 5．645 年，蘇我氏が倒されて始められた政治の改革は何ですか。

解答

1．前方後円墳
2．冠位十二階(の制度)
3．新羅
4．小野妹子
5．大化の改新

奈良時代

月　日

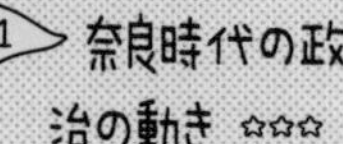

1 奈良時代の政治の動き ☆☆☆

注意　東北地方に**多賀城**が置かれ，蝦夷との戦いや開拓にあたった。九州の防衛や外交は**大宰府**。

1 大宝律令の制定（701年）と平城京（奈良）

①**律令**→律は刑罰のきまり，令は政治を行うためのきまり。

②**律令国家**→律令に基づいて政治を行う国家。天皇と**貴族**（天皇から高い地位を与えられた有力な豪族）が中心となり運営。

③**律令国家のしくみ**→中央：二官（**太政官**，神祇官）と八省。地方：国・郡・里→中央から派遣された**国司**の下に郡司，里長を置く。九州に大宰府。交通は駅制（都と地方を結ぶ道路の約16kmごとに駅を設けた）を整備。

④**平城京**→710年元明天皇が藤原京から平城京に都を移す。唐の都，**長安**にならった都。**和同開珎**の発行（708年）。

2 聖武天皇…仏教の力で国の平安を保とうと，都に東大寺と大仏（←**行基**が協力），国ごとに**国分寺**・国分尼寺を建立。

2 奈良時代の農民のくらし ☆☆

参考　●人々は**良民**（公民）と**賤民**に区別。農民の大多数は良民。
●**調**や**庸**は成年の男子に課せられ，自分で都まで運ぶ必要があり，重い負担であった。

1 班田収授法の下での農民のくらし…口分田と多くの負担。

①**口分田**→6年ごとに作成される戸籍に基づいて与えられた土地（6歳以上の男子に2段，女子はその3分の2が与えられ，亡くなると国に返す）→税の負担や兵役などが課せられる。（重い負担からのがれるため，戸籍の性別や年齢をいつわる者や，村から逃亡する農民も出現）

②**租**→稲の収穫の約3％を納める。**調**→特産物。**庸**→布。

③兵役（衛士（都の警護）・防人（九州の防衛）など）や労役の負担など。

> すいすい暗記　租は稲で（収穫の約3％）　調は産物（地方の特産物）　庸は布

2 口分田の不足…人口の増加や自然災害などで耕地が不足→朝廷は開墾を奨励→723年三世一身法，743年**墾田永年私財法**（開墾地を永久に私有地として認めた）を制定→貴族や寺社の私有地増加→**荘園**の発生へ。

3 遣唐使の派遣と天平文化 ☆☆

参考　**鑑真**は，数度の渡航の失敗で失明しながらも来日し，唐招提寺を建立。

1 遣唐使の派遣…7世紀から9世紀末まで，唐の制度や文化を吸収する目的。阿倍仲麻呂らが活躍。唐の僧**鑑真**が来日。

2 天平文化…①**特色**→仏教や唐の文化の影響を受けた，国際色豊かな文化。②**内容**→**東大寺**の**正倉院**（校倉造）。『**古事記**』・『**日本書紀**』などの歴史書や『**風土記**』，『**万葉集**』（大伴家持がまとめたとされる）。

コレ重要

☞ 遣隋使は飛鳥時代，遣唐使は飛鳥～平安時代。大陸の文物が伝来する。

☞ 天平文化は貴族中心の仏教文化。正倉院宝物から豊かな国際性がわかる。

① 奈良時代は律令に基づく，天皇中心の中央集権政治が行われた時代。
② 奈良時代の都の繁栄，律令の下での重い負担の農民のくらしに留意しよう。
③ 天平文化→東大寺・正倉院宝物・『古事記』・『万葉集』などを把握しよう。

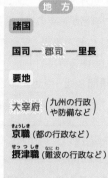

律令国家のしくみ

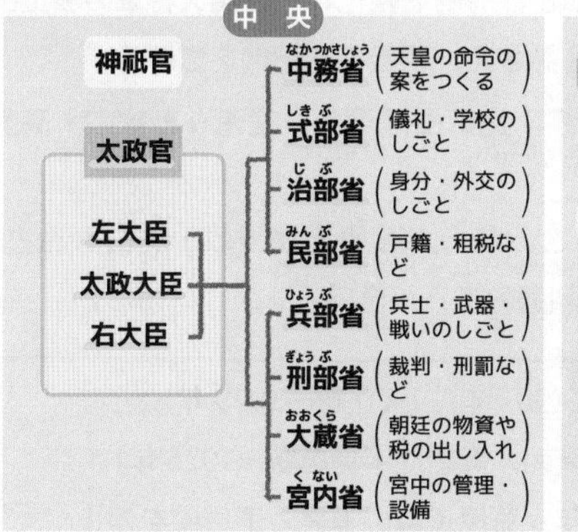

東大寺大仏

鑑真

平城京

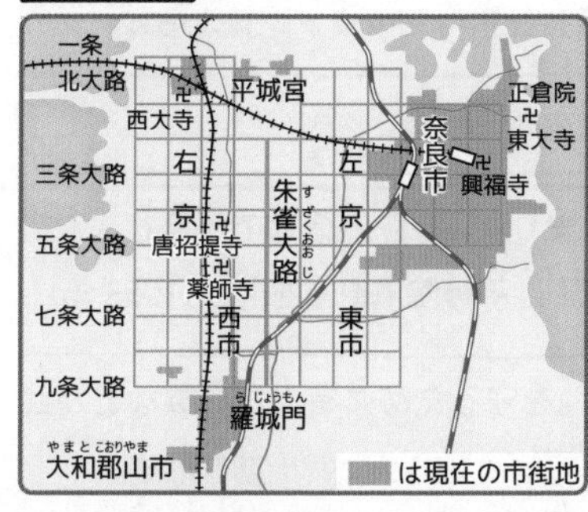

農民の負担

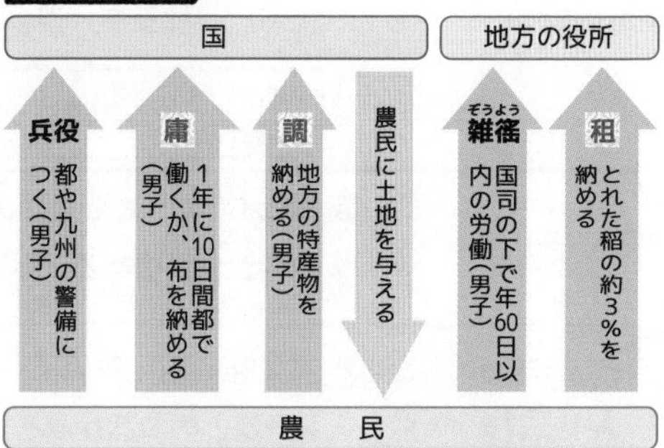

テストに出る 要点チェック

	問題	解答
☐	1．710年，元明天皇によって奈良につくられた都を何といいますか。	1．平城京
☐	2．都に東大寺と大仏をつくった天皇はだれですか。	2．聖武天皇
☐	3．墾田永年私財法によりつくられるようになった，貴族や寺院などの私有地はのちに，何とよばれましたか。	3．荘園
☐	4．九州北部の防衛にあたった兵士を何といいますか。	4．防人
☐	5．奈良時代に栄えた，国際色豊かな仏教文化を何といいますか。	5．天平文化
☐	6．唐招提寺を建立し，仏教を広めた唐の僧はだれですか。	6．鑑真

月　日

平安時代

1 平安京と摂関政治 ☆☆☆

発展 荘園領主には**不輸**(租税を納めなくてよい)・**不入**(国司の立ち入りを拒否できる)**の権**が認められた。

❶ **平安京**…794年**桓武天皇**が京都に遷都→律令政治の再建。
①地方政治の立て直しと律令制を強化。②**征夷大将軍**の坂上田村麻呂が蝦夷の抵抗をおさえ，朝廷の支配地を広げる。

❷ **新仏教**…**最澄**→**天台宗**・比叡山延暦寺，**空海**→**真言宗**・高野山金剛峯寺。
↳山奥での学問や修行を重視。祈りやまじないを行い，貴族の間で広まる

❸ **摂関政治**…9世紀中ごろから，**藤原氏**が摂政・関白を独占。
↳天皇が幼いときには摂政，成人後は関白になって，政治の実権を握る
11世紀前半の**道長**・頼通のころが全盛。
多くの荘園を所有↵

2 東アジアの動きと国風文化 ☆☆

注意 奈良時代の仏教は国家の平安を願い，平安時代の仏教は社会不安から極楽往生と来世の幸福を願う。

❶ **中国の動き**…唐が滅亡(907年)，宋が統一(979年)。

❷ **朝鮮の動き**…新羅が衰え，高麗が半島を統一(936年)。

❸ **遣唐使の停止**…894年，**菅原道真**の進言で遣唐使を停止。
↳唐の勢力の衰えや航海が危険などの理由で停止，民間の交流は続いた

❹ **国風文化**…9世紀後半，日本独自の貴族の文化が発達。貴族の屋敷→**寝殿造**。大和絵(絵巻物)。**仮名文字**→『**源氏物語**』(**紫式部**)，『**枕草子**』(**清少納言**)，『**古今和歌集**』(紀貫之ら)。

> **すいすい暗記**　国風は　寝殿造と　阿弥陀かな
> （かな＝仮名文字）

❺ **浄土信仰**…末法思想の広まり→**阿弥陀仏**信仰で極楽往生→空也や源信が広める→藤原頼通は**平等院鳳凰堂**を建立(1053年)。

3 武士のおこりと平氏政権 ☆☆☆

参考 東北地方では**奥州藤原氏**が平泉を拠点として台頭した。初代清衡によって，中尊寺金色堂が建てられた。

注意 **日宋貿易**の輸入品は宋銭・絹織物など，輸出品は硫黄・刀剣など。

❶ **武士のおこり**…地方では土地を守るために有力な豪族などが武装→都とのつながりを通して地位を高め，**武士団**を形成。

❷ **武士の成長**…①関東の**平将門の乱**や西日本の藤原純友の乱の平定で武士が活躍→武士の棟梁として**平氏**と**源氏**が台頭。
②東北での前九年合戦・後三年合戦を源氏が平定。
1051年東北の豪族安倍氏がおこした↵　↳1083年出羽の豪族清原氏一族の争い

❸ **院　政**…1086年，白河天皇が**上皇**となり院で政治を行う。

❹ **平氏の進出**…**保元の乱**や**平治の乱**に勝ち，平氏が進出。
1156年，天皇と上皇の争いが中心↵　↳1159年に平清盛と源義朝の勢力争いと藤原氏の争いが関連
①**平氏政権**→1167年，**平清盛**が太政大臣となる。
②平清盛は，兵庫の港(大輪田泊)を整え，**日宋貿易**を行う。

・コレ重要・

☞ 平安時代は，律令政治の再建→摂関政治→武士のおこり・院政への流れ。
☞ 9世紀後半から日本の生活・風土に合った国風文化が貴族を中心に誕生。

得点アップUP

① 平安遷都の理由，桓武天皇の政治と摂関政治の内容について留意しよう。
② 遣唐使停止の理由，国風文化の特色と内容などを把握しよう。
③ 武士のおこりと背景，地方武士の反乱と平定，院政の意味を理解しよう。

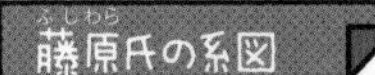

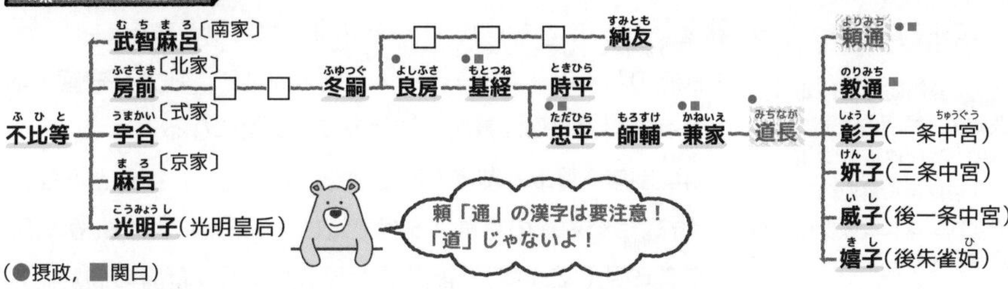

武士団のしくみ

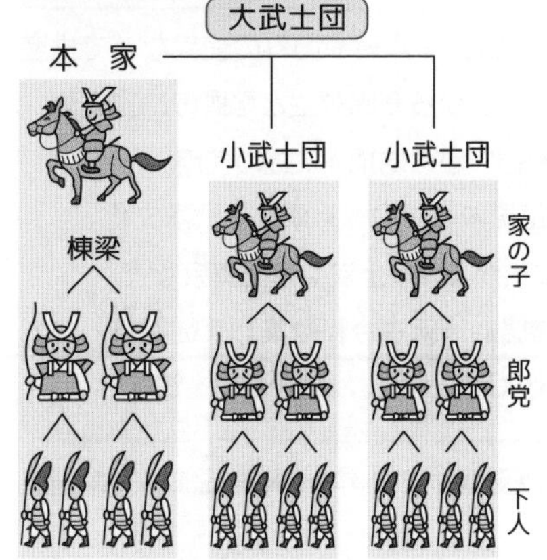

武士の反乱

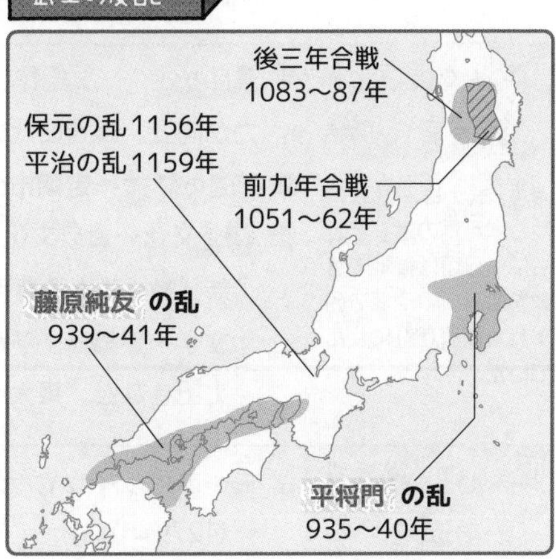

テストに出る 要点チェック

問題	解答
□ 1. 794年，平安京に都を築いた天皇はだれですか。	1. 桓武天皇
□ 2. 9世紀初め，唐から帰国して真言宗を伝えたのはだれですか。	2. 空海
□ 3. 遣唐使の停止を進言したのはだれですか。	3. 菅原道真
□ 4. 9世紀後半から発達した日本独自の貴族の文化を何といいますか。	4. 国風文化
□ 5. 紫式部が仮名文字で書いた物語を何といいますか。	5. 源氏物語
□ 6. 11世紀に源氏が平定した東北地方の戦乱は何ですか。	6. 前九年合戦・後三年合戦
□ 7. 天皇が位をゆずり，上皇となって行った政治を何といいますか。	7. 院政

月　日

鎌倉時代

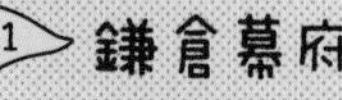

1 鎌倉幕府の成立 ☆☆☆

参考　**源頼朝**の妻は**北条政子**。頼朝の死後に出家，3代将軍源実朝の死後は自ら幕府の政治を仕切ったため，**尼将軍**とよばれた。

1 **平氏の滅亡**(1185年)…壇ノ浦の戦いで源氏に敗れ滅亡。

2 **鎌倉幕府**…①**源頼朝**が1192年に**征夷大将軍**となる。
もとは蝦夷征討の軍の指揮官，源頼朝以後は武士の棟梁の地位のよび名
②**幕府のしくみ**→中央―侍所・政所・問注所，地方―**守護**・**地頭**＝全国の政治は幕府と朝廷の二重支配になる。
③**封建制度**→将軍と**御家人**は**土地**を仲立ちとした**御恩**と**奉公**。

3 **執権政治**…源氏の将軍は3代で滅亡→北条氏による**執権**政治。
①**承久の乱**(1221年)→後鳥羽上皇らが挙兵→幕府の勝利。**六波羅探題**を設置し，朝廷を監視，西国の御家人を統制。
②**御成敗式目**(1232年)→**北条泰時**が制定，最初の武家法。
御家人の権利・義務や裁判の基準などを示したもの(貞永式目)

2 人々のくらしと鎌倉文化 ☆☆

参考　武士は，武芸に励む(「弓馬の道」)とともに，日頃は領地で農業を営み，塀や堀で囲まれた住居(館)に住んでいた。

1 **農民のくらし**…**二毛作**(米と麦)，牛馬耕や肥料の使用などで生産力が向上。鎌倉時代の中ごろから荘園領主と地頭の二重支配。

2 **商業の発達**…**定期市**の開催。座の結成→宋銭の使用。
商工業者の同業組合

3 **鎌倉文化**…貴族文化を基礎にした力強く素朴な武家文化。
①**新仏教**→武士や農民に広がる→**浄土宗**や**浄土真宗**など。
②**文学・建築**→『**平家物語**』，『**新古今和歌集**』，『**徒然草**』，『方丈記』など。東大寺南大門と**金剛力士像**(**運慶**・快慶)。

3 元寇と鎌倉幕府の滅亡 ☆☆

発展　●13世紀初め，**チンギス=ハン**がモンゴル民族を統一して**モンゴル帝国**を建国。
●イタリア商人のマルコ・ポーロは「世界の記述」(「東方見聞録」)で，日本を「黄金の国ジパング」と紹介した。

1 **元**…フビライ=ハンが**元**を建国(1271年)→宋を滅ぼし，中国統一(1279年)。

2 **元　寇**…**文永の役**(1274年)，**弘安の役**(1281年)の2回→北条時宗が撃退(日本軍の抗戦と暴風雨など)。

> すいすい暗記　フビライは(元の初代皇帝)　げんこつ(元寇)あげて　文永(文永の役)・弘安(弘安の役)

3 **鎌倉幕府の衰え**…領地の分割相続で御家人が窮乏→元寇後の恩賞もなく幕府への不満が高まる。幕府は永仁の**徳政令**(1297年)を出したが効果は上がらず→北条氏の一族に権力が集中すると幕府への不信が高まり，衰えた。
御家人の窮乏を救うために借金を帳消しにする命令

コレ重要
☞ 鎌倉時代→源頼朝・御恩と奉公・執権政治・御成敗式目・鎌倉幕府は元寇で衰退。
☞ 鎌倉時代は農業生産力が向上(二毛作)し，商業などの産業が発達した。

得点UP

① 鎌倉幕府のしくみと執権，承久の乱，封建制度の内容などを把握しよう。
② 鎌倉文化は貴族文化を基礎にした武家文化，代表的なものに留意しよう。
③ 鎌倉幕府衰退の原因となる元寇(内容，日本の対策，影響)を理解しよう。

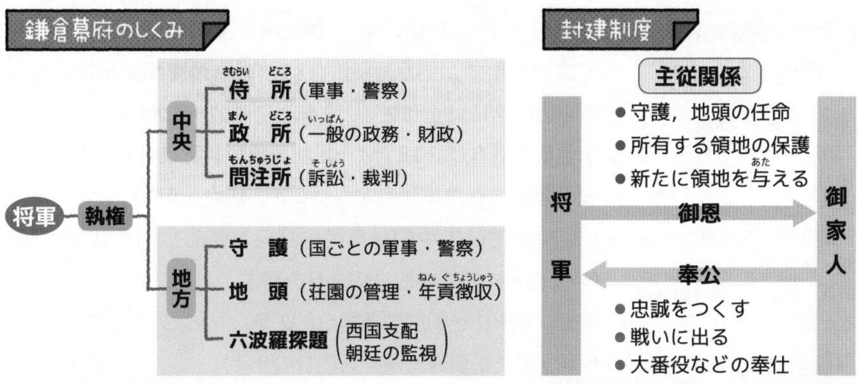

鎌倉新仏教

各宗派の中心寺院の名前と場所も調べてみよう。

宗派	開祖	特色
浄土宗	法然	貴族・武士・農民に広がる。一心に念仏を唱える。
浄土真宗	親鸞	農民に広く信仰された。阿弥陀如来を信じ念仏を唱える。(一向宗)
時宗	一遍	武士・農民。踊念仏や念仏の札で布教。
日蓮宗	日蓮	武士・農民。題目を唱えれば人も国家も救われる。(法華宗)
禅宗	栄西…臨済宗 道元…曹洞宗	座禅を組み，自分の力でさとりを開く。臨済宗は幕府の保護を受け，曹洞宗は地方の武士に広まった。

テストに出る 要点チェック

- [ ] 1．北条氏の一族が就任した，将軍を補佐する役職を何といいますか。
- [ ] 2．北条泰時によって制定された最初の武家法を何といいますか。
- [ ] 3．後鳥羽上皇がおこした，鎌倉幕府打倒のための反乱を何といいますか。
- [ ] 4．元を建国し，日本にも服従を要求してきた人物はだれですか。
- [ ] 5．元寇の出費などによる御家人の窮乏を救うために，幕府が出した法令は何ですか。
- [ ] 6．浄土真宗を開いたのはだれですか。
- [ ] 7．兼好法師がいきいきとした民衆の姿を記した随筆集を何といいますか。

解答

1．執権
2．御成敗式目(貞永式目)
3．承久の乱
4．フビライ=ハン
5．(永仁の)徳政令
6．親鸞
7．徒然草

月　日

室町時代

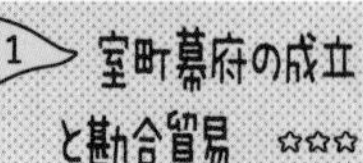

1 室町幕府の成立と勘合貿易 ☆☆☆

参考 ●**足利義満**は1378年**室町**に幕府を移し，1392年に南北朝統一。
●**日明貿易**では刀剣・銅・硫黄などを輸出，銅銭・絹織物・陶磁器などを輸入。

発展 15世紀半ばに，津軽の豪族安藤氏と交易をめぐって対立したアイヌ民族は，首長のコシャマインを中心に戦いをおこした。

1 鎌倉幕府の滅亡(1333年)…後醍醐天皇に**足利尊氏**らが協力して幕府を倒す。**建武の新政**(1334年)→後醍醐天皇による公家重視の政治に武士が失望，2年半で失敗→**南北朝時代**へ。
（南朝(吉野)＝後醍醐天皇と北朝(京都)＝足利尊氏らが約60年間対立）

2 室町幕府の成立(1338年)…足利尊氏が幕府政治を再興。将軍補佐の**管領**に有力な**守護大名**がつき，政治を支配。
（守護が権利を拡大し領国支配，大名に成長）
（細川氏・斯波氏・畠山氏の3氏がこの職についた(三管領)）

3 東アジアの動き…①**中国**→漢民族が元を倒し，**明**を建国(1368年)→日本に**倭寇**の取り締まりを要求。
（中国や朝鮮の沿岸を荒らした海賊）
②**朝鮮**→李成桂が朝鮮国建国(1392年)。ハングル文字。
③**琉球**→尚氏が**琉球王国**を建国(1429年)。

4 日明(勘合)貿易(1404年)…**足利義満**が**明**との貿易を始める。
（倭寇との区別のため勘合という合い札を使用）

> **すいすい暗記** 義満が　ひとしお喜ぶ　貿易だ
> （1404）

2 民衆の成長と戦国大名 ☆

注意 **土倉**(質屋)・**酒屋**は高利貸し。**問**(**問丸**)・**馬借**・**車借**は年貢や商品の輸送などを行った。

1 農業の発達と自治…二毛作の普及などで生産力向上。**惣**という自治組織を結成。村のおきてなどは寄合で決める。

2 商工業の発達と自治…手工業が発達。**定期市**の開催。土倉・酒屋。問(問丸)・馬借。**座**の発達。有力な商工業者による自治→堺・京都→町衆。門前町・港町や城下町などが発達。

3 一揆の発生…徳政令などを要求する**土一揆**，国一揆など。

4 応仁の乱(1467〜77年)…将軍のあとつぎ問題と守護大名の勢力争い→全国に拡大し，戦乱の時代へ→幕府は無力化。
（足利義政のあとつぎをめぐって弟の義視と子の義尚が対立，細川氏と山名氏が介入）

5 戦国大名…**下剋上**の風潮→戦国大名(守護大名の家来などからのし上がった)が領国支配→**分国法**を制定。
（地位や身分の下の者が，実力で上の者にとってかわること）
（城の周辺に家来を集め，商工業を発達させて城下町をつくる）

3 室町文化 ☆☆

参考 戦乱からのがれた公家などが地方で都の文化を広めた。

室町時代の文化…公家と武家の文化が融合した文化。**金閣**(義満)，**銀閣**(義政)→**書院造**。能楽…**観阿弥**・**世阿弥**。**水墨画**…雪舟。**御伽草子**(『一寸法師』など)，**連歌**など。

室町時代の文化のうち，義満時代を北山文化，義政時代を東山文化というよ。

コレ重要
☞ 室町幕府→足利尊氏が開き，3代将軍義満のとき(南北朝統一)が全盛期。
☞ 応仁の乱の後，守護大名を倒して戦国大名(実力で領国支配)が出現。

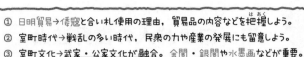

得点アップUP

① 日明貿易→倭寇と合い札使用の理由，貿易品の内容などを把握しよう。
② 室町時代→戦乱の多い時代，民衆の力や産業の発展にも留意しよう。
③ 室町文化→武家・公家文化が融合。金閣・銀閣や水墨画などが重要。

室町幕府のしくみ

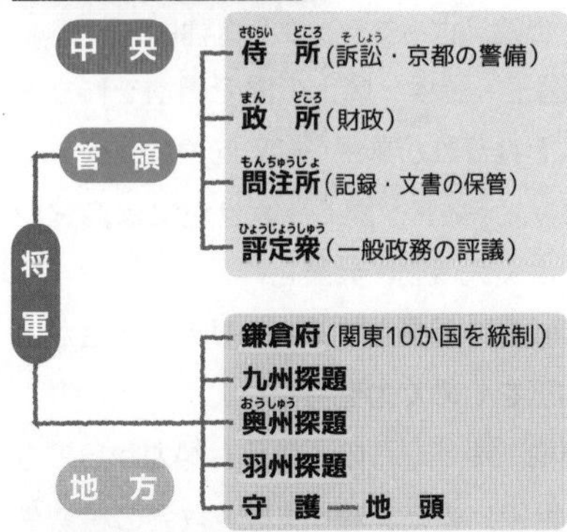

一揆の種類

徳政一揆	幕府に徳政令を出すことを要求。 • 正長の土一揆（1428年・近江国）
国一揆	国人（有力名主）が守護大名に反抗。 • 山城（京都府）の国一揆（1485年）以後8年間，自治を行う。
一向一揆	一向宗（浄土真宗）の信者中心。 • 加賀（石川県）の一向一揆（1488年）以後約100年間，自治を行う。

鎌倉時代の執権は中央と地方に権限がおよんだけど，管領は中央のみだよ。

各地のおもな戦国大名

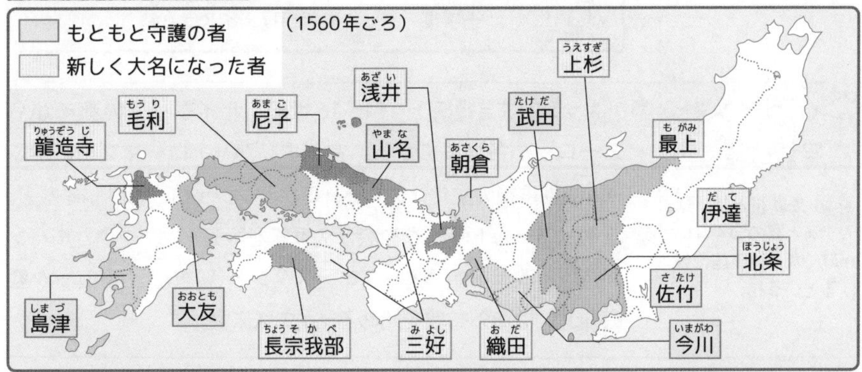

テストに出る要点チェック

□ 1．建武の新政で，公家中心の政治を行った天皇はだれですか。
□ 2．日明(勘合)貿易を始めたのはだれですか。
□ 3．戦国時代が始まるきっかけとなった，京都でおこった乱を何といいますか。
□ 4．下位の者が実力で上位の者を倒し，地位を奪うことを何といいますか。
□ 5．室町時代の文化のうち，書院造や銀閣などに代表される，禅宗の影響を受けた文化を何といいますか。

解答

1．後醍醐天皇
2．足利義満
3．応仁の乱
4．下剋上
5．東山文化

月　日

ヨーロッパ人の世界進出

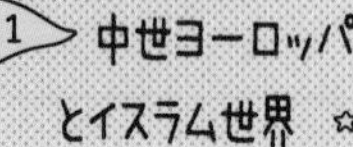

1 中世ヨーロッパとイスラム世界 ☆

発展 ●**キリスト教**は392年にローマ帝国の国教となり，ヨーロッパ全体に広まった。その後，西ヨーロッパの**カトリック教会**と東ヨーロッパの**正教会**に分かれる。

●**農奴**は荘園に住み，領主の下で農耕に従事した農民。

1. **ゲルマン人の大移動(375年)**…ローマ帝国内に移動→ローマ帝国分裂→476年西ローマ帝国滅亡→フランク王国建国。
   5〜9世紀にヨーロッパを支配→現在のフランス・イタリア・ドイツの基盤
2. **ヨーロッパの封建社会**…国王・諸侯（貴族）・騎士の間で領地を仲立ちにした主従関係。彼らはそれぞれが農民(農奴)を直接支配。
3. **イスラム教**…7世紀初めムハンマドが開く→8世紀には西アジアからイベリア半島におよぶ大帝国に発展。
   ただ一つの神アラーの前ではすべての人が平等と説き，各地に広まる
4. **キリスト教の発展**…ローマ教皇を首長とするカトリック教会が各地の諸侯と結びつき，国王をしのぐ力を有した。
5. **十字軍**…ローマ教皇が聖地エルサレムのイスラム勢力からの奪回をよびかけ→11〜13世紀，遠征実施→失敗→教会の権威失墜。諸侯・騎士の没落→封建制度が動揺→王権強化。

すいすい暗記　十字軍　とっくむ(1096)相手は　イスラム勢

2 ルネサンスと宗教改革 ☆☆

参考 **免罪符**とは，購入すると罪のつぐないが軽くなり，天国に行けるという札。

1. **ルネサンス(文芸復興)**…14〜16世紀，北イタリアの都市からヨーロッパ各地に広がる。古代ギリシャ・ローマ文化に学ぶ→人間性重視の文化→ダンテ，ミケランジェロ，ガリレイなど。
   教会の教えやこれまでのしきたりにとらわれない学問や芸術が発達
2. **宗教改革**…カトリック教会が免罪符を販売→ルターやカルバンが抗議，改革を始める→**プロテスタント**(新教)。カトリック教会(旧教)は海外布教を始める→**イエズス会**。
   ルターはドイツで聖書中心の信仰を主張。カルバンはスイスで始める

3 新航路の開拓とヨーロッパの世界進出 ☆☆☆

注意 ルネサンス期の**火薬**・**羅針盤**の改良，**活版印刷術**の発明などが大航海時代の背景。

1. **大航海時代の始まり**…アジアの産物の香辛料・絹織物などをイスラム商人やイタリア商人を経ずに直接入手するため。
   ヨーロッパでは香辛料(こしょう)は肉の保存・調理などで使う貴重品
2. **新航路**…コロンブス→西インド諸島へ到達。バスコ=ダ=ガマ→インド航路開拓。**マゼラン**の船隊→世界周航。
3. **ヨーロッパの世界進出**…ポルトガル→アジア・アフリカ大陸進出。スペイン→アメリカ大陸進出→インカ・アステカ帝国を征服し，植民地に。オランダ→**東インド会社**を設立し，アジア進出。

コレ重要

☞ キリスト教はローマ帝国の国教となってから，ヨーロッパで勢力を拡大。

☞ 十字軍・ルネサンス・宗教改革・大航海時代は関連した歴史の流れ。

① 中世のイスラム教とキリスト教の政治・社会への影響(えいきょう)について把握(はあく)しよう。
② ルネサンス・宗教改革・大航海時代に関連する人物にも留意しよう。
③ 十字軍の目的・結果・影響(北イタリアの都市の発達)などを理解しよう。

新航路の開拓とヨーロッパの世界進出

新航路の開拓は，オスマン帝国を通らずに香辛料を入手するためだよ。

新航路開拓前・開拓後の貿易の変化

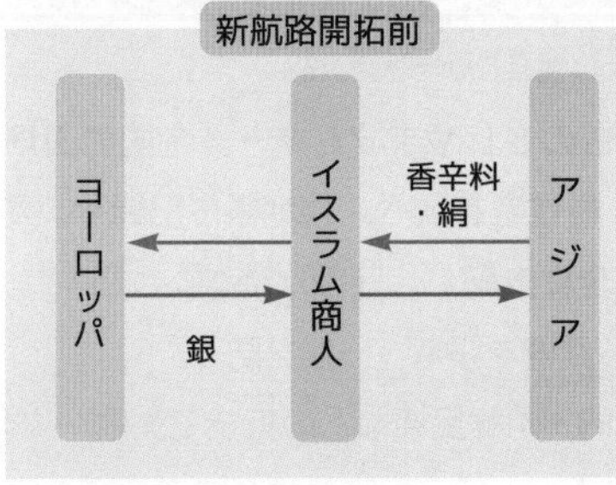

新航路開拓後
アメリカ大陸
毛織物
銀・さとうきび
大西洋
奴隷(どれい)
金・象牙(ぞうげ)
武器・日用品
アフリカ
ヨーロッパ(スペイン ポルトガル)
銀
香辛料・絹
アジア

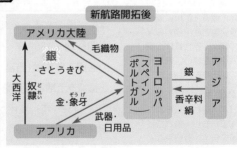

テストに出る 要点チェック

	問題
□	1．14世紀に北イタリア諸都市を中心としておこった新しい文化の動きを何といいますか。
□	2．教会の免罪符の販売を批判し，聖書に基(もと)づく信仰を主張した人々は何とよばれましたか。
□	3．初めて世界周航に成功したのはだれの船隊ですか。
□	4．17世紀に設立され，オランダのアジア進出の中心となった会社を何といいますか。

解答
1．ルネサンス（文芸復興）
2．プロテスタント
3．マゼラン
4．東インド会社

月　日

信長と秀吉の全国統一

1 ヨーロッパ人の来航 ☆☆

参考 16世紀ごろ日本は世界の約3分の1の**銀**を産出，その多くは**石見銀山**（世界文化遺産に登録）であった。

● **ヨーロッパ人の来航**…16世紀，鉄砲とキリスト教が伝来。

①**鉄砲**→1543年ポルトガル人が**種子島**に漂着し伝来→堺などでつくられ，戦国大名に広まる→築城法や戦術が変化。

②**キリスト教**→1549年イエズス会の宣教師**ザビエル**が鹿児島に来航し伝来→キリシタン大名が出現。
↳大友・有馬・大村氏は4人の天正遣欧少年使節をローマ教皇のもとに派遣

③**南蛮貿易**→ポルトガル人・スペイン人との貿易。**長崎**・平戸が中心。輸出は銀・刀剣など。
↳輸入は鉄砲・火薬・時計・ガラスや中国産の生糸・絹織物など

すいすい暗記　ポルトガル（スペインも）　ひらり（平戸）と流され（長崎）　南蛮貿易

2 信長と秀吉の全国統一 ☆☆☆

注意 ● **桶狭間の戦い**→1560年，信長が駿河の今川義元を破った戦い。
● **長篠の戦い**→1575年，信長と徳川家康の連合軍と武田勝頼の軍の戦い。連合軍は足軽鉄砲隊を使い，騎馬隊の武田軍に勝利した。

発展 朝鮮侵略の際に日本へ連れて来られた陶工たちが，優れた技術を伝え，有田焼などの名産が生まれた。

1 織田信長の全国統一…①**桶狭間の戦い**→将軍足利義昭を追放し，1573年**室町幕府**を倒す→長篠の戦い→安土城築城。

②**楽市・楽座**→市場の税の免除，座の特権を廃止。商工業の発展。関所の廃止。

③**キリスト教の保護**（仏教に対抗）。
↳延暦寺の焼き討ち，一向一揆の制圧，石山本願寺の降伏など仏教弾圧

2 豊臣秀吉の全国統一…①信長の死後，大阪城を拠点にし，1590年に関東の北条氏を滅ぼし全国統一を達成。
↳1582年本能寺の変

②**太閤検地**→1582年～，ものさしやますを統一。全国の田畑の面積・収穫量（**石高**）・耕作者を調べ，検地帳に記録→年貢を徴収→土地と農民を完全に支配し，荘園は消滅。

③**刀狩**→1588年，農民から武器を没収→一揆を防ぐ。
↳太閤検地と刀狩の2つの政策で兵農分離→身分制度の基礎ができる

④**朝鮮侵略**→明の征服が目的→朝鮮民衆などの抵抗で失敗。
↳1592年文禄の役と1597年慶長の役，朝鮮の義兵の抵抗を受けた

⑤**キリスト教は保護から禁止へ**→バテレン追放令で宣教師を国外追放→貿易は奨励→禁教は不徹底。

3 桃山文化 ☆☆

● **桃山文化**…大名や大商人の気風を反映→豪華で雄大な文化。**南蛮文化**の影響。建築→**姫路城**（白鷺城），障壁画→**狩野永徳**，茶の湯→**千利休**，かぶき踊り→出雲の阿国，など。
↳「唐獅子図屏風」（狩野永徳）

コレ重要

☞ ヨーロッパ人来航の背景には新航路の開拓・宗教改革などの動きがある。

☞ 全国統一の基礎は信長が築き，秀吉が**太閤検地**・**刀狩**などの政策で確立。

得点アップUP

① 鉄砲・キリスト教伝来は，伝来の場所，人物，その影響をおさえよう。
② 信長・秀吉の統一事業の内容，キリスト教への対応などに留意しよう。
③ 桃山文化の特色(豪華で雄大)を姫路城や障壁画などで理解しよう。

ヨーロッパ人の来航

織田信長の統一事業

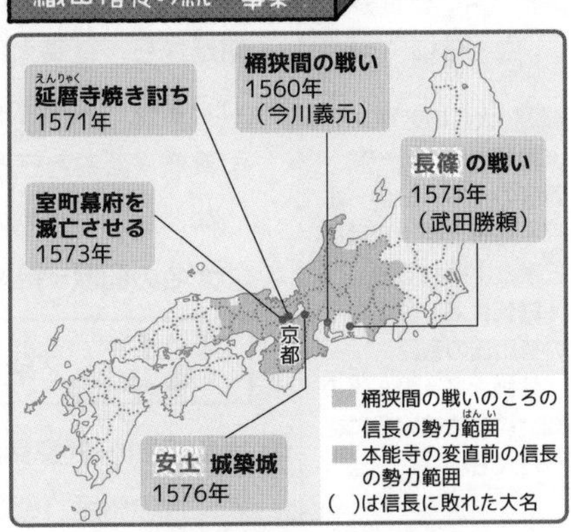

豊臣秀吉の天下統一

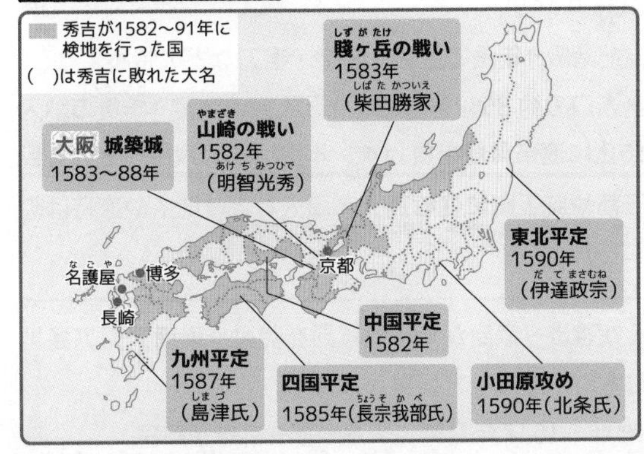

朝鮮侵略の経路

テストに出る要点チェック

□ 1．1590 年，大阪城を拠点に全国統一を実現したのはだれですか。

□ 2．座を廃止して，自由な商工業を進めた織田信長の政策を何といいますか。

□ 3．太閤検地や刀狩などによって，武士と農民の区別が進んだことを何といいますか。

□ 4．「唐獅子図屛風」をえがいた，桃山文化を代表する画家はだれですか。

解答

1．豊臣秀吉
2．楽市・楽座
3．兵農分離
4．狩野永徳

月　日

江戸幕府の成立と鎖国

1 江戸幕府の成立と発展 ☆☆☆

注意 大名の区別
● **親藩**→徳川氏一族。親藩のうち，紀伊・水戸・尾張の徳川氏は御三家とよばれる。
● **譜代大名**→古くからの徳川氏の家臣。
● **外様大名**→関ヶ原の戦い前後に徳川氏に従った大名。

❶ **徳川家康の全国統一**…**関ヶ原の戦い**(1600年)に勝利。1603年朝廷から，征夷大将軍に任じられ，江戸幕府を開く。
↳豊臣方の石田三成らの西軍が家康らの東軍に敗北

❷ **江戸幕府**…幕藩体制→幕府(将軍)と藩(大名)で支配。
将軍から1万石以上の領地を与えられた武士↵
①**幕府**→**老中**と三奉行(寺社・町・勘定)。幕府は直轄地(**幕領**)など全国の土地の約4分の1を支配。
②**大名の配置**→**親藩**・**譜代大名**・**外様大名**を全国に配置。
要地は親藩や譜代大名，遠い地は外様大名↵

すいすい暗記	大名は　審判不在で　あきれた様 （親藩 譜代 … 外様）

❸ **大名統制**…**武家諸法度**(1615年)→築城や婚姻などを統制。**参勤交代**の制度(1635年)→妻子は人質として江戸住まい。
↳徳川家光が制度化。大名を江戸と領地に1年おきに住まわせ，大名の経済力を弱めさせた

❹ **天皇と公家**…禁中並公家諸法度(1615年)で統制。

2 身分制度と人々のくらし ☆☆

発展 土地を持つ**本百姓**と持たない**水のみ百姓**に区別，本百姓が村を運営。

● **身分制度の確立とくらし**
↳百姓や町人のほか，えた・ひにんなどとよばれる身分があり差別された
①**武士**→支配階級→年貢で生活。名字・帯刀などの特権。
②**百姓**→全人口の約85%を占める→**五人組**の制度→年貢の納入や犯罪防止に連帯責任を負わす。年貢は四公六民～五公五民。
石高の四割を年貢として取る↵
③**町人**→三都や城下町に住む商人・職人など→地主や家持は町の運営に参加。
↳江戸は政治・大阪は商業・京都は文化の中心地

3 キリスト教禁止と鎖国 ☆☆☆

参考 家康は1612年に禁教令を出し宣教師を国外追放，家光は1635年に日本人の海外への往来を禁止した。

❶ **日本人の海外進出**…家康が**朱印船貿易**を奨励→東南アジア各地へ進出→**日本町**の形成など貿易が栄える。
↱シャム(タイ)で役人になった山田長政

❷ **鎖国のきっかけ**…1637年**島原・天草一揆**→幕府が鎮圧。
↳九州の島原・天草地方の人々が禁教と重税に反対しておこす

❸ **鎖国の体制が固まる**…①**キリスト教の監視**→絵踏，宗門改めで仏教徒の証明。②1639年ポルトガル船の来航禁止。

❹ **鎖国下で開かれた4つの窓口**…①**オランダ・中国**→**長崎**(**出島**)。
②**朝鮮**(将軍の代がわりごとに朝鮮通信使)→対馬藩。
③**琉球**(将軍や琉球国王の代がわりごとに琉球使節)→薩摩藩。
④**蝦夷地**(アイヌ民族)→松前藩。
↱17世紀後半にアイヌの首長シャクシャインを中心に反抗

コレ重要
☞ 江戸幕府は武家諸法度・参勤交代・大名の配置の工夫などで大名を統制。
☞ 鎖国の目的はキリスト教の禁止と貿易の統制である。

① 江戸幕府の幕藩体制のしくみ，大名・農民の統制について把握しよう。
② 武家諸法度や参勤交代などの内容を確認・理解しよう。
③ 禁教令の目的→封建社会の維持，農民一揆の防止などにも留意しよう。

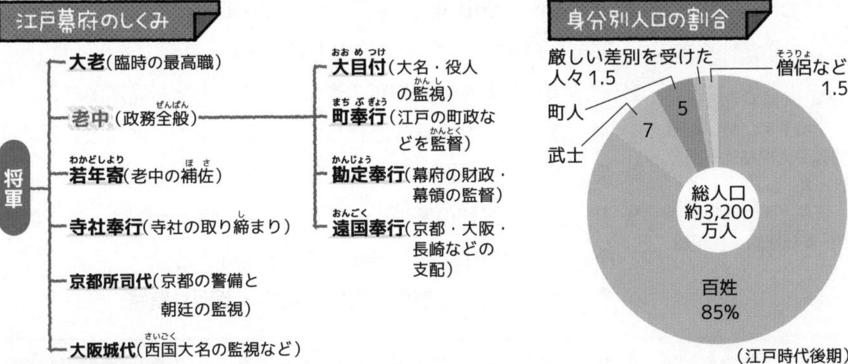

大名の配置

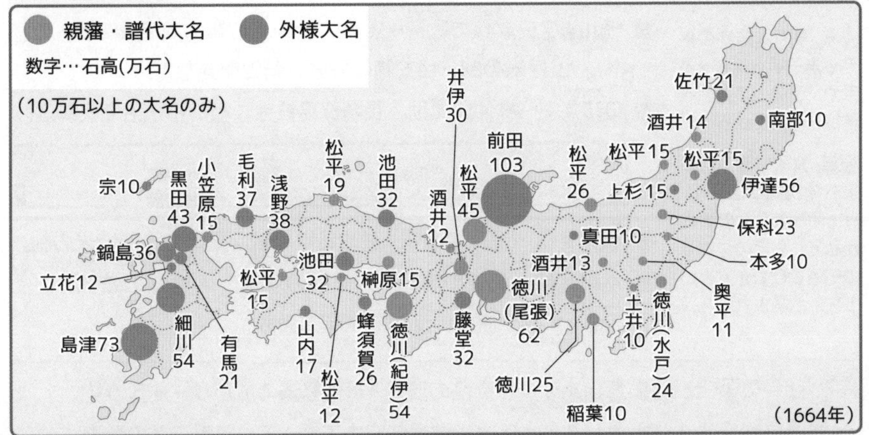

テストに出る 要点チェック

- [ ] 1．江戸幕府で徳川氏の一族の大名を何といいますか。
- [ ] 2．大名統制のため，1615年に定めた築城や婚姻を制限する法律は何ですか。
- [ ] 3．将軍が代わるごとに，それを祝うために朝鮮から派遣された使節を何といいますか。
- [ ] 4．鎖国後も長崎で交易が許されたヨーロッパの国はどこですか。
- [ ] 5．松前藩と交易を行った蝦夷地の民族を何といいますか。

解答

1．親藩
2．武家諸法度
3．朝鮮通信使
4．オランダ
5．アイヌ民族

月　日

江戸時代の社会と幕府政治の改革

1 産業と都市の発達 ☆☆☆

発展 ●幕府や藩は収入を増やすために**新田開発**や大規模な**干拓**を行った。
●江戸と大阪間の定期船→**菱垣廻船**・**樽廻船**。

1 農　業…①新田開発。②農具の改良→備中ぐわなど。③肥料の工夫→干鰯など。④商品作物の栽培→綿・菜種。
↳いわしを日干しにしたもので，綿花栽培などの肥料として用いられた

2 鉱　業…採掘や精錬技術の進歩→佐渡金山，石見銀山など。
↳寛永通宝の流通

3 漁　業…九十九里浜のいわし漁，紀伊のくじら漁など。

4 商　業…①株仲間結成。②両替商や蔵元などの出現。

5 都　市…①**三都の繁栄**→江戸・大阪・京都。大阪は「**天下の台所**」（各藩の**蔵屋敷**）。②城下町・宿場町など。
↳江戸は「将軍のおひざもと」

6 交　通…五街道の整備。**東廻り航路・西廻り航路**。
↳東海道・中山道・甲州道中・日光道中・奥州道中

2 幕府政治の改革 ☆☆☆

参考 幕府は**儒学**の中でも**朱子学**を奨励→君臣や父子の上下関係を重視していたから。

発展 寛政の改革は民衆への統制が厳しく，「白河の清き魚のすみかねて，もとのにごりの田沼こひしき」という狂歌も詠まれた。

1 徳川綱吉…儒学の奨励。生類憐みの令。質の悪い貨幣発行。

2 新井白石…正徳の治→貨幣の質の向上。長崎貿易を制限。

3 徳川吉宗…享保の改革→質素・倹約。**公事方御定書**（裁判の基準）。上げ米の制。目安箱の設置。新田開発など。
↳ききんに備えて，さつまいもの栽培を奨励
吉宗は「米将軍」とよばれた

4 田沼意次…株仲間奨励。長崎貿易拡大。わいろ政治で失脚。

すいすい暗記
天明期 田沼が 一気に 灰かぶる
天明の飢饉 田沼意次 百姓一揆 浅間山の噴火

5 松平定信…寛政の改革→寛政異学の禁。棄捐令。囲い米の制。
↳幕府の学問所（湯島）での朱子学以外の講義を禁止した

6 水野忠邦…天保の改革→株仲間の解散。人返しの法（令）。上知令→大名や旗本の反対で2年で失敗。
↳江戸・大阪周辺の大名・旗本領を幕府の直轄地にしようとする法令

3 社会の変化と民衆の動き ☆☆

参考 財政難に対し，各藩は特産物や商品作物の**専売制**などの対策をとった。

1 農村の変化…商品の流通→貨幣経済の広がり→貧富の差。

2 農村工業の発達…**問屋制家内工業**→工場制手工業の発達。
小作人などが，工場内で分業と協業で生産を行う。マニュファクチュア

3 民衆の反抗…①**百姓一揆**→生活苦→年貢の軽減などを要求。
②**打ちこわし**→都市の貧民が米屋や大商人を集団で襲う。

4 大塩平八郎の乱…大阪で貧民救済のために幕府の元役人が反乱をおこす（1837年）。

5 外国船の来航と幕府批判…異国船打払令（1825年）→外国船を撃退し鎖国を維持→高野長英ら蘭学者が幕府を批判。

コレ重要
☞ 三都→江戸（政治）・京都（文化）・大阪（商業）は江戸時代に大いに繁栄。
☞ 江戸三大改革→享保の改革（徳川吉宗）・寛政の改革（松平定信）・天保の改革（水野忠邦）。

得点アップ UP

① 農具の改良，商品作物の栽培など農業生産力の向上について理解しよう。
② 株仲間と鎌倉・室町時代の座を混同しないようにしよう。
③ 幕政の三大改革や田沼の政治は中心人物と改革の内容を把握しよう。

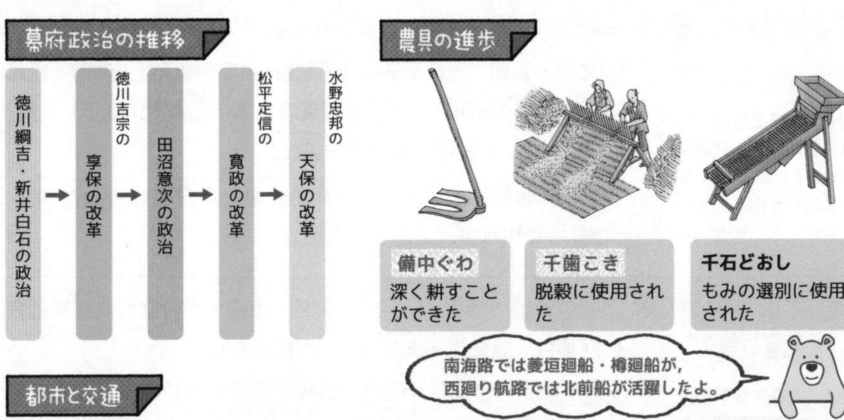

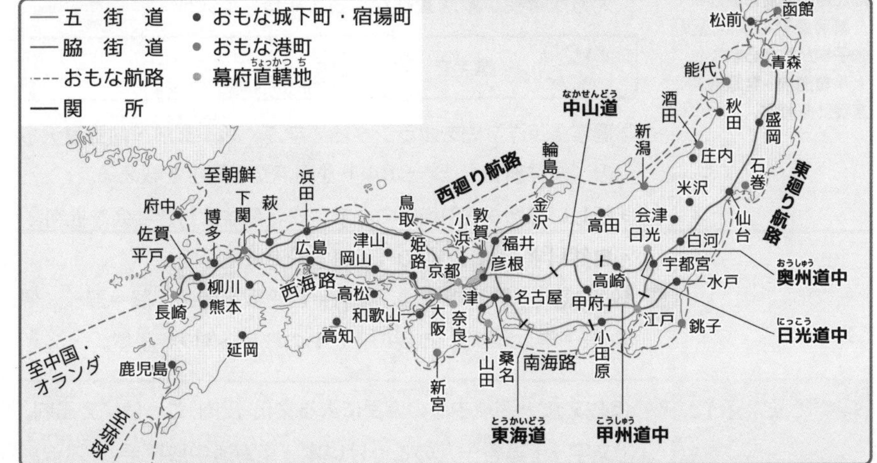

テストに出る 要点チェック

- [ ] 1．江戸時代に「天下の台所」とよばれ，各藩の蔵屋敷が置かれた都市はどこですか。
- [ ] 2．8代将軍吉宗が示した裁判の基準となる法令集を何といいますか。
- [ ] 3．1837年，貧民救済のために大商人をおそった，元大阪町奉行所の役人はだれですか。
- [ ] 4．鉱山での採掘や精錬技術が発達したことにより，全国に流通した銅貨を何といいますか。

解答

1．大阪
2．公事方御定書
3．大塩平八郎
4．寛永通宝

月　日

江戸時代の文化

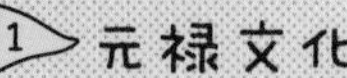

1 元禄文化 ☆☆

参考　**元禄文化**は5代将軍**徳川綱吉**，**化政文化**は11代将軍**徳川家斉**の時代が中心の文化。

● **元禄文化**…上方で発達，町人中心の活気ある文化。（上方→京都や大阪）

①**文学・芸能**→**浮世草子**＝**井原西鶴**『世間胸算用』。**俳諧**＝**松尾芭蕉**『奥の細道』。**人形浄瑠璃の台本**＝**近松門左衛門**『曽根崎心中』。歌舞伎＝市川団十郎など。

②**絵画**→**装飾画**＝俵屋宗達・**尾形光琳**。**浮世絵**（役者絵や美人画）＝菱川師宣「見返り美人図」。

2 学問の発達と教育の普及 ☆

参考　●**昌平坂学問所**は江戸の**湯島**に置かれた幕府直轄の学問所。**朱子学**が教えられた。
●**平賀源内**→発電機や寒暖計を製作。

1 **学問の発達**…儒学（朱子学）の発達→忠義・孝行など，封建社会に好都合。歴史学→徳川光圀『大日本史』。

2 **新しい学問**…①**国学**→儒教や仏教が影響する前の日本古来の考え方を重視。**本居宣長**が『古事記伝』で大成。
（国学→天皇尊重の考えや外国を排斥する考えと結びつき，幕末の尊王攘夷論に影響）

> すいすい暗記　国学を　教える宣長　五時に出る
> （五時に出る＝古事記伝（『古事記』の注釈書））

②**蘭学**→西洋学問をオランダ語で学ぶ。**杉田玄白**・前野良沢らの『**解体新書**』。シーボルトが鳴滝塾で医学を教える。

③**新しい思想**→石田梅岩の心学。**安藤昌益**は封建社会を批判。

④**自然科学**→**伊能忠敬**の「大日本沿海輿地全図」。
（伊能忠敬→江戸で天文学や暦学を学び，実測により日本全図を作成）

3 **教育の普及**…教育機関は，幕府＝昌平坂学問所，藩＝藩校。儒学（朱子学）が中心。庶民の子どもの教育機関→**寺子屋**。
（寺子屋→18世紀ごろから発達。「読み・書き・そろばん」などの実用的な知識を教えた）

3 化政文化 ☆☆☆

注意『**東海道中膝栗毛**』→小説。「**東海道五十三次**」→錦絵。

参考　**狂歌**は和歌の形式で，**川柳**は俳句の形式で政治や社会を風刺・皮肉る。

● **化政文化**…江戸中心の庶民による文化。皮肉，こっけいで風刺。

①**文学**→十返舎一九のこっけい本『**東海道中膝栗毛**』。滝沢馬琴の『南総里見八犬伝』。俳諧＝**与謝蕪村**，小林一茶。

②**絵画・錦絵**→美人画＝**喜多川歌麿**。風景画＝**歌川広重**の「東海道五十三次」。**葛飾北斎**の「富嶽三十六景」。

③**演劇**→歌舞伎・浄瑠璃や寄席の発展。④瓦版の出版。

> すいすい暗記　広い　都会　美人が来たと　北斎不覚に恋落ちる
> （広い＝歌川広重　都会＝東海道五十三次　美人＝美人画　来た＝喜多川歌麿　北斎不覚＝富嶽三十六景）

・コレ重要・

☞ 元禄文化は京都や大阪の上方中心の町人文化，化政文化は江戸中心の庶民の文化。

☞ 日本の伝統を評価する国学は尊王攘夷論に，合理的な思想の蘭学は鎖国体制に影響。

得点アップUP

① 元禄文化・化政文化について，特色・各分野の作品・人物を把握(はあく)しよう。
② 元禄文化は上方の町人，化政文化は江戸の庶民が文化の担(にな)い手。
③ 幕府の朱子学重視の理由，武士や庶民の教育機関についても留意しよう。

元禄文化

⬆井原西鶴

⬆松尾芭蕉

⬆俵屋宗達の装飾画

⬆菱川師宣の美人画

「富嶽三十六景」は絵の中に富士山がえがかれているよ。

化政文化

⬆喜多川歌麿の美人画

⬆歌川広重の風景画

⬆葛飾北斎の風景画

テストに出る要点チェック

- [ ] 1．18 世紀の初めに上方を中心に栄えた町人文化を何といいますか。
- [ ] 2．『奥の細道』の作者はだれですか。
- [ ] 3．人形浄瑠璃の台本である『曽根崎心中』の作者はだれですか。
- [ ] 4．『古事記伝』を著(あらわ)し，国学を大成したのはだれですか。
- [ ] 5．19 世紀の初めに江戸を中心に栄えた庶民による文化を何といいますか。
- [ ] 6．杉田玄白・前野良沢らがオランダ語の解剖(かいぼう)書を翻訳(ほんやく)して出版した本を何といいますか。
- [ ] 7．長編小説『南総里見八犬伝』の作者はだれですか。
- [ ] 8．「東海道五十三次」をえがいたのはだれですか。

解答

1．元禄文化
2．松尾芭蕉
3．近松門左衛門
4．本居宣長(もとおりのりなが)
5．化政文化
6．解体新書
7．滝沢馬琴
8．歌川広重

月　日

光の反射と屈折

図でおさえよう

◎ 光の反射 → 1

光源
入射光
反射光
入射角＝反射角
鏡

光が物体にあたってはね返ることを**反射**という。

◎ 光の屈折 → 2

空気中→水・ガラス中
入射角
反射角
（一部反射）
空気
水（ガラス）
屈折角
屈折角＜入射角

水・ガラス中→空気中
屈折角
空気
水（ガラス）
入射角
反射角
（一部反射）
屈折角＞入射角

1 光の反射 ☆

参考 光の三原色
赤，緑，青の3色を光の三原色という。赤（Red），緑（Green），青（Blue）のそれぞれの頭文字をとって，RGBと略される。さまざまな光の色は，この3色の組み合わせによって決まる。

1. **光の直進**… **光源**から鏡まで進んだ光は**まっすぐ**に進んでいる。このことを**光の直進**という。
2. **光の反射**…光が鏡などにあたると，はね返される現象で，これを**光の反射**という。
3. **入射角と反射角**…光が鏡面にあたるとき，入射光（入射光線ともいう）と面に垂直な線とがなす角を**入射角**，反射光（反射光線ともいう）と面に垂直な線とがなす角を**反射角**という。
4. **反射の法則**…光が鏡面にあたって反射するとき，入射角と反射角は，つねに**等しく**なる。これを光の**反射の法則**という。

・コレ重要・
☞ 直進した光が面にあたるとき，2つの角は等しい。
入射角＝反射角（光の反射の法則）

2 光の屈折 ☆☆☆

注意 空気中から水中へ光が進むとき
入射角＞屈折角
水中から空気中へ光が進むとき
入射角＜屈折角

1. **光の屈折**（くっせつ）…光が，違う（ちが）物質に入射するときに，その境目で一部は反射し，一部は**屈折**する。
2. **屈折角**… 水面に垂直な直線と屈折した光（屈折光）（屈折光線ともいう）の進む向きとがなす角を**屈折角**という。
3. **屈折の法則**…光が，密度の小さい物質（例えば，空気）から大きい物質（例えば，水やガラス）へ進むとき，屈折角は，入射角より**小さく**なる。光の進み方を逆にすると，屈折角は入射角より**大きく**なる。

すいすい暗記　空気（くうき）から　水（みず）へ光（ひかり）は　小屈折（しょうくっせつ）
屈折角が小さくなる

得点UP

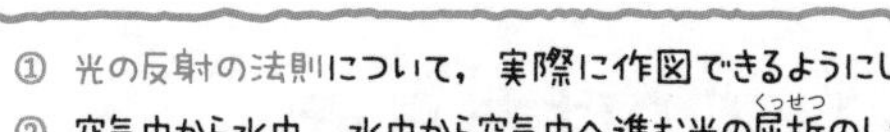
① 光の反射の法則について，実際に作図できるようにしよう。
② 空気中から水中，水中から空気中へ進む光の屈折（くっせつ）のしかたをおさえよう。
③ 全反射や屈折の身近な例を知っておこう。

3 身近な光の現象 ☆☆

参考 全反射の利用例

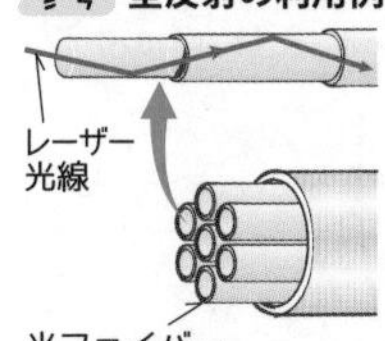

参考 屈折による現象

1 **全反射**…光が水中から空気中へ進むときに，入射角がある角度以上になると，屈折光がなくなり，反射光だけになる。この現象を**全反射**という。
入射角がある角度をこえると起こる

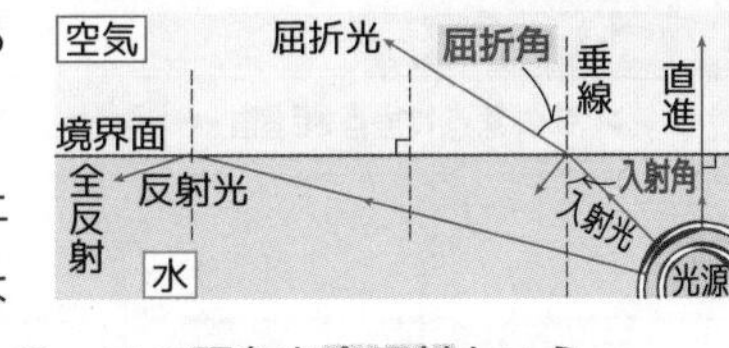

2 **全反射の現象**…**光ファイバー**は，全反射を利用した通信ケーブルである。

3 **屈折の現象**…水を入れたコップの中に，色鉛筆（いろえんぴつ）を入れると，ずれて大きく見えたり，水中に沈めた硬貨が，浮（う）き上がって見えたりする。
光の道筋が曲がっている
光の経路を逆に延長した位置

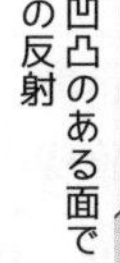

4 **乱反射（らんはんしゃ）**…光が凹凸（おうとつ）のある表面にあたると，その反射光はさまざまな方向に反射する。これを**乱反射**という。1つ1つの光は反射の法則がなりたつ。
さまざまな方向から見ることができる

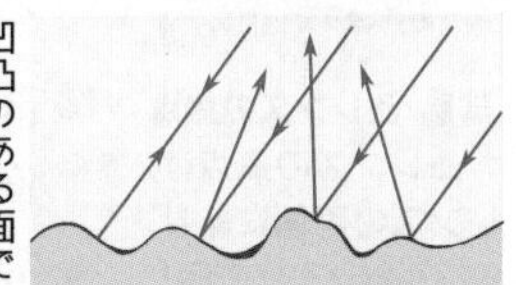

5 **乱反射の現象**…すりガラスは，ガラスの表面をざらざらにすることで乱反射を起こし，不透明（とうめい）な白いガラスとなる。

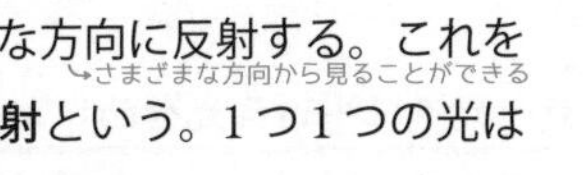

テストに出る 要点チェック

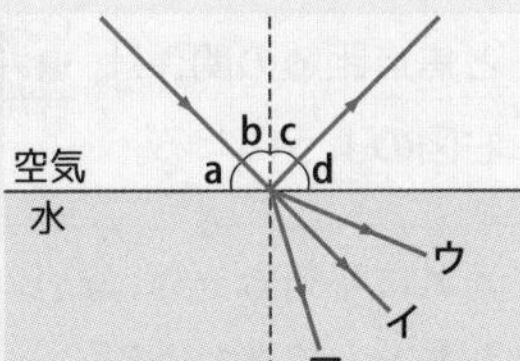

- □ 1．右図で，入射角はa～dのどの角ですか。
- □ 2．右図で，反射角はa～dのどの角ですか。
- □ 3．右図で，光の進み方はア～ウのどれになりますか。
- □ 4．水中から空気中に向かって光をあてたとき，入射角と屈（くっ）折角（せつかく）の関係はどのようになりますか。
- □ 5．全反射が起こるのは，光がどのように進むときですか。
  - ア 水中から空気中に進むとき
  - イ 空気中から水中に進むとき
  - ウ 直進するとき

解答

1．b
2．c
3．ア
4．入射角<屈折角
5．ア

SCIENCE
2

月　日

凸レンズのはたらき

図でおさえよう

◎凸レンズの焦点と焦点距離 → 1

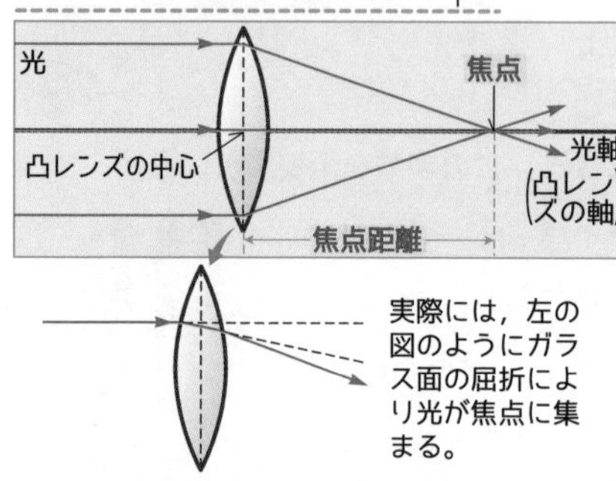
光
焦点
凸レンズの中心
光軸
(凸レンズの軸)
焦点距離
実際には，左の図のようにガラス面の屈折により光が焦点に集まる。

◎凸レンズを通る光の進み方 → 2

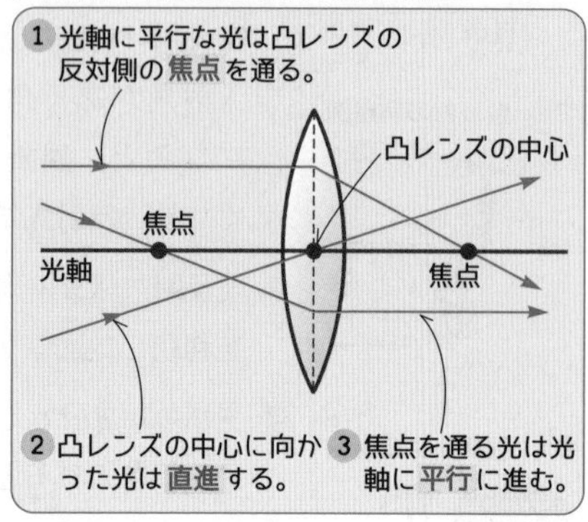
1 光軸に平行な光は凸レンズの反対側の焦点を通る。
凸レンズの中心
焦点
光軸
焦点
2 凸レンズの中心に向かった光は直進する。
3 焦点を通る光は光軸に平行に進む。

1 凸レンズを通る光 ☆

注意 凸レンズの焦点
凸レンズの焦点は，レンズの両側にあり，焦点距離は両側で同じである。

1 **凸(とつ)レンズ**…虫めがねのような，中央がまわりより厚くなっているレンズを**凸レンズ**という。
↳ルーペや顕微鏡にも使われる

2 **光軸(こうじく)(凸(とつ)レンズの軸)**…凸レンズの中心を通るレンズ面に垂直な直線。

3 **焦(しょう)　点(てん)**…光軸に平行な光を凸レンズにあてると，光が光軸上の**焦点**に集まる。焦点からレンズの中心までの距離(きょり)を**焦点距離**という。
屈折するため↲

ふくらみが小さい場合　日光　焦点　焦点距離 長い

4 凸レンズのふくらみと焦点距離の関係は，右図のようになる。
レンズを裏返しても同じ↲

ふくらみが大きい場合　日光　焦点　焦点距離 短い

2 凸レンズを通る光の進み方 ☆

1 光軸に平行な光は，凸レンズを通ったあと，**焦点**を通る。
↳日光を集めることができる

1 光軸に平行な光　焦点　焦点　光軸

2 凸レンズの中心を通る光は，屈折(くっせつ)せずに**直進**する。

2 凸レンズの中心を通る光

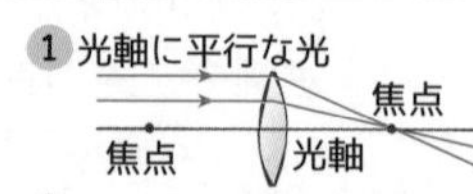
光軸
焦点
焦点

3 焦点を通過したあとに凸レンズを通る光は，光軸に対し，**平行**に進む。
懐中電灯やスポットライトに使用される↲

3 焦点を通る光　焦点　光軸　焦点

得点UP

① 凸レンズにおける，光軸（凸レンズの軸）・焦点・焦点距離の語句を覚えよう。
② 凸レンズによる像が作図できるようにしよう。
③ 凸レンズによってできる像の種類をしっかり理解しよう。

3 凸レンズによる像 ☆☆☆

参考 レンズと望遠鏡
望遠鏡のレンズは，大きいものほど，より遠くの天体を見ることができる。

1 図A～Cのように，焦点の外側に物体を置いたときには，**実像**（スクリーン上にうつる像）ができ，上下左右が反対になる**倒立**の像となる。（像のできる位置は，それぞれ違う）

A 物体を焦点距離の2倍よりも遠い所に置く

物体　F　F′　実像

実物よりも小さい倒立した実像

B 物体を焦点距離の**2**倍の所に置く

物体　F　F′　実像

実物と**同じ大きさ**の倒立した実像

C 物体を焦点距離の2倍の所と焦点の間に置く

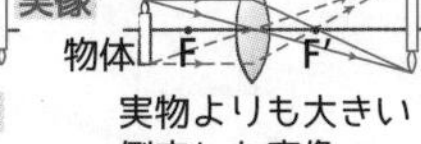

実物よりも大きい倒立した実像

すいすい暗記 焦点の　2倍に置くと　同実像
物体を焦点距離の2倍の所に置くと 同じ大きさの実像

2 図Dのように，焦点の内側に物体を置いたときには，**虚像**（スクリーンにはうつらない像）ができ，物体と同じ向きの**正立**の像となる。（焦点に近いほど大きく見える）

D 物体を焦点の少し内側に置く

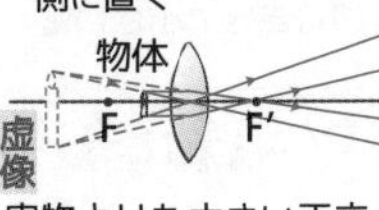

実物よりも大きい正立の虚像

3 図Eのように，物体を焦点の位置に置いたときには，像はできない。

4 レンズの直径が**大きい**ほど，多くの光を集めることができ，**明るい**像となる。

5 レンズの一部をかくしても，像の形は変わることなく，明るさが**暗くなる**だけである。

E 物体を焦点の上に置く

物体　F　F′

像はできない

・コレ重要・
☞ 光源から出た光のうち，凸レンズを通った光が集まる点に実像ができる。

テストに出る 要点チェック

☐ 1．虫めがねのように，中央部が周辺部よりふくらんでいるレンズを何といいますか。
☐ 2．1のレンズに真正面から光軸に平行に進む光をあてると，光が1点に集まります。この点を何といいますか。
☐ 3．レンズの中心から焦点までの距離を何といいますか。
☐ 4．焦点距離が10 cmの凸レンズに対して，レンズの中心から20 cm離れた位置に物体を置いたときできる像は実像ですか，虚像ですか。
☐ 5．4のときできた像は，物体の大きさと比べてどうなっていますか。

解答
1．凸レンズ
2．焦点
3．焦点距離
4．実像
5．同じ（大きさ）

月　日

音の性質

図でおさえよう

◎ オシロスコープによる音の波形 → 2

ほかにコンピュータを用いる方法もある。

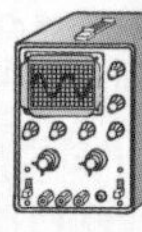

オシロスコープ

基準の音

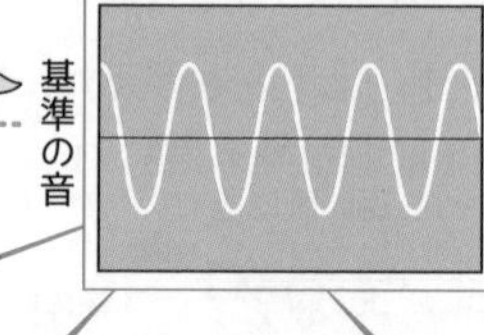

（波形が変わる）

音色が違う

（振幅が小さい）

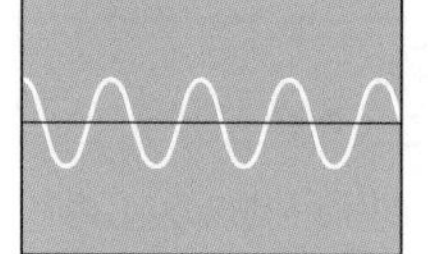

同じ高さで小さい音

（振幅が大きい）

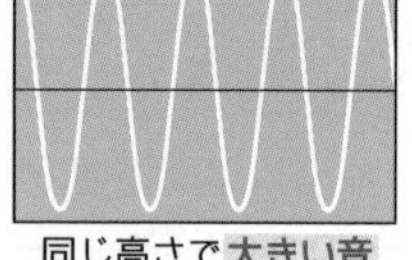

同じ高さで**大きい音**

（振動数が少ない）

同じ大きさで低い音

（振動数が多い）

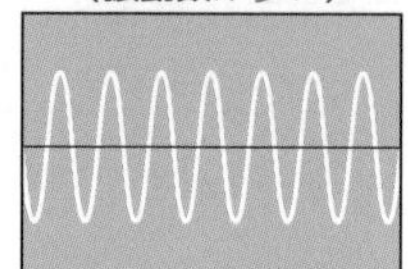

同じ大きさで**高い音**

1 振動と音 ☆

参考　縦波と横波

►**縦　波**→振動の方向と進行方向が平行な波。

►**横　波**→振動の方向と進行方向が直交している波。

1 **音源**…音を出しているものを**音源**（**発音体**）という。

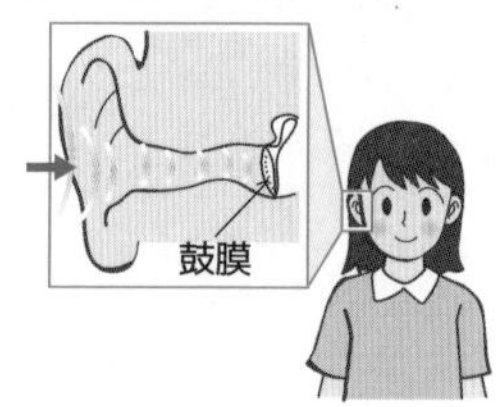

2 おんさをたたくと，振動したおんさから音が出る。音は，**空気の振動**として伝わっていく。耳まで届くと，鼓膜を振動させて音が聞こえる。

3 **音波（音の波）**…音が波として空気中を伝わっていく現象を**音波**という。（縦波の一種）

2 音の大きさと高さ ☆☆☆

参考　ヒトの耳と振動数

私たちの耳に聞こえる音の範囲は，20 Hz～20000 Hz ぐらいである。

1 **振幅**…音源が振動する最も大きな幅を**振幅**という。（オシロスコープの上下方向の振れ）

2 **振動数**…1 秒間に振動する回数を**振動数**といい，単位は**ヘルツ**（**記号 Hz**）が使われる。（オシロスコープの波の数）

・コレ重要・

☞ 大きい音は振幅が大きく，小さい音は振幅が小さい。

☞ 高い音は振動数が多く，低い音は振動数が少ない。

すいすい暗記　振幅は 音の大小，振動数は 音の高低
（振幅の大小）（振動数の多少）

3 ギターなどの弦をはじいて高い音を出す方法として，①弦の長さを**短く**する，②弦の太さを**細く**する，③弦の張りを**強く**する，といった方法がある。

① 振動によって，音が出ることを理解しよう。
② 音の大きさと振幅の関係や，音の高さと振動数の関係を覚えよう。
③ 音の伝わる速さを使った計算ができるようになろう。

3 音の伝わり方 ☆☆

参考 音の速さ
音の速さと同じ速さをマッハ1という。

発展 音の速さと温度
空気中における音の速さは，そのときの空気の温度によって異なる。温度が1℃上昇するごとに，音の速さは0.6 m/sずつはやくなる。温度 t〔℃〕のときの音の速さは次のようになる。

音の速さ〔m/s〕$= 331.5 + 0.6t$

1 音を伝えるもの…音は，空気などの気体，水などの液体，鉄などの固体の中を伝わっていく。しかし，**真空中**（音を伝えるものがない）では伝わらない。

ピンチコック
真空
丸底フラスコ
フラスコ内の空気を簡易真空ポンプで抜き，鈴を振ってみる。
↓
音は**聞こえない**。

2 音　速…音は空気中を1秒間に約340 m進む。（気温15℃くらいのとき）

水中では，1秒間に約1500 m進み，鉄の中では，1秒間に約5950 m**進む**。（固体＞液体＞気体の順にはやい）

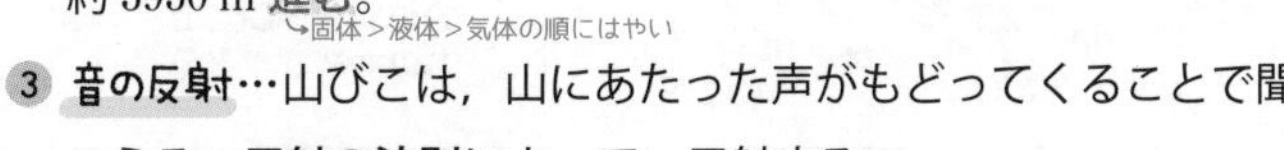

3 音の反射…山びこは，山にあたった声がもどってくることで聞こえる。**反射の法則**によって，反射する。

4 音の速さと温度…音は気温が高いほど**はやく**伝わる。（同じ物質内なら音速は一定）夜は上空の気温が高く，遠くの音が上空へ逃げないので，屈折して地上に降りて聞こえる。

5 共　鳴…同じ高さのおんさを2つ用意する。一方のおんさをたたくと，たたかなかったもう一方のおんさが鳴り始める。この現象を**共鳴**という。（共振ともいう）

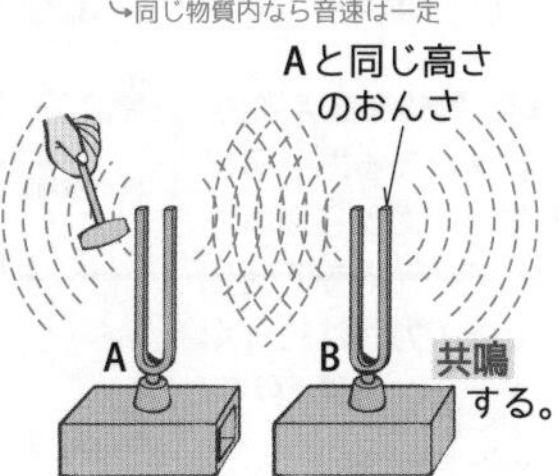

Aのおんさをたたいて鳴らす。➡ たたかないBのおんさも鳴り出す。

テストに出る 要点チェック

- [ ] 1．音を出す物体を何といいますか。
- [ ] 2．たいこの音が離れた人にまで聞こえるのは，たいこの膜の振動がまわりの何を振動させているからですか。
- [ ] 3．大きな音ほど，振幅はどうなりますか。
- [ ] 4．510 m先にある山に向かって，ヤッホーと叫ぶと，やまびこがもどってくるまでに，3秒かかりました。音の速さはいくらですか。
- [ ] 5．いなずまが見えてから雷が鳴るまでの時間をはかると，2秒でした。音の速さが4と同じとすると，雷までの距離はいくらですか。

解答

1．音源（発音体）
2．空気
3．大きくなる。
4．340 m/s（$510 \times 2 \div 3 =$）
5．680 m（$340 \times 2 =$）

月　日

力とその表し方

図でおさえよう

◎ 力の大きさとばね → 1 3

ばねののびは，ばねを引く力の大きさに比例する。これを**フックの法則**という。

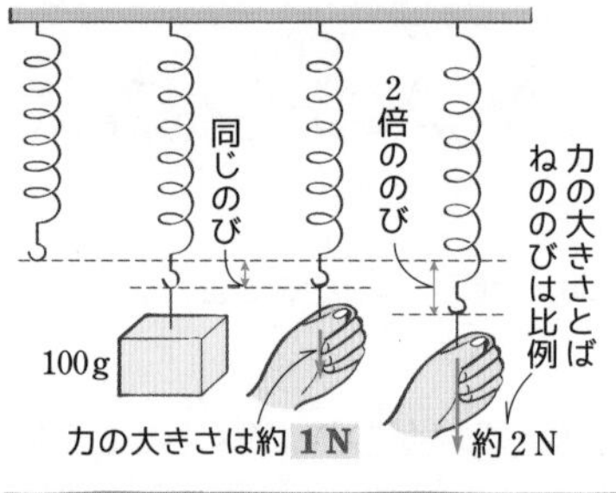

◎ 力の表し方 → 3

作用点，力の向き，力の大きさをあわせて**力の三要素**という。

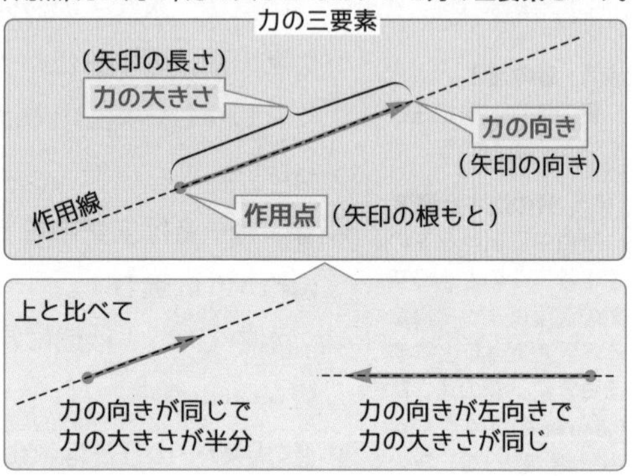

1 力のはたらき ☆☆☆

注意 物体を支える力
物体がある力で面をおすと，面から物体に対して，逆向きで同じ大きさの力がはたらく。

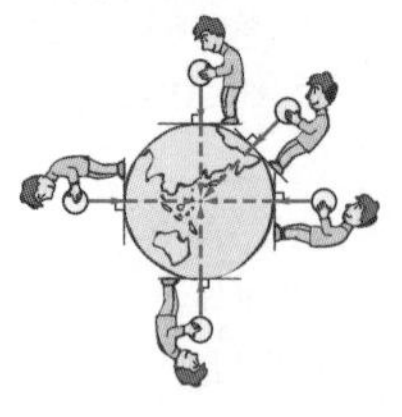

注意 地球上の重力
地球上のどの場所でも，重力は地球の中心に向かってはたらいている。

1 **力とは**…物体を**変形させたり**，物体を**支えたり**，物体の**運動のようすを変える**はたらきをするものである。
↳速さ・向き

2 **いろいろな力**
①**離**（はな）**れた物体にはたらく力**→磁石の力，電気の力，重力など
②**接した物体間にはたらく力**→人が物体をおす（引く）力，摩擦（まさつ）力（りょく），弾性力（だんせいりょく），抗力（こうりょく）など

3 **重　力**…地球が物体を引く力を**重力**という。
物体も地球を引いている（作用・反作用の法則）

4 **弾性力**…輪ゴムやつるまきばねが変形したとき，もとにもどろうとする性質を**弾性**といい，その力を**弾性力**という。

5 **摩擦力**…ふれ合う面で，運動を妨（さまた）げる力を**摩擦力**という。
大きさは，物体の材質や表面の状態によって変わる

6 **垂直**（すいちょく）**抗力**…接している面上の物体を垂直におし返す力を**垂直抗力**という。
面の上で静止している物体にはたらく

7 **磁**（じ）**石**（しゃく）**の力**…２つの磁石を近づけると，同じ極の場合は反発し合い，異なる極の場合は引き合うように力がはたらく。このような力を**磁石の力**という。
↳磁力ともいう

8 **電気の力**…こすった下じきを髪（かみ）の毛に近づけると，髪の毛が引きよせられる。このような力を**電気の力**という。

9 **力の大きさの単位**…**ニュートン〔N〕**を用いる。ばねばかりは，100 g の物体をつるしたときに，ほぼ **1 N** を示す。

得点アップUP

① 力の三要素を理解し，いろいろな力を図示できるようにしよう。
② 2力のつりあいを理解しておこう。
③ 重力と質量の違い(ちがい)をしっかりと理解しておこう。

2 2力のつりあい ☆☆

1つの物体に，2つ以上の力が同時にはたらき，物体の運動のようすが変化しないとき，これらの力はつりあっているという。

コレ重要
☞2力のつりあいの条件
- 2力が一直線上にある。
- 2力の向きは互い(たがい)に反対向きである。
- 2力の大きさは等しい。

3 力の表し方 ☆☆

❶ **力の三要素**…物体にはたらく力は，**力のはたらく点(作用点)**，**力の向き**，**力の大きさ**という3つの要素をもつ。

❷ **力の表し方**…作用点を矢印の始点にして，力の向きを矢印の向き，力の大きさを矢印の長さとして表す。矢印の長さを力の大きさに比例した長さにする。
（↳面にはたらく力は，その面の1点を作用点とする）

❸ **力とばねののび**…ばねののびは，ばねを引く力の大きさに比例する。これを，フックの法則という。
（フックの法則により，ばねののびから，力の大きさをはかることができる）
（↳ばねばかりは，これを利用している）

4 重力と質量 ☆☆

❶ **重　力**…重力は，場所によって変わる。物体にはたらく重力の大きさの単位は，**ニュートン〔N〕**を用いる。例えば，質量600gの物体は，地球上での重力の大きさは約6Nであるが，月面上では約1Nになる。
（↳月面上での重力の大きさは，地球上の約6分の1）
（↳物体の重力は，質量に比例してはたらく）

参考 質量の調べ方

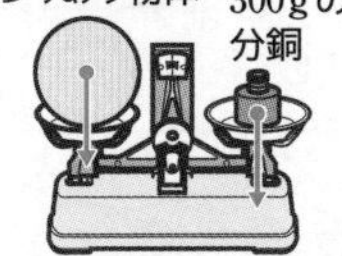

すいすい暗記　力の大きさ(ちからのおおきさ)　100gで　1ニュートン
質量100gの物体約1Nの重力の大きさ

❷ **質　量**…物体をつくっている物質そのものの量を，質量(しつりょう)といい，場所が変わっても変化しない。単位は，**グラム〔g〕**，**キログラム〔kg〕**などを用いる。

テストに出る 要点チェック

□ 1. 力の3つの要素とは，(①　　)点，力の(②　　)，力の(③　　)の3つである。
□ 2. ばねがもとにもどろうとする力を何といいますか。
□ 3. 重力は地球のどの方向へはたらいていますか。
□ 4. 物体が面の上で運動するとき，物体の動きを妨げる(さまたげる)向きに，物体と面との間にはたらく力を何といいますか。
□ 5. 質量10kgの物体にはたらく重力の大きさを，単位とともに答えなさい。

解答
1. ①作用 ②大きさ(向き) ③向き(大きさ)
2. 弾性力(だんせいりょく)
3. 中心
4. 摩擦力
5. 100N

SCIENCE
5

実験器具の扱い方

図でおさえよう

◎ ガスバーナーの使い方 → 1

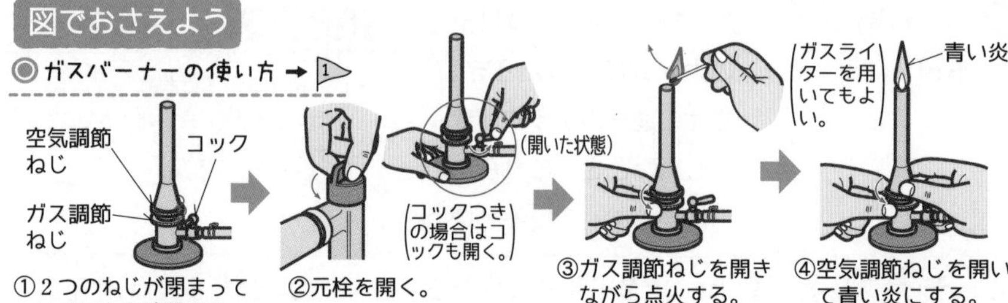
空気調節ねじ
コック
ガス調節ねじ
①２つのねじが閉まっていることを確認する。
②元栓を開く。
コックつきの場合はコックも開く。
(開いた状態)
ガスライターを用いてもよい。
青い炎
③ガス調節ねじを開きながら点火する。
④空気調節ねじを開いて青い炎にする。

◎ 上皿てんびんのしくみ → 1

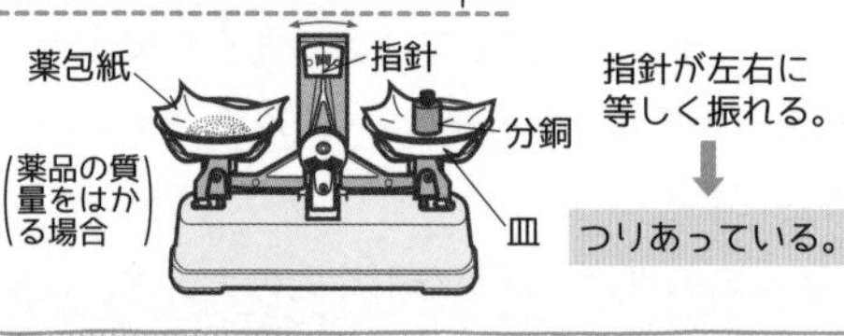
薬包紙
指針
分銅
皿
薬品の質量をはかる場合
指針が左右に等しく振れる。
つりあっている。

◎ メスシリンダーの目盛りの読み方 → 1

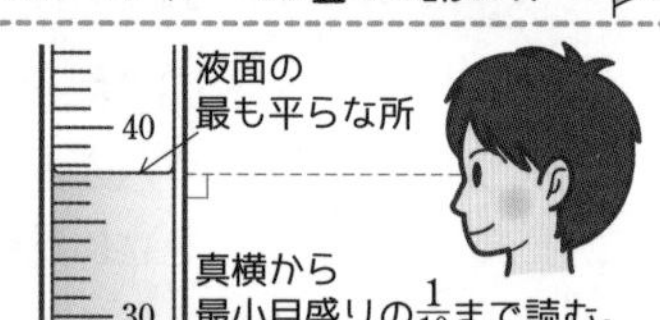
40
30
液面の最も平らな所
真横から
最小目盛りの1/10まで読む。

1 実験器具の使い方 ☆☆☆

注意 ガスバーナー

ガスバーナーの上のねじが空気調節ねじで，下のねじがガス調節ねじである。

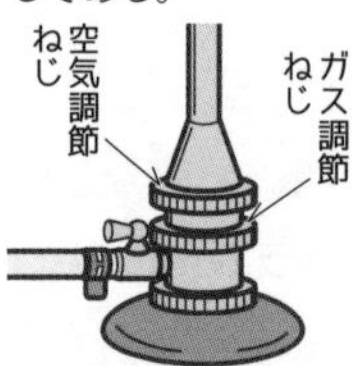
空気調節ねじ
ガス調節ねじ

参考 上皿てんびん

指針が等しく振れていればつりあっているので，中央で静止するまで待たなくてもよい。

1 ガスバーナーの使い方

①２つの調節ねじが閉まっていることを確認(かくにん)し，元栓(もとせん)を開く。

②**ガス調節**ねじを開きながら点火し，炎(ほのお)の大きさを調節する。（↳左回し）

③炎の色を**空気調節**ねじで**青色**にする。（↳赤黄色は，空気不足である）

④消すときは，**空気調節**ねじ，**ガス調節**ねじ，**元栓**の順に閉める。（↳右回し）

> **すいすい暗記**　点火(てんか)はガス（ガス調節ねじ），消火(しょうか)は空気(くうき)（空気調節ねじ）を　先回(さきまわ)し

コレ重要
☞ ガスバーナーの炎の色は青色に調節して完全燃焼(ねんしょう)させる。

2 上皿てんびんの使い方

①水平な台の上に置き，指針(ししん)の振(ふ)れを**左右**等しくする。（↳調節ねじで調整する）

②**左**の皿にはかりたい物質をのせて，**右**の皿に分銅を少し重いと思われるものからのせる。（↳左ききの人は逆にする）

③**分銅**(ふんどう)を軽いものにのせかえていき，つりあわせる。

④片づけるときは，皿を片方に重ねておく。

3 メスシリンダーの使い方

①水平な台の上に置き，液面の最も平らな所を真横から見る。

②目分量で最小目盛りの **10 分の 1** まで読む。

得点UP（アップ）

① ガスバーナーの使い方の手順は，しっかりと覚えておこう。
② 上皿てんびんの使い方に慣れておこう。
③ メスシリンダーの液量を正しく読みとれるようにしておこう。

参考 電子てんびんと薬品

薬品をはかるときは，電子てんびんの上に薬包紙をのせ，その上に薬品をのせてはかるようにする。

4 電子てんびんの使い方

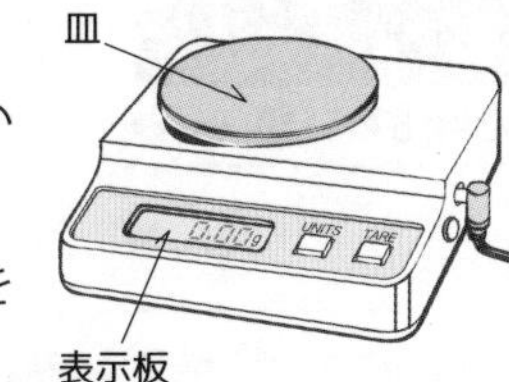

①電子てんびんが**水平**に置かれているか確認し，電源を入れる。

②何ものせていないときの表示を「0」や「0.00」にする。（薬包紙を使うときは，のせてから「0」にする）

③はかろうとする物体をのせて**数値**を読みとる。

5 温度計の使い方

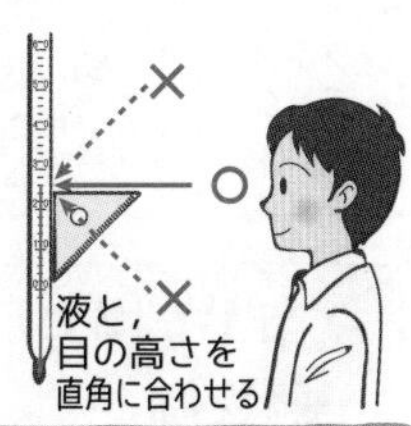

①液だめを温度のはかりたいものにあて，温度計の液面と目の高さを**直角**にする。

②液面の**最も平らな**所の値を読みとる。（アルコール温度計の場合）（最小目盛りの10分の1まで）

2 実験器具の基本操作☆☆

参考 薬品の取り扱い方

薬品を加熱したり，混合したりすることで，有毒ガスが発生することもあるので，換気に注意する。

1 試験管の使い方

①液の量は $\frac{1}{4}$～$\frac{1}{5}$ 程度にする。（液がとび出すのを防ぐ）

②3本の指で，**上**のほうを持つ。

③底が細長い円を描くように，**小きざみ**に振る。

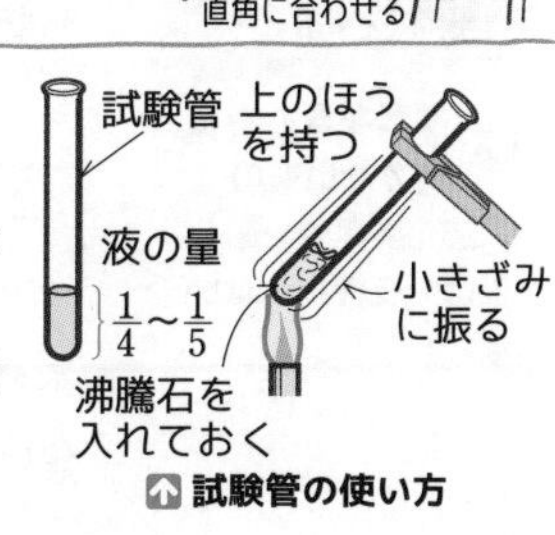

試験管の使い方

2 アルコールランプの使い方

マッチで横または，斜め下から点火する。ふたは必ずそばに置いておく。火を消すときには斜め上または真横からふたをかぶせる。（口でふき消してはいけない）

火をつけるとき　火を消すとき

テストに出る要点チェック

□ 1．点火するとき，右図で，最初に回すねじはねじa，bのどちらですか。

□ 2．右図で，ねじを開くようにするには矢印X，Yのどちらに回しますか。

□ 3．ガスバーナーは何色の炎になるように調整しますか。

□ 4．消すとき，最初に閉じるのはねじa，bのどちらですか。

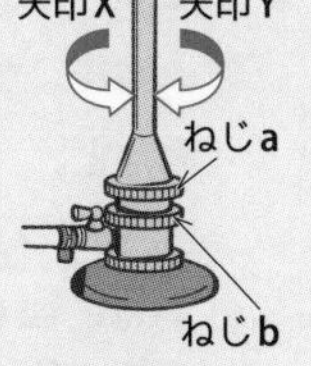

解答

1．ねじb
2．矢印X
3．青色

4．ねじa

月　日

身のまわりの物質

図でおさえよう

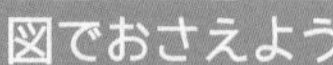

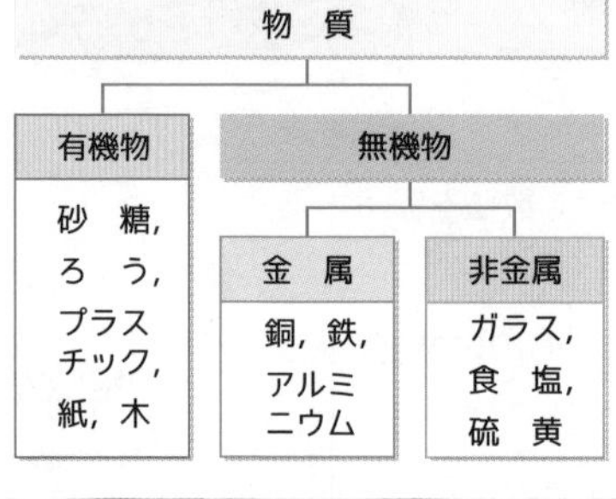

◎ 金属の性質 → 2

みがくと光沢が出る。

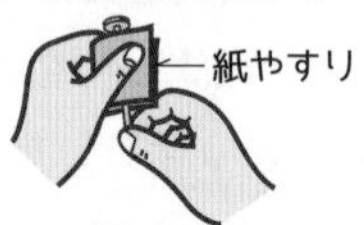

たたくと延びる。

電気を通しやすい。

熱を伝えやすい。

1 有機物と無機物 ☆

注意 炭素を含む有機物でないもの

二酸化炭素や一酸化炭素は，有機物とはいわない。

1 有機物…加熱すると，黒くこげて**炭**になる。燃えて**二酸化炭素**や**水蒸気**を発生する**炭素**を含(ふく)むものをいう。

（石灰水に二酸化炭素を混ぜると白く濁る）

例　砂糖，紙，プラスチック，木，ろうなど。

すいすい暗記　有機物(ゆうきぶつ)　二酸化炭素(にさんかたんそ)を　発生(はっせい)だ
燃やすと二酸化炭素を

2 無機物…有機物以外の物質を**無機物**という。加熱しても黒く焦(こ)げない。金属と非金属に分けることができる。

2 金属と非金属 ☆

注意 非金属と電気伝導性

炭素は非金属であるが，電気を**通す**。

乾電池(かんでんち)の電極などに使われる。

1 金　属…金属特有の共通の性質をもつ。

①みがくと金属特有の**光沢**(こうたく)がある。
（金属光沢という）

②たたいて延ばしたり，広げたりすることができる。
（延性という性質）（展性という性質）

③電気を**通しやすい**。
（自由電子をもつ）

④熱を**伝えやすい**。

例　鉄，銅，アルミニウム，銀，金，水銀など。

2 非金属…金属以外の物質をいう。

例　食塩，水，空気，ガラス，プラスチック，ゴム，二酸化炭素など。

（厳密には電気を通すプラスチックも開発されている）

・コレ重要・

☞ 鉄は，磁石に引きつけられる。ところが，同じ金属でも，アルミニウムや銅，金，銀などは，磁石に引きつけられない。

得点アップUP

① 身のまわりの物質を見分ける方法と結果を整理しておこう。
② 金属の性質を覚えておこう。
③ 密度を求める計算ができるようになっておこう。

参考 プラスチックの浮き沈み

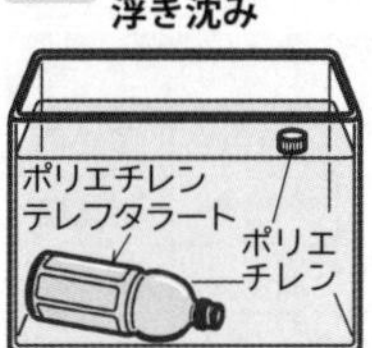

3 物質の浮き沈み…物質の浮き沈みには，それらの物質の**密度の大きさ**が関係している。例えば，右のように，果物を砂糖水の中に入れると浮くが，油の中に入れると沈む。このように，水や砂糖水，油などの液体に入れて密度を比べたとき，**密度の小さい物質は浮き，密度の大きい物質は沈む**。

3 物質の密度 ☆☆

1 密　度…物質 1 cm^3 あたりの質量のことをいい，単位は g/cm^3 である。物質の種類によって，密度は一定であるので，物質を区別することができる。
気体の密度は，温度や圧力によって，変化する

2 密度の求め方

$$密度〔g/cm^3〕=\frac{物質の質量〔g〕}{物質の体積〔cm^3〕}$$

①質量をはかる。　②体積をはかる。　③密度を計算する。

電子てんびん　1円硬貨50枚　50.0g

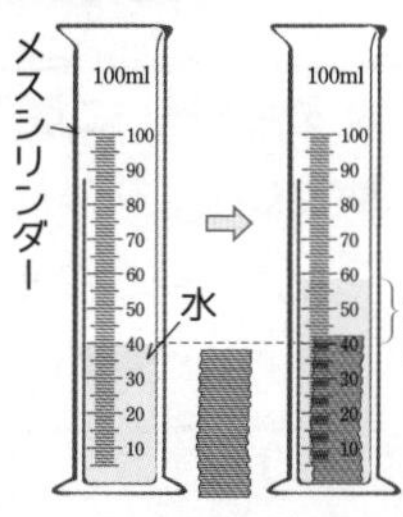

質量が 50.0 g
体積が 18.5 cm^3
なら，

$$密度=\frac{50.0\ g}{18.5\ cm^3}$$

➡約2.70 g/cm^3
⬇
物質→アルミニウム

参考 物質の密度

物　質	密　度〔g/cm^3〕
鉄	7.87
アルミニウム	2.70
銅	8.96
ガラス	2.4～2.6
水	1.00
酸　素	0.00143

（水は 4 ℃，酸素は 0 ℃，その他は温度 20 ℃のとき）

テストに出る 要点チェック

□ 1. 次のア～コの物質の中で，金属を選びなさい。
　ア 金　イ 食 塩　ウ 砂 糖　エ 鉄
　オ アルミニウム　カ 酸 素　キ 水
　ク 銅　ケ 木　コ プラスチック

□ 2. 1 のア～コの物質の中で，熱すると，二酸化炭素が発生する物質を選びなさい。

□ 3. 1 のア～コの物質の中で，20 ℃のときに最も密度の小さい物質を選びなさい。

解答

1. ア，エ，オ，ク
2. ウ，ケ，コ
3. カ

月　日

気体のつくり方と性質

表でおさえよう　◎気体の性質

性質＼気体	二酸化炭素	酸素	アンモニア	水素	窒素	二酸化硫黄	塩素
色	無色	無色	無色	無色	無色	無色	黄緑色
におい	なし	なし	刺激臭	なし	なし	刺激臭	刺激臭
水に対する溶け方	少し溶ける	溶けにくい	非常によく溶ける	溶けにくい	溶けにくい	溶ける	溶ける
空気に対する密度	大きい	少し大きい	小さい	たいへん小さい	わずかに小さい	たいへん大きい	たいへん大きい
水溶液の性質	酸性		アルカリ性			酸性	酸性
その他の性質	石灰水に通すと白く濁る。	助燃性がある。生物の呼吸に必要。	緑色のBTB液を青色に変える。	酸素との混合気体は爆発的に燃えて水ができる。	空気の約78％を占め，他の物質と反応しにくい。	有毒で，酸性雨の原因となる。硫酸や肥料の原料になる。	毒性の強い気体。漂白，殺菌作用がある。

1 二酸化炭素の性質 ☆☆

① **発生方法**…うすい塩酸に，**石灰石**(せっかいせき)や**貝殻**(かいがら)を入れる。
↳炭酸カルシウムが主成分

② **主な性質**…無色，無臭(むしゅう)の気体である。水に少し溶け，その水溶液は弱い**酸性**で，BTB液を黄色にする。
↳炭酸水という
空気より密度が大きく，他の物質を燃やすはたらきがない。**石灰水**を白く濁(にご)らせる。
約1.5倍↵

2 酸素の性質 ☆☆

① **発生方法**…二酸化マンガンにうすい過酸化水素水を加える。
濃度が約3%のものをオキシドールという↵

② **主な性質**…無色，無臭の気体で，水にほとんど溶けない。空気より少し密度が大きく，空気中に約20％含(ふく)まれる。助燃性があり，酸素中で激しく燃焼する物質が多い。
↳火のついた線香を入れると，炎を出して燃える

すいすい暗記　過酸化水素水(かさんかすいそすい)（オキシドール）　分解(ぶんかい)されて　酸素(さんそ)でき

3 アンモニアの性質 ☆☆

① **発生方法**…アンモニア水を加熱する。**塩化アンモニウム**と**水酸化カルシウム**を混ぜ合わせて加熱する。

② **主な性質**…無色で，刺激(しげき)臭がある。空気よりも密度が小さい気体である。水に非常によく**溶ける**。水溶液はアルカリ性で，BTB液を青色にする。

スポイトをおす。
↓
アンモニアが水によく溶けるため，フラスコ内が真空に近くなる。
↓
水槽の水がフラスコに入り，フェノールフタレイン液を加えた水がアルカリ性を示し，赤色になる。

参考 アンモニア
窒素と水素の化合物で，無色の気体。常温で圧縮すると簡単に液化できる。（20 ℃，8.46気圧）

① 気体の発生方法を覚えよう。
② 気体の性質をまとめておこう。
③ 気体の集め方を気体の性質から理解しよう。

4 水素の性質☆☆

参考 水素を使う実験
実験は必ず少量で行い，指導者の指示を受けなければならない。

① **発生方法**…亜鉛，マグネシウム，鉄などの金属にうすい**塩酸**やうすい**硫酸**を加える。

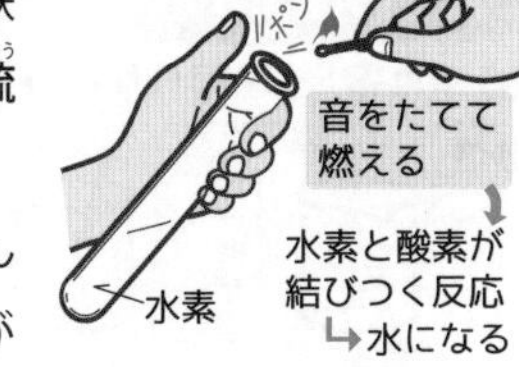

② **主な性質**…無色，無臭。水にほとんど溶けない。気体の中で最も密度が小さい。**酸素と混合した気体**に火をつけると**爆発**する。
↳空気の約 0.07 倍　　ポンと音がする↲

5 気体の集め方☆☆

参考 塩 素
黄緑色の有毒な気体で漂白作用がある。

参考 窒 素
空気中に体積で約78%を占める安定な気体である。

① **水上置換法**…水に溶けにくい気体の場合に水の中を通して集める方法。酸素，水素，二酸化炭素などに使用する。
↳純粋な気体が得られる　↳水素は上方置換法で集めることもある

② **上方置換法**…水に溶けやすく，空気より密度が小さい気体を集める方法。アンモニアなどに使用する。

③ **下方置換法**…水に溶けやすく，空気より密度が大きい気体を集める方法。二酸化炭素などに使用する。
↳水上置換法でも集められる

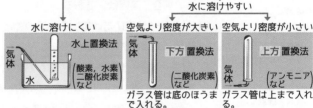

発生した気体
水に溶けやすい
水に溶けにくい　空気より密度が大きい　空気より密度が小さい
気体　水　水上置換法（酸素，水素 二酸化炭素 など）
気体　下方置換法（二酸化炭素 など）
気体　上方置換法（アンモニア など）
ガラス管は底のほうまで入れる。　ガラス管は上まで入れる。

・コレ重要・
☞ 気体の集め方は，①水に溶けるか溶けないか，②空気より密度が大きいか小さいかで判断する。

テストに出る 要点チェック

□ 1. 次の表の空所に，あてはまる語句を入れなさい。

気体名	水素	①	②	二酸化炭素
空気より密度が…	小さい	少し大きい	少し小さい	③
燃えるか燃えないか	④	⑤	燃えない	燃えない
においは…	ない	ない	⑥	ない
空気中に…	ほとんどない	約 20%	約 80%	約 0.04%

解答
1. ①酸素
②窒素
③大きい
④燃える
⑤燃えない
⑥ない

月　日

水溶液

図でおさえよう

◎水に溶ける・溶けない → 1

↑砂糖が水に溶ける

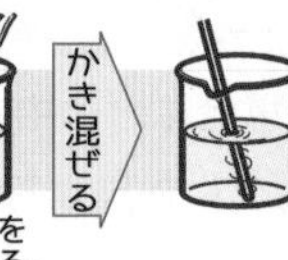

↑デンプンは水に溶けない

◎溶液・溶媒・溶質 → 1

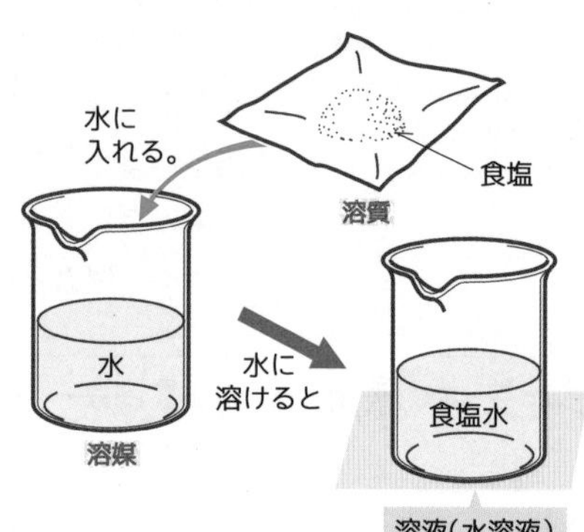

1 水溶液 ☆☆

注意 溶液の色

色がついていても向こうが透(す)けて見えていれば透明という。

参考 溶媒

水以外にエタノールやエーテルなども溶媒になる。ただし，このとき溶ける溶質は，水の場合とは異なる。

1. **溶液**(ようえき)…物質が液体に溶(と)けて，**透明**(とうめい)(↳色がついているものもある)で**濃**(こ)**さがどこも同じ**で，**沈殿**(ちんでん)**のない**(↱時間がたっても変わらない)混合物を**溶液**という。(↳水に溶かす場合を水溶液という)
2. **溶媒**(ようばい)…物質を溶かしている液体のことを**溶媒**という。水溶液の場合，溶媒は**水**である。
3. **溶質**…溶液に溶けている物質のことを**溶質**という。溶質は，固体・液体・気体の場合がある。(↳塩化水素の水溶液を塩酸という)
4. **溶液の質量**…溶質を溶媒に溶かしても，溶液全体の質量は溶質と溶媒の質量の**和**に等しく，**ふえたり減ったりしない**。

・コレ重要・

☞ 溶液の質量〔g〕＝溶質の質量〔g〕＋溶媒の質量〔g〕
(例)　食塩水　　食塩　　水

2 水溶液の濃度 ☆☆☆

1. **濃度**…一定量の溶液に溶けている溶質の量の割合を**濃度**(のうど)といい，溶液の濃さを決めるものである。
2. **質量パーセント濃度**…溶液中にどれくらい溶質が溶けているかの割合を百分率〔%〕で表したものを**質量パーセント濃度**という。

・コレ重要・

☞ 質量パーセント濃度〔%〕＝ $\frac{\text{溶質の質量〔g〕}}{\text{溶液の質量〔g〕}} \times 100$

溶液の質量〔g〕＝溶質の質量〔g〕＋溶媒の質量〔g〕

得点アップUP

① 溶液・溶媒・溶質の語句の意味をしっかりと理解しよう。
② 水溶液の濃度を求める計算ができるようにしよう。
③ 溶質が溶けていくようすを粒子モデルでとらえよう。

3 物質が溶けるようす ☆☆

参考 溶液中の溶質
水溶液は，時間が経過しても濃さは変わらない。

① **物質が溶けるようす**…砂糖などが水の中で溶けるようすは，粒子のモデルで説明することができる。砂糖を水の中に入れる（A）と，砂糖の粒子の中に水が入りこんで砂糖がくずされてこまかく散らばっていく（B）。水の中に，砂糖の粒子が**均一に広がって**，どの部分も濃さが同じになる（C）。

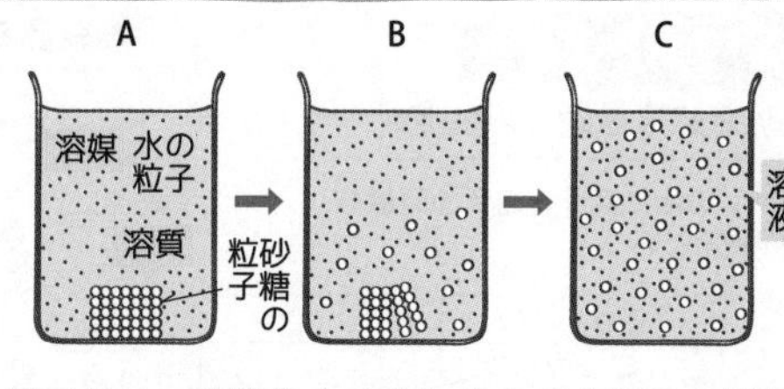
A
B
C
溶媒
水の粒子
溶質
砂糖の粒子
溶液

（不規則に動いている）（顕微鏡でも見えない）

すいすい暗記　水溶液　粒子広がり　濃さ一定
どこをとっても同じ濃度

4 ろ過の方法☆☆☆

参考 ろ過の限界
ろ紙の穴より小さいものはろ紙を通り抜けることができる。

① **ろ過**…溶液中に固体が混じっている場合は，ろ過することによって，固体と液体を分離することができる。（ろ紙を通らない）

② **ろ過の結果**…ろ液（ろ紙を通った液体）には溶液内に溶けたものが，ろ紙（コーヒーフィルターもろ紙）には溶液内に溶けなかったものがそれぞれ残る。

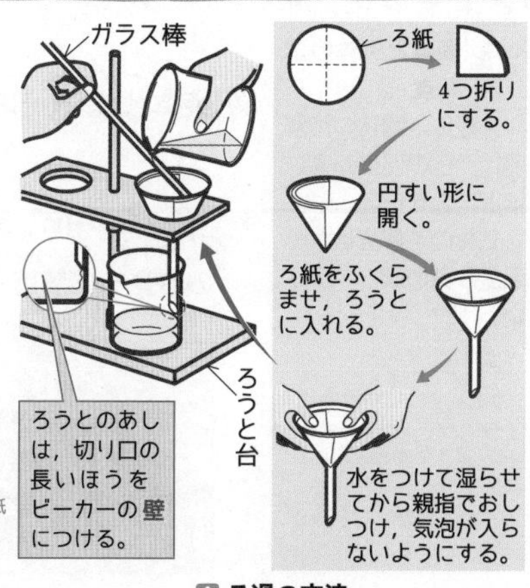
ガラス棒
ろうと台
ろうとのあしは，切り口の長いほうをビーカーの壁につける。
ろ紙
4つ折りにする。
円すい形に開く。
ろ紙をふくらませ，ろうとに入れる。
水をつけて湿らせてから親指でおしつけ，気泡が入らないようにする。

ろ過の方法

テストに出る 要点チェック

- □ 1．食塩水の水のように，物質を溶かす液体を何といいますか。
- □ 2．水溶液は，底のほうの液と水面近くの液とではどちらが濃いですか。または，同じですか。
- □ 3．炭酸水は，何が溶質として溶けたものですか。
- □ 4．砂糖 25 g を水 100 g にすべて溶かしました。濃度はいくらですか。

解答
1．溶媒
2．同じ
3．二酸化炭素
4．20 %

月　日

溶解度と再結晶

図でおさえよう

◎ 溶解度曲線 → 1 2

100 g の水に溶ける溶質の質量を**溶解度**という。

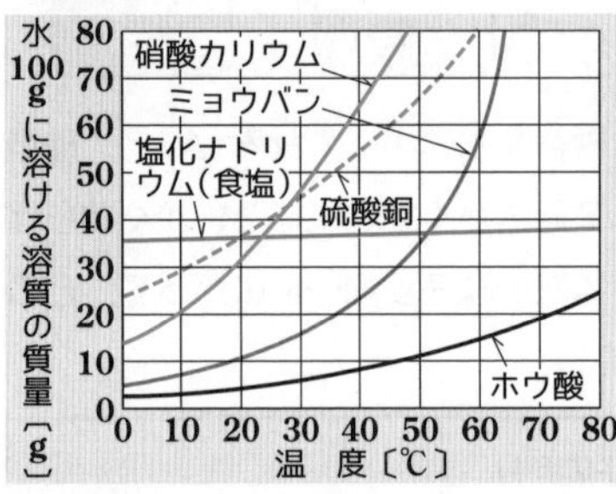

◎ 結晶をとり出す方法 → 2

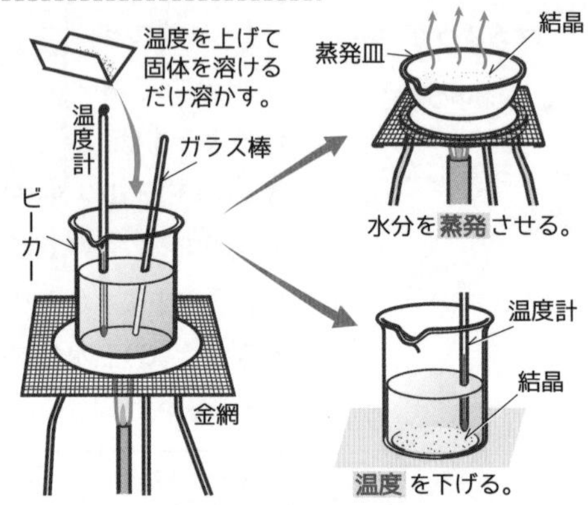

1 溶解度 ☆☆

注意　固体と気体の溶解度

一般に，固体の溶解度は，水の温度が高いほど，**大きい**。

気体の溶解度は水の温度が高いほど，**小さい**。

1 飽　和…一定量の水に物質が限度まで溶けた状態を**飽和**という。
（↳ほとんどの物質には限度がある）

2 飽和水溶液…飽和状態にある水溶液のことを**飽和水溶液**という。
（これ以上溶けない↵）

3 溶解度…100 g の水で，飽和水溶液をつくるときに必要な溶質の質量を**溶解度**という。
（↳物質によって決まっている）

物質＼温度〔℃〕	0	20	40	60	80	100
砂　糖（ショ糖）	179	204	238	287	362	485
塩化ナトリウム	35.6	35.8	36.3	37.1	38.0	39.2
硫　酸　銅	14.0	20.2	28.7	39.9	56.0	76.9
ホ　ウ　酸	2.66	5.04	8.72	14.8	23.6	39.5

↑固体の溶解度（水 100 g に溶ける g 数）

すいすい暗記　水 100（100 g）に　溶ける限度（その物質の質量）が　溶解度

4 溶解度曲線…横軸に水温，縦軸に溶解度をとって，グラフにしたものを**溶解度曲線**という。
（食塩は温度変化が小さいことがわかる↵）
（↳水温により変化する）

・コレ重要・

☞ 物質がそれ以上溶けることができない水溶液を，飽和水溶液という。さらに物質を入れても，溶けることができないので，物質は残ってしまう。

得点UP
① 溶解度の意味をしっかり覚えておこう。
② 溶解度曲線のグラフを正しく読み取れるようにしよう。
③ 再結晶には，水溶液を冷却する方法と水を蒸発させる方法がある。

社会 理科 数学 英語 国語

2 再結晶 ☆☆

参考 溶解度と再結晶
温度による溶解度の差が**小さい**物質(食塩水など)は，加熱して，水(溶媒)を蒸発させることで結晶をとり出すことができる。

1 結晶…純物質(純粋な物質)からなる固体で，**物質特有の形や色**をもつ。温度によって，溶ける溶質の質量は違う。水溶液の温度を下げていくと，溶解度が減ってくるので，溶けきれない量の溶質が**結晶**として析出する。
物質を区別する手がかりになる
いくつかの平面で囲まれた規則正しい形をしている

食塩
(塩化ナトリウム)

ミョウバン

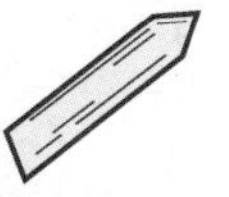
硝酸カリウム

硫酸銅

注意 混合物から純粋な物質をとり出す
硝酸カリウムに少量の食塩が混じっている粉末から硝酸カリウムを純粋にとり出すときには，再結晶を利用する。

2 再結晶…固体を一度水に溶かし，再び結晶としてとり出す方法を**再結晶(法)**という。温度による溶解度の差が**大きい**硝酸カリウムでは**冷却**することで多くの結晶をとり出すことができる。ゆっくり冷やすとより大きな結晶としてとり出すことができる。
溶解度の差を利用
グラフの傾き大

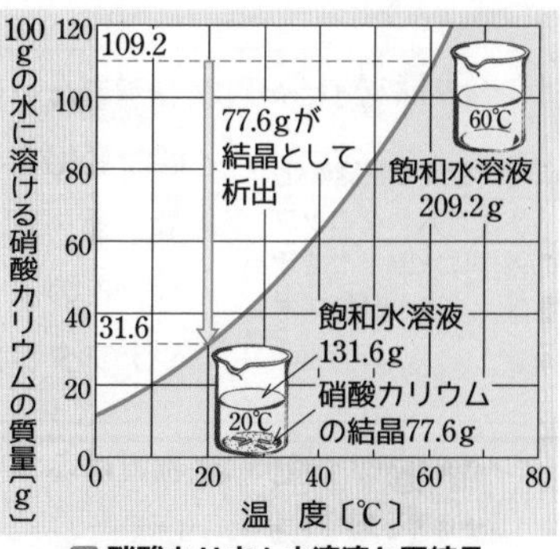

硝酸カリウム水溶液と再結晶

テストに出る要点チェック

1. 水100gに限度まで溶けている物質の質量を何といいますか。
2. 物質がそれ以上溶けることができない水溶液を何といいますか。
3. 右図で，60℃の水100gに最も多く溶ける物質はどれですか。
4. 右図で，食塩を，60℃の水100gに溶かして飽和水溶液にしたときの質量は，約何gですか。

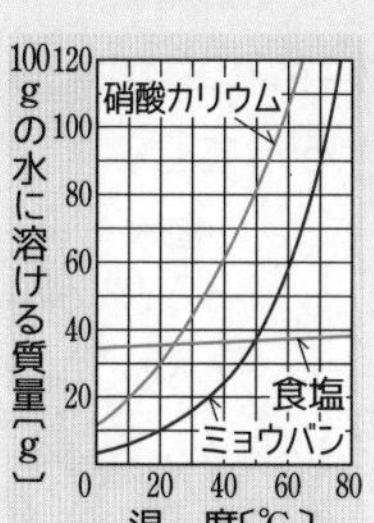

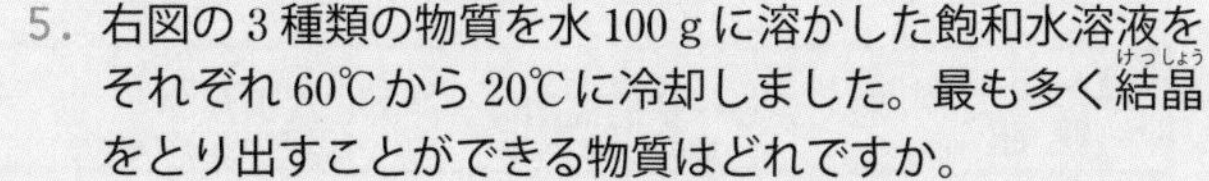
5. 右図の3種類の物質を水100gに溶かした飽和水溶液をそれぞれ60℃から20℃に冷却しました。最も多く結晶をとり出すことができる物質はどれですか。

解答
1. 溶解度
2. 飽和水溶液
3. 硝酸カリウム
4. 138g
5. 硝酸カリウム

物質の状態変化

図でおさえよう

◎ 水の状態変化 → 1 2

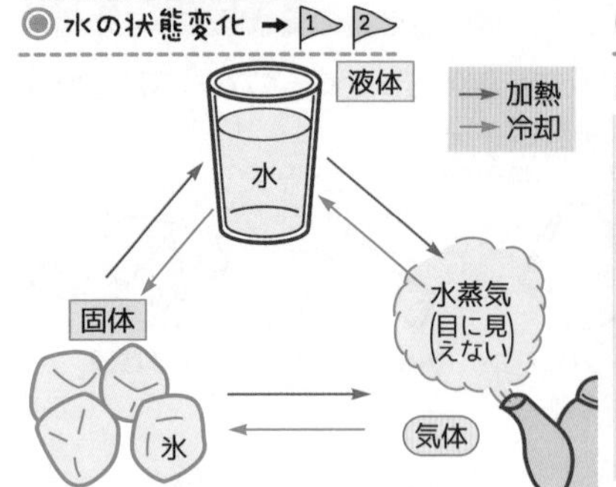

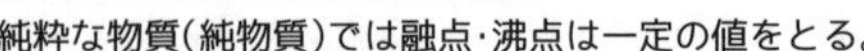

純粋な物質(純物質)では融点・沸点は一定の値をとる。

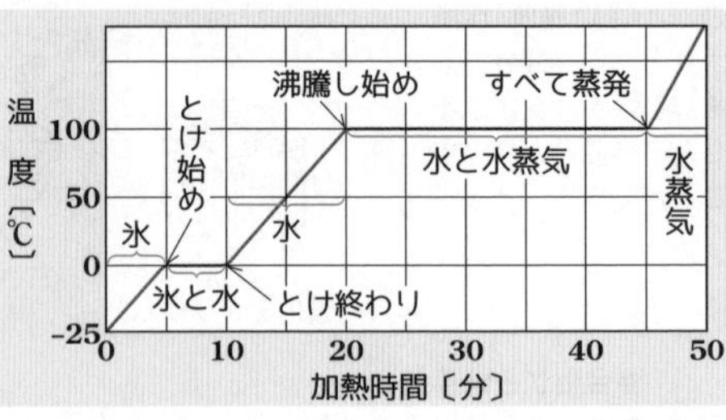

1 状態変化 ☆

注意 物質の状態変化
氷水を入れたコップの外側に水滴がつく現象は，**凝縮(凝結)**[ぎょうしゅく(ぎょうけつ)]である。

① 状態変化…物質は温度条件によって，**固体・液体・気体**に状態が変化する。
物質の三態という↩

② 昇華[しょうか]…固体から直接気体に状態が変化することを**昇華**という。このような状態変化をするものの例として，**ドライアイス**や**ナフタレン**がある。

2 状態変化と体積・質量 ☆

① 物質はふつう，固体，液体，気体の順に，体積が**大きく**なっていく。

② 水は，4℃のときの体積が最も小さくなる。水から水蒸気になると体積は約1700倍になり，氷では1.1倍になるが，質量は**変化しない**。
水は氷になると体積がふえるので，氷は水に浮く↩

③ 物質の体積は，物質をつくっている粒子の集まり方によってちがってくる。
粒子の運動のちがいでもある↩

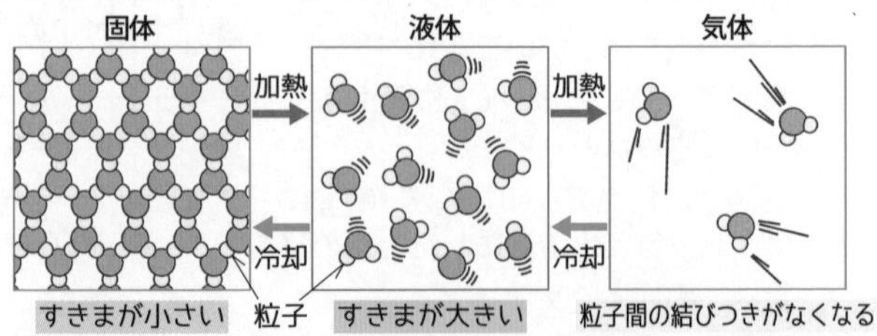

すいすい暗記　粒[つぶ]で見る　状態変化[じょうたいへんか]は　仲[なか]よしなのかな
固体⇄液体⇄気体　液体→気体となるほど離れる

得点アップUP
① 固体，液体，気体の状態変化についての言葉を覚えよう。
② 水の状態変化と温度の関係をグラフで理解しよう。
③ 蒸留のしくみや実験の方法をよく知っておこう。

3 水の状態変化と温度 ☆☆☆

参考 主な物質の沸点

物質	沸点〔℃〕
鉄	2862
食塩	1485
ナフタレン	217.9
パルミチン酸	360
水	100
水銀	356.73
エタノール	78.32
酸素	−182.96

1 融(ゆう)点(てん)…氷をあたためていくと，とけ始めてからとけ終わるまで，温度は一定である。そのときの温度を**融点**という。（↳水では0℃）

2 沸(ふっ)点(てん)…水をあたためていくと，沸騰(ふっとう)し始めてから（↳蒸発ではない）すべての水が気体になるまで，温度は一定である。その温度を**沸点**という。（水では100℃）

3 純粋(じゅんすい)な物質(純物質)と混合物…**水**や**酸素**，**二酸化炭素**，**銅**など1種類の物質だけからなる物質を**純物質**(**純粋な物質**)という。また，**空気**や**海水**をはじめ，みりん，食塩水など身のまわりにある多くのものは，2種類以上のものが混ざっている**混合物**である。

・コレ重要・
☞ 純粋な物質の融点や沸点は，一定の値(あたい)で決まっている。

4 蒸留のしかた ☆☆

注意 突(とっ)沸(ぷつ)
突沸とは，加熱によって液体が突然(とつぜん)沸騰をすること。沸騰石には，素焼(すや)きのかけらや細いガラス管を用いる。

1 蒸(じょう)留(りゅう)…液体を加熱して沸騰(ふっとう)させ，出てくる気体を冷やして再び液体にしてとり出すことを**蒸留**という。**沸点の違(ちが)い**を利用すると，蒸留によって**混合物**からそれぞれの物質を分離することができる。

ガラス管の先が試験管の液体につかないように注意しよう。

2 エタノールと水との混合物

蒸留すると，先に集まる液体は，**エタノール**のにおいが強く，（↳はじめは，エタノールが多く蒸発し，あとのほうは水が多く蒸発している）火がつく。あとに集まる液体は（水が多く混じっている）わずかにエタノールのにおいはするが，火はつかない。（沸点が水より低い）

テストに出る 要点チェック

□ 1．右の状態変化の図で，Aの状態の名称(めいしょう)を答えなさい。

□ 2．加熱の状態変化はア～カのどれですか。すべて選びなさい。

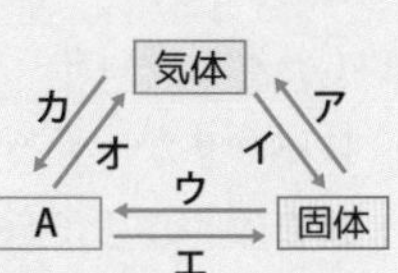

□ 3．固体のろうを加熱して液体になる状態変化はア～カのどれですか。

解答
1．液体
2．ア，ウ，オ
3．ウ

月　日

身近な生物，花のつくり ①

図でおさえよう

◎顕微鏡のつくり（ステージ上下式）→ 1

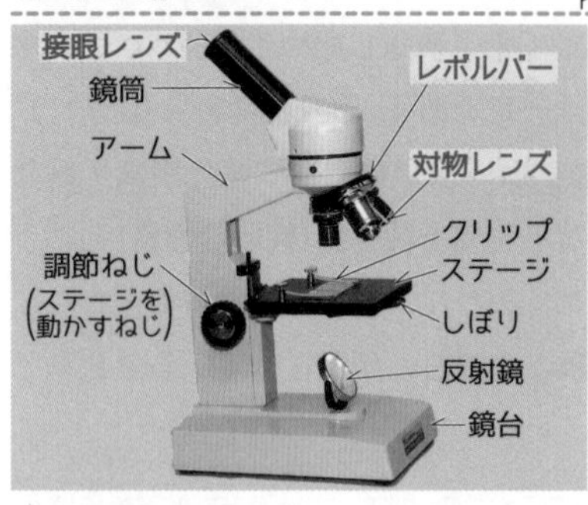

◎ルーペの使い方 → 1

観察物を動かせるとき

ルーペは目に近づけて持つ

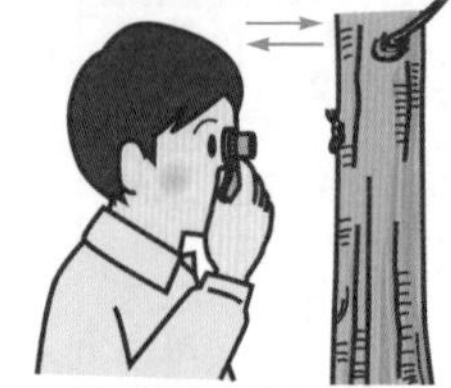

観察物を動かせないとき

1 顕微鏡・ルーペの使い方 ☆☆☆

注意 顕微鏡の倍率
顕微鏡の倍率＝接眼レンズの倍率×対物レンズの倍率

参考 双眼実体顕微鏡
生物を観察する際，双眼実体顕微鏡を用いることがある。プレパラートをつくる必要がなく，観察対象をそのまま，20 ～ 40 倍程度で立体的に観察できる。

1 顕微鏡観察の手順

①**接眼**レンズ，**対物**レンズの順にとりつけ，**低**倍率から観察する。

②**視野全体**が明るく見えるように**反射鏡**と**しぼり**で調節する。
（必要に応じて顕微鏡用照明を用いる）

③**プレパラート**をステージにのせ，横から見ながら対物レンズをプレパラートに近づける。
（カバーガラスにふれないように気をつける）

④接眼レンズをのぞきながら調節ねじを③と逆に回し，対物レンズとプレパラートを遠ざけながらピントを合わせる。

⑤観察したいものを視野の左に動かしたいときは，プレパラートを**右**に動かす。

2 高倍率と低倍率…最初に**低**倍率で観察し，見たい部分を**視野の中央**に置き，**高**倍率で詳しく観察する。高倍率のほうが視野は暗い。
（低倍率→視野が広い　高倍率→視野が狭い）

3 プレパラートのつくり方…**スライドガラス**の上に観察したいものを置いて，**水**を１滴落とし，**カバーガラス**をかける。
（観察しようとするものに厚みがあるときは向かない）
（柄付き針を用いて空気を入れないように静かにカバーガラスをかける）

4 ルーペの使い方…ルーペは目に近づけて持ち，見るものを前後に動かすか，見るものを動かせないときは，ルーペを固定したまま顔やからだ全体を前後に動かす。

すいすい暗記　顕微鏡　見えてる像は　逆さまだ（上下左右が逆）

① 顕微鏡の操作手順を理解し，正しく使用できるようにしよう。
② ルーペの使い方は目とルーペ，観察対象の位置を考えよう。
③ 身近な植物の観察で，名称と生えている場所を覚えよう。

2 身近な植物と動物 ☆☆

参考 野外観察

野外観察の前には，①観察のねらいを決め，②予想をたて，③観察に必要な用具や，記録用具をそろえる事前学習をしっかりしておく。

できるだけ自然の状態で観察する。

記録としてのスケッチは，先の細い鉛筆で観察する目的物だけを1本の線で輪郭をはっきりかく。

注意 植物の観察

似た植物を比較するには，①葉の形，②花のつき方，③茎の断面に注目する。

1 身近な植物が生える場所

①**日当たりがよい**→花が咲いて種子ができるものが多い。

- ►**人がよく通る日なた**→背が低く，葉が広がり，根が発達した植物。 例 タンポポなど（↳踏み固められて土がかたい）
- ►**人が通らない日なた**→背が高いもの，つる状の植物。 例 ススキ，ヒルガオなど（↳土は柔らかい）

②**日かげ**→胞子でふえる植物。 例 シダ，コケなど（↳湿り気の多い環境を好む植物）

③**水面や水中**→ウキクサ，スイレン，キンギョモなど

2 天候や季節

…日照，気温，湿度などの条件，季節の変化に応じて変化する。 例 日照時間による開花（アサガオは夜10時間以上で開花），気温による開花（チューリップは18℃以上で開花），冬芽での冬ごしなど（ネコヤナギの冬芽）

3 身近な動物がすむ場所

…えさのある所に育つ。

①**校庭や市街地**→アリ，クモ，ハト，スズメなど

②**田畑，草原**→バッタ，テントウムシなど

③**土の中**→ミミズ，ムカデ，モグラなど

④**川や池の中**→ミジンコ，小魚，カエルなど

コレ重要

☞ 生物は最適な環境で生きているので，環境条件（光，水）によって生物の種類，生育状況が異なる。

テストに出る 要点チェック

□ 1．顕微鏡の対物レンズと接眼レンズでは，どちらを先にとりつけますか。

□ 2．視野の左端に観察したいものがあるとき，中央にくるようにするにはプレパラートをどの向きに動かせばよいですか。

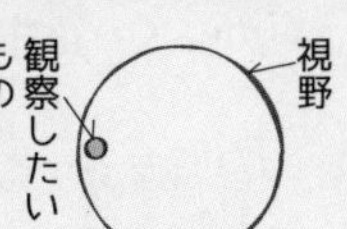

□ 3．顕微鏡の倍率が高いほど，視野は（明る・暗）くなります。

□ 4．次の植物の中で，主に日なたに生えている植物と，主に日かげに生えている植物をそれぞれ選びなさい。

ア ヒルガオ　イ コケ
ウ タンポポ　エ ドクダミ

解答

1．接眼レンズ
2．左
3．暗
4．（日なた）ア，ウ
（日かげ）イ，エ

月　日

身近な生物，花のつくり ②

図でおさえよう

◎ 花のつくり（被子植物）→ 1

被子植物は子房が胚珠に包まれている。

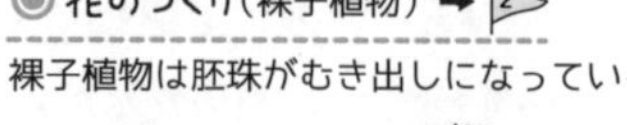

◎ 花のつくり（裸子植物）→ 2
裸子植物は胚珠がむき出しになっている。

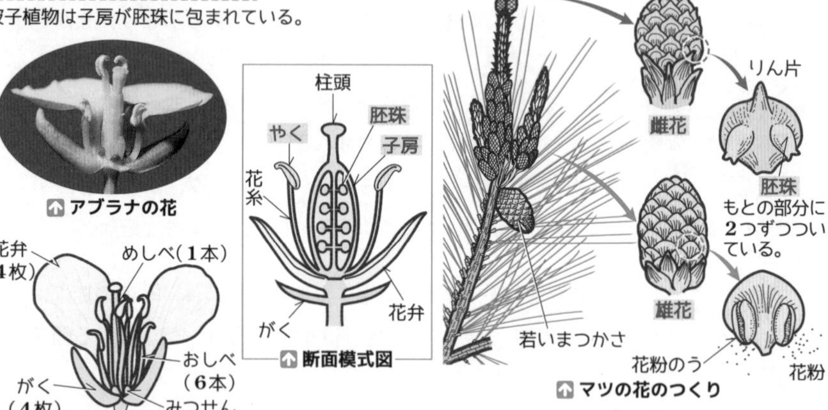

1 花のつくり ☆☆

参考 花の観察

花を外側から，がく，花弁，おしべ，めしべをはずし，順に透明(とうめい)テープに貼(は)りつけたものを台紙に貼り，いろいろな花のつくりを比較(ひかく)観察する。

注意 タンポポの花のつくり

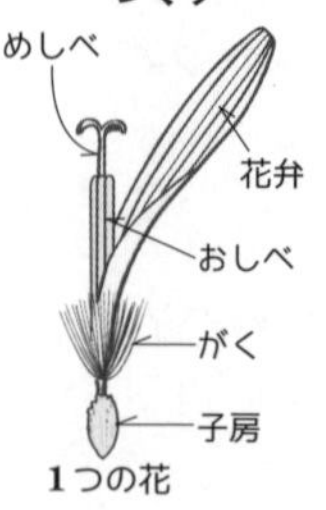

1 花のつくり…花が咲(さ)いて種子をつくり，子孫をふやす植物を**種子植物**という。

2 花のつくりと名称(めいしょう)…中心から**めしべ**，**おしべ**，**花弁**，**がく**の順に配列している。

①**めしべ**→**被子植物**のめしべ先端は**柱頭**，その根元は**果実**になる**子房**(しぼう)があり，その中に**種子**になる**胚珠**(はいしゅ)がある。
（柱頭：花粉がつきやすいようにべとべとしているものが多い）

②**おしべ**→花糸の先に**やく**があり，その中に**花粉**がある。
（本数は植物の種類によって異なる。タンポポ5本，アブラナ6本）

③**花　弁**→花の種類によって枚数が異なる。
（サクラのように離れている離弁花，アサガオのようにくっついている合弁花）

④**が　く**→花弁とともに花の内部構造を保護している。

3 いろいろな花…イネのなかまの植物には，花弁やがくはない。

①タンポポやキクのなかまは，多数の花の集まりが1つの花のように見え，**頭状花**(とうじょうか)という。

②カボチャの花は**雌花**(めばな)と**雄花**(おばな)があり，別の花である。
（単性花という。ほかに，キュウリ，ヘチマなど）

③ユリは3枚のがくも花弁のように見える。
（3枚のがくと3枚の花弁がついている）

> **すいすい暗記**　種子植物(しゅししょくぶつ)　被子(ひし)は包(つつ)まれ（子房に包まれている）　裸子(らし)はだか（胚珠がむき出し）

得点アップUP

① 花の各部分の名称を覚えておこう。
② 花の各部分と果実・種子のでき方を理解しておこう。
③ タンポポの花のつくりを覚えておこう。

2 受　粉☆☆☆

参考 受 精

めしべの柱頭についた花粉が，花粉管を胚珠に向けて伸ばし，花粉の中の精細胞の核が胚珠の中の卵細胞の核と合体することを**受精**という。

注意 胚 珠

エンドウのように，果実の中に複数の種子をもつ植物は，子房の中に複数の胚珠をもつ。

1 受　粉…めしべの**柱頭**に**花粉**がつくことをいう。

2 種子と果実…受粉のあと，受精が行われ，**被子植物**の場合，**子房**は**果実**に，**胚珠**は**種子**となる。

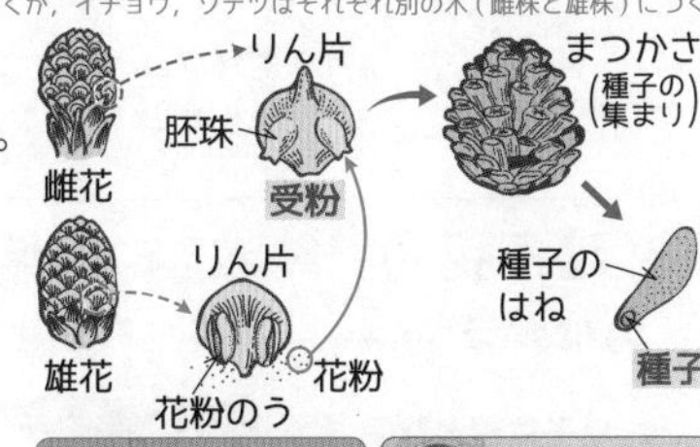

3 裸子植物の種子…**裸子植物**は，雌花と雄花が別に咲く。雌花のりん片に胚珠がむき出しの状態でついていて，子房がないので，果実は**できない**。雄花のりん片には花粉が入った**花粉のう**がついていて，胚珠に直接花粉がつき，受粉する。

（裸子植物→多くは風媒花）
（雌花と雄花→マツ，スギは同じ木に雌花，雄花がつくが，イチョウ，ソテツはそれぞれ別の木（雌株と雄株）につく）

4 虫媒花と風媒花…虫によって花粉が運ばれる**虫媒花**は，虫を引き寄せるため，風によって花粉が運ばれる**風媒花**よりも，色あざやかで香りも強い。

（風→多量に空中に散布する）（風媒花→イネやトウモロコシは花弁がない）（香り→みつせんをもつものもある）

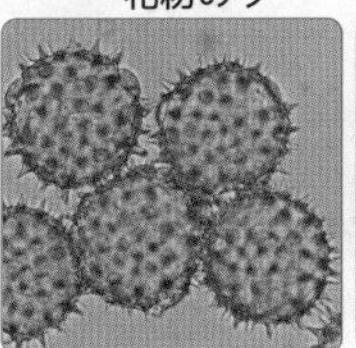
ヒマワリの花粉

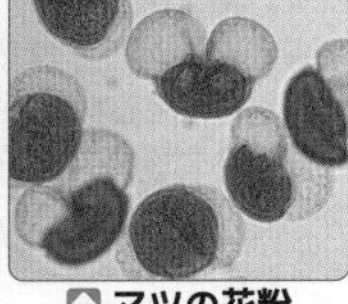
マツの花粉

・コレ重要・

☞ 子房→被子植物のみにあり，受粉後，果実になる。
☞ 胚珠→被子植物と裸子植物ともにあり，受粉後，種子になる。

テストに出る 要点チェック

- [ ] 1．胚珠が子房に包まれている植物を何といいますか。
- [ ] 2．おしべのやくの中にあるものは何ですか。
- [ ] 3．めしべの先端を何といいますか。
- [ ] 4．受粉後，子房は成長して何になりますか。また，胚珠は成長して何になりますか。
- [ ] 5．花のつくりで分類したとき，イチョウやスギなどの植物を何といいますか。

解答

1．被子植物
2．花　粉
3．柱　頭
4．(子房)果実
(胚珠)種子
5．裸子植物

月　日

植物のなかま分け

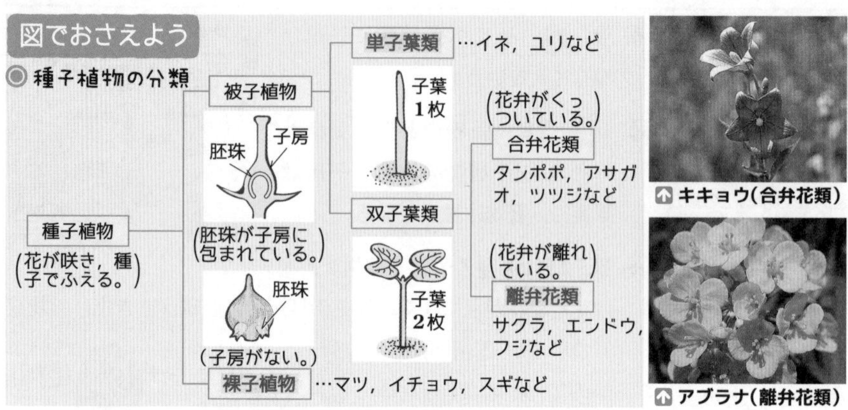

1 種子植物のなかま ☆☆☆

注意 単子葉類と双子葉類

- ►芽が出るとき子葉が1枚…**単子葉類**
- ►芽が出るとき子葉が2枚…**双子葉類**

双子葉類

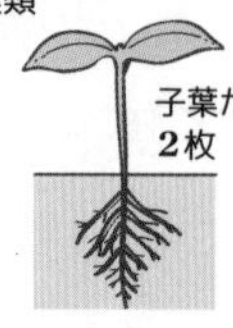

単子葉類

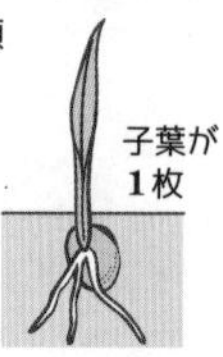

1 種子をつくる植物の特徴(とくちょう)

①花を咲(さ)かせて種子をつくり，**種子**でふえる。

②根・茎(くき)・葉の区別がある。

③**維管束**(いかんそく)がある。

④からだは緑色で，**光合成**(↱葉緑体がある)をする。

⑤種子の散布方法は，風によるもの(↳種による)，はじけるもの(↳タンポポなど)，動物によるもの(からだにつく：オナモミなど，食べられる：カキなど)(↳ホウセンカなど)，水によるもの(↳ヒシなど)とそれぞれに発達させている。

2 **裸子植物**(らし)(↳マツ，スギ，ソテツなど)… 胚珠が**子房**(しぼう)に包まれていない(むき出しの)状態で，**雌花・雄花**のように別の花を咲かせる。

3 **被子植物**(ひし)…胚珠(はいしゅ)が**子房**に包まれている。子葉の枚数により**単子葉類**(イネ↵)と**双子葉類**(そうしようるい)(↳アブラナ)に分類される。さらに双子葉類は，花弁の形により**離弁花類**(↳サクラ)と**合弁花類**(↳アサガオ)に分類される。

	発芽のようす	根のつくり	茎のつくり	葉脈のようす
単子葉類	子葉が**1枚**で発芽する。	ひげ根 茎の根もとから多くのひげ根が出ている。	維管束 維管束がばらばらに散在している。	葉脈 葉脈は，平行に走る**平行脈**である。
双子葉類	子葉が**2枚**で発芽する。	主根　側根 1本の太い主根から多くの細い側根が出ている。	維管束　形成層 維管束が輪になって並んでいる。	葉脈 葉脈は，網目状になっている**網状脈**である。

① 分類名を分類していく観点からしっかり覚えよう。
② 種子植物の特徴を理解しておこう。
③ 種子をつくらない植物のつくりとふえ方を理解しておこう。

2 種子をつくらない植物☆

発展 藻類の分類

水中で生活する藻類は，単細胞で生活をするものも多いため，原生生物に分類されるが，葉緑素をもち，光合成をする。

参考 水にくらす生物

水中や水辺で生活する生物には藻類だけでなく，オオカナダモのような花の咲く種子植物や，アカウキクサのようなシダ植物もある。

1 種子をつくらない植物

①花は咲かず，胞子（受精せずにつくられる）でふえる。

②からだは緑色で，光合成をする。

2 シダ植物（ワラビ，スギナなど）

①根・茎・葉の区別がある。

②簡単な維管束をもつ。

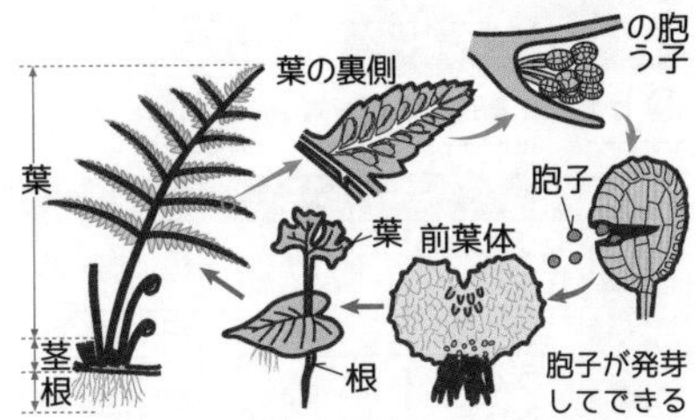

イヌワラビのからだとふえ方

3 コケ植物（ゼニゴケ，スギゴケなど）

①根・茎・葉の区別はない。からだを支える仮根には水分を吸収する力はほとんどない。

②維管束はない。

③雄株・雌株の区別がある。

ゼニゴケのからだとふえ方

コレ重要

	根・茎・葉の区別	維管束	光合成	雄・雌
シダ植物	ある	ある	する	同じ株
コケ植物	ない	ない	する	別の株

すいすい暗記

シダ植物（受精に水が必要） 根・茎・葉の（維管束もある） 区別あり

テストに出る要点チェック

□ 1. 花が咲いて種子ができる植物を何といいますか。
□ 2. 種子をつくる植物のうち，子房がなく胚珠がむき出しの植物を何といいますか。
□ 3. サクラやウメのように，花弁が分かれている植物を何といいますか。
□ 4. 輪状に並ぶ維管束をもつ植物を何といいますか。
□ 5. 根・茎・葉の区別はあるが，種子をつくらない植物のなかまを何といいますか。

解答

1. 種子植物
2. 裸子植物
3. 離弁花類
4. 双子葉類
5. シダ植物

月　日

動物のなかま分け

図でおさえよう

◎セキツイ動物の特徴 → 1 2

	皮　膚	呼吸器	体　温	生まれ方
ホ乳類	毛でおおわれる	肺	恒　温	胎　生
鳥　類	羽　毛	肺	恒　温	卵　生
ハ虫類	うろこ こうら	肺	変　温	卵　生
両生類	粘液でおおわれる	(親)肺と皮膚 (子)えらと皮膚	変　温	卵　生
魚　類	うろこ	え　ら	変　温	卵　生

◎陸上のセキツイ動物と無セキツイ動物 → 2 3

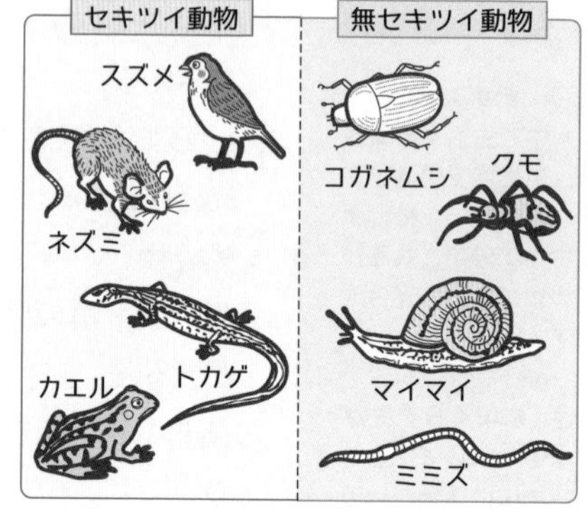

1 動物の分類 ☆☆

からだの特徴(とくちょう)やふえ方の特徴などで分類される。からだの構造のうち，背骨の有無に着目すると，背骨のあるセキツイ動物と，背骨のない無セキツイ動物に分けられる。

共通点と相違点を比較し，類縁関係を明らかにして分類

2 背骨のある動物（セキツイ動物） ☆☆☆

参考　卵のようす

ハ虫類と鳥類は陸上に卵を産むため，乾燥(かんそう)しないように卵に殻(から)がある。水中に卵を産む魚類や両生類の卵には，殻がない。両生類の卵は，寒天質で包まれている。

1 **セキツイ動物**…セキツイ動物は，**魚類・両生類・ハ虫類・鳥類・ホ乳類**に分けられる。

2 **生まれ方と育ち方**…卵で親の体外に産み出される**卵生**と，親の体内である程度育ってから産み出される**胎生(たいせい)**とがある。ホ乳類だけが胎生である。鳥類やホ乳類のように，子の数が少ない動物は，親が見守る比較的(ひかくてき)安全な条件下で育つ。

3 **体　温**…外界の温度変化によらず一定の体温を保つ**恒温(こうおん)動物**（鳥類，ホ乳類）と，外界の温度変化で体温が変化する**変温動物**（魚類，両生類，ハ虫類）に分けられる。

4 **呼　吸**…主に，**えら呼吸**（魚類）と**肺呼吸**（ハ虫類，鳥類，ホ乳類）に分けられる。両生類は，幼生は**えら呼吸**と皮膚呼吸，親は**肺呼吸**と**皮膚呼吸**というように，成長とともに呼吸の方法が変化する。

5 **食物のとり方**…動物を食べる**肉食動物**と，植物を食べる**草食動物**に分けられる。

6 **生活場所とからだのつくり**…水中でくらすセキツイ動物は，泳ぐのにふさわしいからだつきをしている。陸上でくらすものは，うろこや毛をもち，乾燥(かんそう)に適した体表をしている。

① 魚類，両生類，ハ虫類，鳥類，ホ乳類の特徴を覚えよう。
② 卵生と胎生，肉食動物と草食動物の用語を理解しておこう。
③ 節足動物，軟体動物の特徴を覚えよう。

3 背骨のない動物(無セキツイ動物)☆☆

参考 節足動物

節足動物は外骨格をもつため，脱皮や変態をくり返して成長する。

節足動物のうち昆虫類は種類も多く，生活場所もからだの形もさまざまである。

1 **無セキツイ動物**…節足動物・**軟体動物**・その他に分けられる。

2 **節足動物**…全身が外骨格でおおわれており，からだやあしが多くの節に分かれている。

①**昆虫類**→からだが**頭部**，**胸部**，**腹部**に分かれ，胸部に3対の(6本)あしと2対のはねがある。例 バッタ，カブトムシ，ハチ

②**甲殻類**→からだが頭部，胸部，腹部の3つ，あるいは頭胸部，腹部の2つに分かれている。あしの数は昆虫類より多い。

例 エビ，カニ

③**その他の節足動物**→**クモ類**(→クモ・サソリ)，ムカデ類，ヤスデ類など

3 **軟体動物**…**外とう膜**とよばれる膜が内臓を包んでいる。

→貝やイカ・タコのなかま

4 **その他の無セキツイ動物**…原索動物，キョク皮動物，刺胞動物など

5 **呼　吸**…昆虫類は気門，水中生活をする甲殻類や軟体動物は**えら**で呼吸をしている。軟体動物のマイマイ(かたつむり)は**肺呼吸**である。

コレ重要

☞ セキツイ動物：背骨がある。
無セキツイ動物：背骨がない。

すいすい暗記

セキツイは　魚・両・ハ・鳥と　ホ乳類
(魚類・両生類 ハ虫類・鳥類)

テストに出る 要点チェック

□ 1．魚類，両性類，ハ虫類，鳥類，ホ乳類といったセキツイ動物に共通の特徴は何ですか。

□ 2．親の体内で育ち，親と同じ形の子を産んでなかまをふやす方法を(　　　)といいます。

□ 3．体温が外界の温度によらず一定の動物を何といいますか。

□ 4．背骨をもたず，からだが外骨格でおおわれている動物は何ですか。

□ 5．内臓が外とう膜に包まれている動物は何ですか。

解答

1．背骨がある。
2．胎生
3．恒温動物
4．節足動物
5．軟体動物

月　日

火山の活動とマグマ

図でおさえよう　◎火山の形とマグマ → 1

火山の形や噴火のようす，噴火物の色はマグマのねばりけにより左右される。

火山の形	おわんをふせたような形	円錐形	傾斜のゆるやかな形
マグマのねばりけ	強い ⟷ 弱い		
噴火のようす	激しい ⟷ おだやか		
火山噴出物の色	白っぽい ⟷ 黒っぽい		
火山の例	雲仙普賢岳（うんぜんふげんだけ），昭和新山など	三原山，桜島など	マウナロアなど

1 マグマと火山 ☆☆☆

参考　マグマと噴火

マグマの主成分は二酸化ケイ素である。二酸化ケイ素が多いと粘（ねば）り気（け）が強くなり，爆発（ばくはつ）的噴火を起こす。火砕（かさい）流（りゅう）を発生し大きな被害をもたらすこともある。

1 **マグマ**…地下深くにある，岩石がとけて液体状になったものである。

2 **火山噴出物（ふんしゅつぶつ）**…火山活動によって噴出するものをいう。

①**溶岩（ようがん）**→火口から噴出したマグマが流れ出たもので，冷え固まったものも含（ふく）まれる。

②**火山ガス**→大部分が水蒸気で，**二酸化炭素**，二酸化硫黄（いおう），硫（りゅう）化（か）水素なども含（ふく）まれ，水や大気の補充（ほじゅう）をしている。
↳じょじょに大気圏外に逃げている

③**火山噴出物（ふんしゅつ）**→高温のマグマが噴火するときに冷えてつくられるもの。**火山弾（だん）**，火山れき，**火山灰**，軽石など。

火山噴出物	特　徴
火山れき	粒子の大きさが 2 mm より大きい。
火山灰	粒子の大きさが 2 mm 以下。
火山弾	噴火でふき飛んだマグマが空中で冷えて固まった。
軽石	白っぽくて軽い。小さな穴がたくさんあいている。

3 **火砕流（かさいりゅう）**…噴火が起こると，ふき出した火山灰・溶岩・火山ガスがまとまって斜面（しゃめん）を一気に高速で流れ下り，大きな被害（ひがい）が出ることがある。この現象を**火砕流（かさいりゅう）**という。

すいすい暗記　マグマ噴（ふ）き　ねばりけ大（だい）の　ドーム状（じょう）
二酸化ケイ素の量が多い　有珠山，雲仙普賢岳

得点UP

① マグマのねばりけと火山の形を関係づけるようにしよう。
② 火山噴出物をまとめてみよう。
③ 火山ガスの主成分と火山灰の特徴を覚えよう。

注意 火山の形と火山岩

火山岩のタイプと火山の形が問われることが多い。

4 火山の形

① **ドーム状の火山(溶岩ドーム)**→ねばりけの**強い**溶岩(**流紋岩質**)の火山。もり上がったドーム状になる。
　↳白っぽい

② **円錐形の火山**→ねばりけが**中くらい**の溶岩(**安山岩質**)。溶岩と火山灰が交互に噴出して円錐形になる。
　↳灰色っぽい

③ **傾斜のゆるやかな火山**→ねばりけが**少ない**溶岩(**玄武岩質**)の噴出でできる。盾をふせた形になる。
　↳黒っぽい

④ **カルデラ**→多量の溶岩を噴出し，山頂部が山体内部に落ちこんでできたくぼ地のこと。
　↳地下が空洞になっているため
　↳くぼ地内に火山ができた複式火山として阿蘇山が有名

・コレ重要・
☞ マグマのねばりけの強さが火山の形を決める。

2 マグマの発生 ☆

注意 マグマ

マグマが上昇すると上の岩盤からの圧力が減り，マグマ中の高温の水が水蒸気になりやすくなる。爆発も水蒸気の急激な噴出で起こる。

1 マグマの発生…地下数 100 km ～数 10 km の所でつくられて上昇し，地下数 km の所で**マグマだまり**を形成する。
　↳地下で水が供給されて非常にとけやすくなる

2 噴火のしくみ…マグマだまり中に発生したガスが気泡をつくり，マグマの全体積が増大して，岩盤を破り，高温のマグマが噴出する。
　↳炭酸飲料が吹き出すのと同じ
　↳火山性微動や火山性地震として観測されることがある

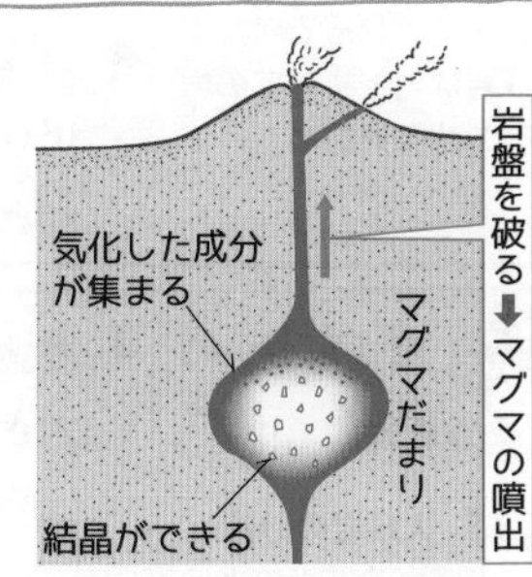

テストに出る 要点チェック

☐ 1. 火山ガスの主成分を 2 つ答えなさい。
☐ 2. 以下のア～ウを，マグマのねばりけの小さい順に並べなさい。

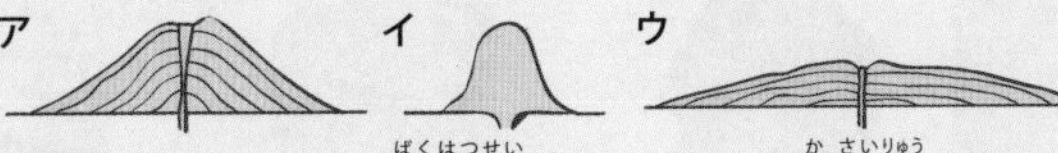

☐ 3. 2 のア～ウのうち，爆発性が最も高く，火砕流をともなう火山を選びなさい。
☐ 4. 2 のア～ウにあてはまる代表的な火山を選びなさい。
a 雲仙普賢岳　b マウナロア　c 桜　島

解答

1. 水蒸気，二酸化炭素など
2. ウ→ア→イ
3. イ
4. アc　イa　ウb

月　日

火成岩

図でおさえよう　◎火成岩 → 1

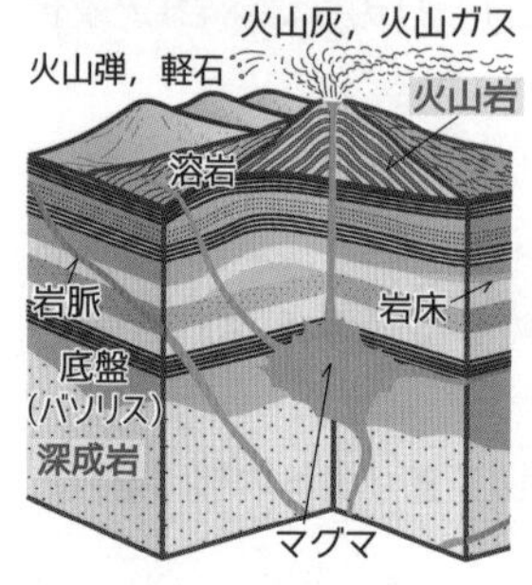

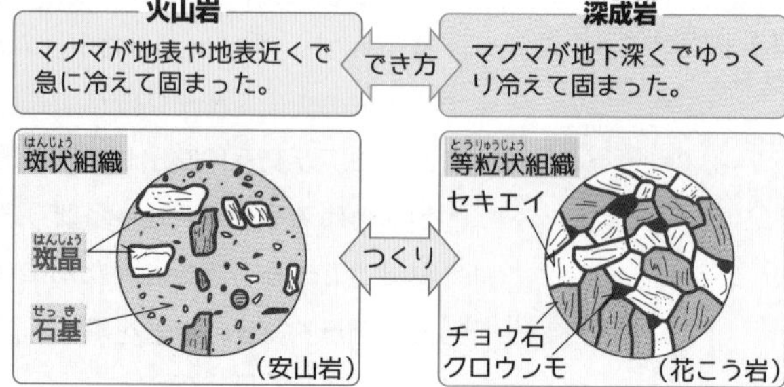

1 火成岩の種類 ☆☆

1 火山岩…マグマが地表に噴出したり，地表付近で急速に冷えて固まった岩石で，**玄武岩**，**安山岩**，**流紋岩**がある。**石基**と**斑晶**をもつ**斑状組織**をしている。

（火山岩：鉱物の結晶は角張っている／火山噴出物もなかまである）（安山岩：石材として利用）

2 深成岩…マグマが地下深くでゆっくり冷えて固まった岩石で，**斑れい岩**，**閃緑岩**，**花こう岩**がある。表面は結晶が大きいため光沢がある。**等粒状組織**をしている。

（花こう岩：石材として利用，みかげ石）

参考　岩石の起源

マグマからできた火成岩は地上すべての岩石の起源である。

2 火成岩の組織 ☆☆☆

1 斑状組織…**石基**(小さな結晶，ガラス質)の中に，**斑晶**という大きな結晶が散らばっている組織で，**火山岩**に見られる。斑晶は噴火前にマグマだまりで結晶化した鉱物である。

2 等粒状組織…粒のそろった大きな結晶からなる組織で，**深成岩**に見られる。

注意　火成岩の分類

火成岩の表面のようすから火成岩の種類を見分けるには，色や結晶のできたようすを比べる。

火山岩は急速に冷えて固まるので，結晶は大きく成長できずに固まる。

深成岩はゆっくり冷えるので，結晶が大きく成長する。

・コレ重要・

☞ 火山岩→斑状組織　☞ 深成岩→等粒状組織

① 斑状組織，等粒状組織を区別できるようにしよう。
② 火成岩の種類と含まれる主な鉱物をまとめよう。
③ セキエイ，チョウ石，クロウンモなどの鉱物の特徴を覚えよう。

3 岩石に含まれる鉱物 ☆

1 無色鉱物…二酸化ケイ素を多く含む白っぽい鉱物で，**セキエイ，チョウ石**などがある。
（マグマの粘り気が強い／形が整ったものが水晶／火成岩にすべて含まれている）

2 有色鉱物…鉄分などを含む黒っぽい鉱物で，**カンラン石，キ石，カクセン石，クロウンモ**などがある。
（マグマの粘り気が弱い／マントルの主成分）

鉱物	特徴
セキエイ（石英）	割れ口は**ガラスの割れ口**のような感じ。断面の形は六角形または丸い形。**無色**，ガラスよりかたい。
チョウ石（長石）	割れ口は**平ら**で，光を反射して光る。断面の形は**長方形状**。**白色**またはうす紅色，セキエイより少しやわらかい。
クロウンモ（黒雲母）	六角板状で，**うすくはがれる**。黒色または黒緑色。つめと同じくらいのかたさ。
カクセン石	**細長い柱状**で，断面はひし形に近い六角形。黒褐色または濃緑色。
キ石（輝石）	**短い柱状**で，断面は正方形に近い形。黒緑色。
カンラン石	小さい**粒状**の形で，不規則に割れる。淡緑色。

岩石の色	黒っぽい ←		→ 白っぽい
火山岩	玄武岩	安山岩	流紋岩
深成岩	斑れい岩	閃緑岩	花こう岩

参考 鉱物と結晶
鉱物は原子が規則正しく配列し，結晶をつくっている。
セキエイは風化されにくく，砂粒によく見られる無色透明の鉱物である。

すいすい暗記
火山岩 斑状組織 流・安・玄
流紋・安山・玄武岩

テストに出る 要点チェック

□ 1．火山岩に見られる大きな粒と，そのまわりのガラス質を何といいますか。また，その組織を何といいますか。
□ 2．深成岩に見られる組織を何といいますか。
□ 3．セキエイを多く含む火成岩の色はどんな色合いですか。
□ 4．最も黒っぽい火山岩は何ですか。
□ 5．最も白っぽい深成岩は何ですか。
□ 6．岩石をつくっているものを漢字２文字で答えなさい。
□ 7．カンラン石，キ石を多く含む深成岩は何ですか。

解答
1．(大きな粒)斑晶
(ガラス質)石基
(組織)斑状組織
2．等粒状組織
3．白っぽい
4．玄武岩
5．花こう岩
6．鉱物
7．斑れい岩

月　日

地震のゆれと土地の変化

図でおさえよう

◎ 震源と震央 ➡ 1

地震が発生した場所を**震源**，その真上の地点を**震央**という。

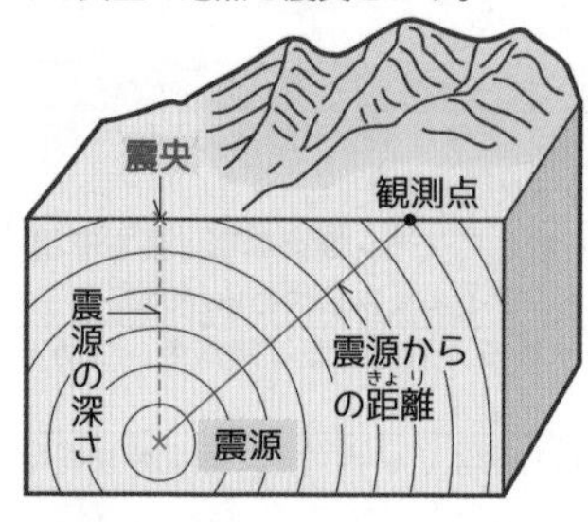

◎ 地震計の記録 ➡ 1

初期微動が伝わってから主要動が伝わるまでの時間を**初期微動継続時間**という。

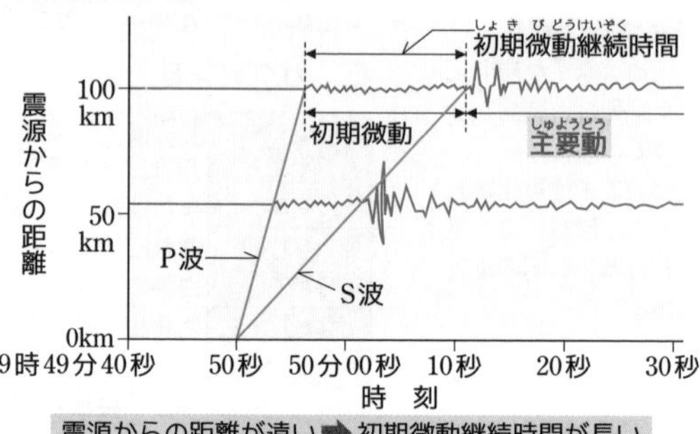

震源からの距離が遠い ➡ 初期微動継続時間が長い

1 地　震☆☆☆

注意 縦波と横波
音の波は空気の疎密が伝わる縦波，水面波は水面のずれが伝わる横波である。

参考 地震計と震度計
地震計は東西，南北，上下のそれぞれのゆれを記録するものであったが，現在はこれらをとらえる震度計によって記録されている。

発展 震源距離の求め方
震源距離〔km〕＝k×初期微動継続時間〔s〕という関係があり，大森公式とよばれる。kは6～8の定数。

❶ **震　源**…地震が発生した場所で，断層運動が起こった場所などを**震源**といい，震源の**真上**の地表地点を**震央**という。
↳地表のゆれの広がりの中心

❷ **初期微動**…地震のはじめに伝わってくる小さなゆれをいい，物体の**密度差**を伝える**P波**（縦波）が到着すると起こる。ゆれは波の進行方向と同じ。
↳震源が直下にあると上下動として感じる

❸ **主要動**…初期微動のあとに伝わってくる大きなゆれをいい，物体の**ねじれ**を伝える**S波**（横波）が到着すると起こる。ゆれは波の進行方向に垂直である。
↳液体中を伝わることはできない

P 波

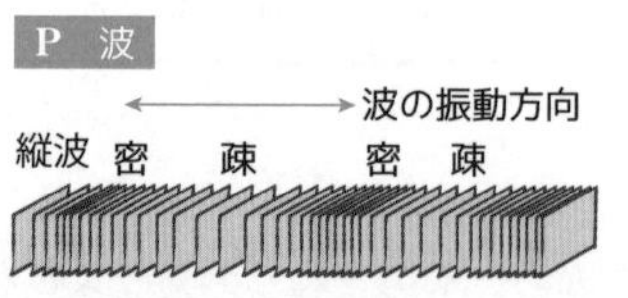

S 波

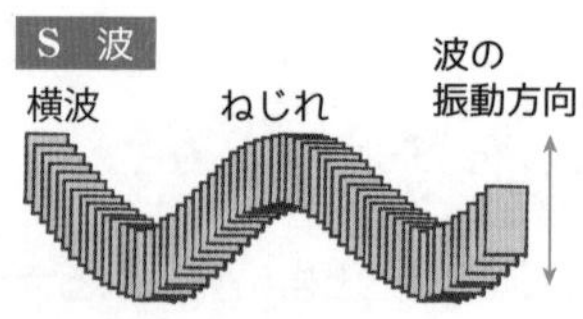

❹ **初期微動継続時間**（**P-S時間**）…初期微動が伝わってから主要動が伝わるまでの時間。
↱P波が到着してからS波が到着するまでの時間

❺ **地震波の速さ**…岩盤の性質によって変化する。
↳硬くなるほど速くなる

$$\text{波の伝わる速さ〔km/s〕} = \frac{\text{震源からの距離〔km〕}}{\text{P波が届くまでの時間〔s〕}}$$

・コレ重要・
☞ 初期微動継続時間と震源までの距離は比例する。

得点UP（アップ）

① 地震波の到着時間と距離から速さを計算できるようにしよう。
② プレートの沈みこみ方と震源の場所に注意しよう。
③ 震度とマグニチュードの違いを理解しよう。

2 地震の大きさ ☆☆☆

参考 地震の規模

2011年の東北地方太平洋沖地震の規模はM9であった。これは大型台風1個分とほぼ同じである。

1 震　度…観測地点でのゆれの大きさを**震度**といい，0～7までの10段階に分けられている（5弱，5強，6弱，6強がある）。震度は震度計で測定する（昔は人の感覚で決めていた）。一般に，震源から遠いと小さくなるが，地盤の硬さなどの影響を受ける。

2 マグニチュード(M)…**地震の規模**を表す（1960年チリ地震のM9.5が最大）。地震全体で放出されたエネルギーの尺度である。Mが1大きいと約32倍，2大きいと1000倍大きくなる。

3 地震の起こる原因と場所 ☆☆

注意 震源の深さ

日本列島付近で起こる大規模な地震の深さは，太平洋側で浅く，日本列島の下に向かって深くなっている。

1 プレート境界型地震…大陸プレート（陸のプレート）が海洋プレート（海のプレート）に引きずられて沈降し，先端部が隆起してもどろうとするときに起こる，大きな地震。津波を起こすことがある。

①海洋プレートが大陸プレートの下に沈みこむ。
大陸プレート
海溝
海洋プレート
②大陸プレートが引きずりこまれ，圧縮されてひずむ。
ひずみの蓄積
③ひずみが限界に達するとはね上がり，破壊が起こる。
津波の発生
震源

プレート境界型地震が起こるしくみ

2 内陸型地震…活断層による地震。地下の浅い所で大地震が起こると，大地のずれたあとが断層として残り，再びずれる可能性があるものを，**活断層**という。

すいすい暗記　初期微動（P波）　あとに続いて　主要動（S波）

テストに出る 要点チェック

□ 1．P波とS波は進行方向に対しどのようにゆれますか。
□ 2．震源から49 kmの地点の初期微動継続時間は7秒でした。震源から147 kmの地点での初期微動継続時間は何秒ですか。
□ 3．震源から84 km離れた地点に，地震が発生してから12秒で到着したP波の速さは何km/sですか。
□ 4．マグニチュードとは何を表す尺度ですか。

解答

1．(P波)同じ方向
　(S波)垂直方向
2．21秒
3．7 km/s
4．地震の規模

SCIENCE
18

月　日

火山・地震による災害

図でおさえよう

◎ 地震により津波が発生するしくみ → 2

①海洋プレートが大陸プレートの下に沈みこむ。
大陸プレート
海溝
海洋プレート
②大陸プレートが引きずりこまれ，圧縮されてひずむ。
ひずみの蓄積
③ひずみが限界に達するとはね上がり，破壊が起こる。
津波の発生
震源

1 火山の分布と火山活動にともなう災害 ☆

参考 海にある火山
海嶺とは海底山脈，ホットスポットとは地下深部からマグマがわき出す所である。

1 火山の分布…おおむね1万年以内に噴火した火山と，現在活発に活動している火山を，**活火山**という。世界の約800の活火山のうち，日本には約100の活火山がある。

キラウエア火山，エトナ火山など

温泉，地熱発電に利用

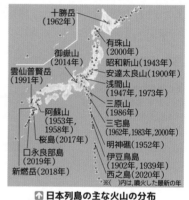

十勝岳（1962年）
有珠山（2000年）
昭和新山（1943年）
安達太良山（1900年）
浅間山（1947年，1973年）
三原山（1986年）
三宅島（1962年，1983年，2000年）
明神礁（1952年）
伊豆鳥島（1902年，1939年）
西之島（2020年）
御嶽山（2014年）
雲仙普賢岳（1991年）
阿蘇山（1953年，1958年）
桜島（2017年）
口永良部島（2019年）
新燃岳（2018年）
※（　）内は，噴火した最新の年

日本列島の主な火山の分布

2 火山活動にともなう災害

①**溶岩流**→家や森林を焼失させる。冷えてくるとゆっくり移動するので，火砕流に比べ，避難する時間があることが多い。

②**火砕流**→火山灰・溶岩・火山ガスがまとまって斜面を一気に高速で流れ下る現象で，家や森林を焼失させる。高速で流れてくるため，たいへん危険である。

③**火山灰**→降灰すると，交通網などに影響をおよぼす。風に流されやすいため，広範囲に被害が出る。

④**火山ガス**→有毒な物質（二酸化硫黄や硫化水素）を含むため，人命に影響をおよぼす。

過去の記録などをもとに，災害を予測した結果や避難場所，避難経路などを**ハザードマップ**にまとめ，被害を減らす計画が考えられている。

得点UP（アップ）

① 日本付近における火山の分布のようすを理解しておこう。
② 火山活動にともなう災害について理解しておこう。
③ 地震にともなう災害について理解しておこう。

2 地震にともなう災害 ☆

参考 土石流
山などの土砂が水といっしょに，一気に下流へおし流される現象。地すべりで，川がせきとめられたあとなどに起こりやすい。

1 地　震…地震のゆれによって，建物の倒壊（とうかい）や地すべり，土石流が起こり，大きな被害が出る。地震のゆれがおさまったあとに，火災が起こることもある。

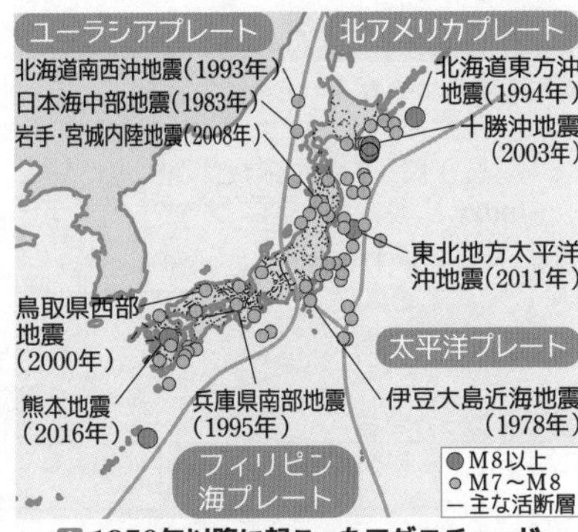

1950年以降に起こったマグニチュード7以上の主な地震の名称（めいしょう）

2 津　波（つなみ）…震源が海底のときに起こる可能性がある。海底の地盤の急激な**隆起**や**沈降**（ちんこう）によって起こる。地震のゆれで起こるのではない。深い海では伝わる速度が時速 700 km にもなる。海岸の地形によって急激に高さを増すことがある。
（V 字型にせばまる湾で高くなる）（チリ地震の津波は 24 時間で日本へ）

3 液状化（液状化現象）…埋め立て地などの地下に水を含（ふく）んだ砂の層がある所で起きやすい。地盤沈下（じばんちんか）が起こり，地下から水や泥（どろ）が噴出（ふんしゅつ）する。

4 緊急地震速報（きんきゅうじしんそくほう）…P 波と S 波の違（ちが）いを利用して，震源近くで観測した地震波から，主要動が始まる時間や震度を予測して知らせるシステムである。

テストに出る 要点チェック

□ 1. おおむね 1 万年以内に噴火（ふんか）しているか，または現在においても活動している火山を何といいますか。
□ 2. 火山活動にともなう災害にはどのようなものがありますか。
□ 3. 地震（じしん）により海底の地盤（じばん）が動くことで起こる災害を何といいますか。
□ 4. 火山活動や地震など，自然災害の被害（ひがい）を減らすためにつくられる，被災想定区域や避難（ひなん）場所をまとめた地図を何といいますか。
□ 5. 震源近くで観測した地震波をもとに，主要動が始まる時間や震度を予測して知らせるシステムを何といいますか。

解答
1. 活火山
2. 火砕流（かさいりゅう），溶岩流（ようがんりゅう）など
3. 津波（つなみ）
4. ハザードマップ
5. 緊急地震速報

SCIENCE

19 地層のつくり

月　日

図でおさえよう

◎地層のでき方 → 1

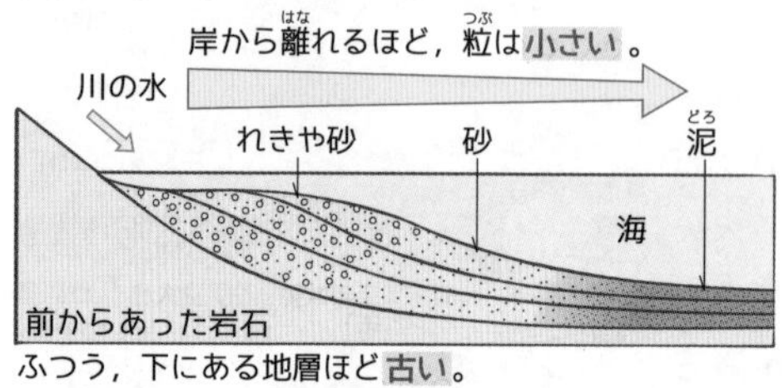

ふつう，下にある地層ほど古い。

◎露頭の観察からつくった柱状図 → 1

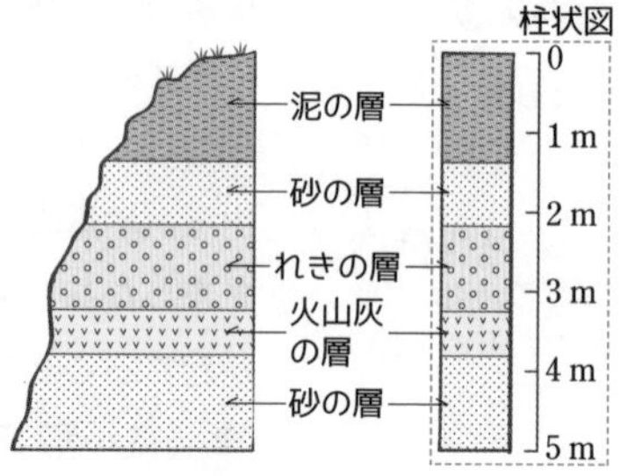

1 地層のでき方 ☆☆

参考 岩石の割れ方
鉱物によって膨張率が違うため，岩石内部にひずみがたまり，割れる。

参考 流水のはたらき
最も侵食されやすいのは泥よりも砂で，最も堆積しにくいのは泥である。侵食・運搬・堆積を流水の三作用という。

注意 火山灰の観察
火山灰の観察をするときには，指でおして洗う。すりつぶして粒を破壊してはいけない。

① **風化**…岩石が，**水の凍結**や**気温の変化**によって膨張や収縮したり，植物の根の膨張で破壊されたり（機械的風化），**雨水**や**地下水**によって化学変化したり（化学的風化）して，**小さな粒**になったり粘土などに変質することを**風化**という。

② **流水の作用**…地表付近の岩石は流水によってけずられ（**侵食**），河川によって運ばれ（**運搬**），流速が落ちた所で土砂が積もり（**堆積**），扇状地や三角州を形成する。海岸では，岸に近いほうから粒の大きい**れき**，**砂**，**泥**の順に沈み，層をつくる。その層の上にさらに層が重なり，地層ができる。

（侵食→V字谷をつくる　扇状地→川が山地から平地や盆地に移る所　三角州→河口付近）

③ **地層の広がり**…地層は厚みがあり，連続して広がっている。露頭の観察やボーリング試料をもとに**地質柱状図**がつくられる。

④ **かぎ層**…**火山灰や特徴的な岩石や化石を含む地層**は，離れた地層と一致しているかを判定（**地層の対比**）するのに有力であり，**かぎ層**とよばれる。

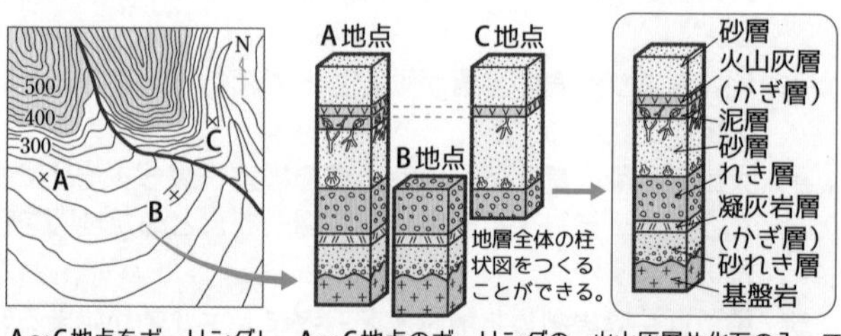

A～C地点をボーリングして地層の広がりを調べる。　A～C地点のボーリングの試料よりつくった柱状図。　火山灰層や化石の入っている層がかぎ層となる。

① 風化の原因を説明できるようにしよう。
② 離れた地点の柱状図から，共通の特徴を見出せるようにしよう。
③ 地層から当時の堆積環境を推定できるようにしよう。

5 **堆積物の固まり方**…上に積み重なった地層におし固められ，粒子どうしが固結して堆積岩になる。

・コレ重要・

☞ 地層は流水の侵食(風化)・運搬・堆積のはたらきによってでき，海岸から近い順にれき，砂，泥が堆積する。

2 地層のつくり ☆☆

参考 基底れき岩
不整合面の上のれき岩層に下の地層がけずれた岩石が含まれることがあり，基底れき岩という。

参考 地層の中の模様
単層の中に見られる細かいすじ模様を葉理という。

1 **地層のつくり**…地層は下から上へ積み重なるので，一般に下のほうが古く，上のほうが新しい。

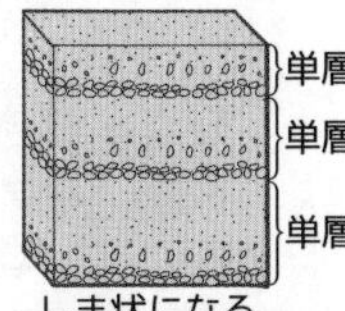

堆積物の重なり方

2 **整　合**…連続的に堆積してできた地層の重なり方。
(途中浸食されることがない)

3 **不整合**…土地の隆起などで長時間にわたり堆積作用が中断され，侵食作用のあと堆積した地層の不連続な重なり方をいう。

すいすい暗記
つながりを　知る手がかりは　かぎ層だ
地層のつながり
火山灰の層や示準化石など

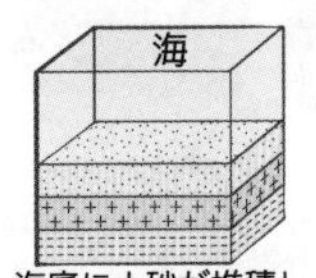

海底に土砂が堆積して地層ができる。

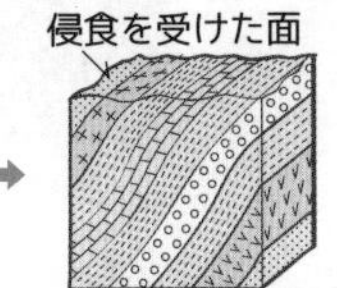

しゅう曲しながら隆起して陸地になり，侵食される。

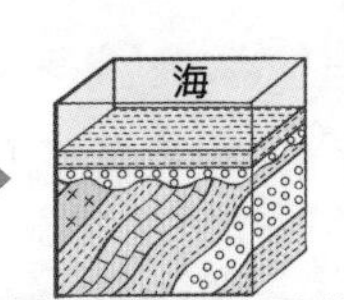

沈降して海底になり，再び土砂が堆積して新しい地層ができる。

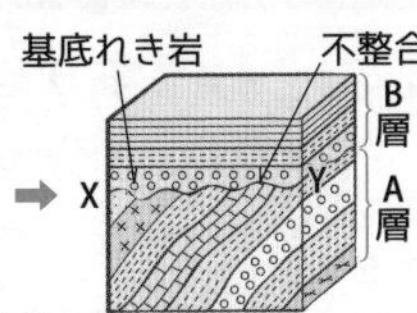

再び隆起して地上に現れる。

A層とB層とがX－Yを境として傾きやつくりに大きな違いがある。

不整合のでき方

テストに出る 要点チェック

☐ 1．砂とれきを混ぜたものを，水が入った透明な筒に注ぎました。正しい堆積のようすを選びなさい。

ア
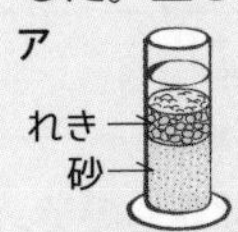

イ
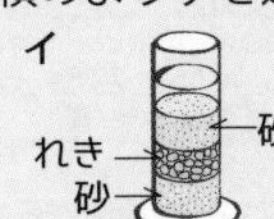

ウ
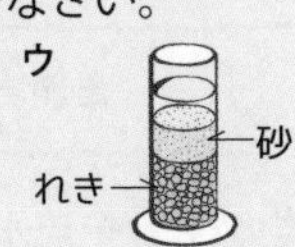

☐ 2．火山灰層は離れた地層の新旧を判定するのに役立ちます。このような地層を何といいますか。

☐ 3．岩石が温度変化などによって小さな粒になることを何といいますか。

解答
1．ウ
2．かぎ層
3．風化

月　日

堆積岩と化石

図でおさえよう

◎堆積岩(たいせきがん) → 1

長い間の流れる水のはたらきで，堆積物がおし固められた岩石を**堆積岩**という。

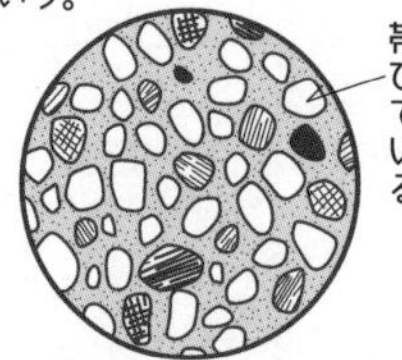

大→粒の大きさ→小
れき岩→砂岩→泥岩

◎化　石 → 2 3

	古生代	中生代	新生代
示準化石	フズリナ サンヨウチュウ	恐竜 アンモナイト	ナウマンゾウの歯 ビカリア
示相化石	サンゴ…あたたかく浅い海 アサリ，カキ…岸に近い浅い海		

1 堆積岩の種類と特徴 ☆☆

注意 堆積岩

岩石をつくる粒の大きさは覚えておこう。

参考 石灰岩とチャート

石灰岩は塩酸をかけると二酸化炭素を発生する。チャートは硬(かた)く，火打ち石としても使われていた。

チャートには黒っぽいものや赤っぽいものがある。

1 堆積岩(たいせきがん)の種類…もとになる岩石の種類や起源で分類する。

①岩石や鉱物が流れる水のはたらきで運搬(うんぱん)され，堆積し固まってできたもので，**れき岩**(粒(つぶ)の大きさが 2 mm 以上)，**砂岩**(2〜$\frac{1}{16}$ mm)，**泥岩**($\frac{1}{16}$ mm 以下)である。

②生物の遺がいからなるものは，**石灰岩**(せっかいがん)(炭酸カルシウムを主成分とする)，**チャート**(二酸化ケイ素を主成分とする)。
（石灰岩：塩酸に溶ける／炭酸カルシウム：石灰質／サンゴ，フズリナなどによる）
（チャート：塩酸に溶けない／二酸化ケイ素：ケイ酸質／ホウサンチュウなどによる）

石灰岩

チャート

③海水成分の沈殿物からなる。

- ▶**岩塩**(塩化ナトリウム)
- ▶**石灰岩**(炭酸カルシウム)
- ▶**チャート**(二酸化ケイ素)
- ▶**せっこう**(硫酸(りゅうさん)カルシウム)

④火山の噴出物(ふんしゅつぶつ)からなる。

- ▶**凝灰岩**(ぎょうかいがん)(火山灰)（粒子は角張っている）

すいすい暗記　堆積岩(たいせきがん)　フズリナ含(ふく)む　石灰岩(せっかいがん)
（フズリナ：ボウスイチュウの一種）

2 堆積岩の特徴(とくちょう)…流水による運搬作用を受けたもので，粒子(りゅうし)は丸みを帯びている。火成岩と違(ちが)い，**化石を含(ふく)む**ことがある。

・コレ重要・
☞ 石灰岩は炭酸カルシウム，チャートは二酸化ケイ素でできている。

① 堆積物の粒の大きさとれき岩，砂岩，泥岩の分類をまとめよう。
② 凝灰岩と石灰岩の特徴を覚えよう。
③ 代表的な示準化石・示相化石をまとめよう。

2 地質年代 ☆☆

1 古生代以前…殻のない無セキツイ動物が出現した。
（↳背骨をもたない動物の総称）

2 古生代…魚類・両生類・ハ虫類が出現し，シダ植物が繁栄する。（ワラビ，トクサなど）示準化石には**サンヨウチュウ**（↳子孫はカブトガニ），**フズリナ**がある。

3 中生代…アンモナイト，恐竜類，裸子植物（↳マツやイチョウ）が繁栄，鳥類（↳始祖鳥），ホ乳類，被子植物が出現した。示準化石に**アンモナイト**（↳軟体動物，タコのなかま）がある。

4 新生代…鳥類，ホ乳類，被子植物が繁栄する。示準化石には**ビカリア**，**デスモスチルス**，**マンモス**がある。

代		古生代						中生代			新生代		
紀	先カンブリア時代	カンブリア紀	オルドビス紀	シルル紀	デボン紀	石炭紀	二畳紀（ペルム紀）	三畳紀	ジュラ紀	白亜紀	古第三紀	新第三紀	第四紀
年	5億4100万年前						2億5200万年前			6600万年前			

参考 地球の歴史
生物の進化をもとにした地層の年代区分を相対年代といい，地球の誕生は46億年前，生命の誕生は40億年前と考えられている。

注意 地質年代
細かいシルル紀やジュラ紀などの名称までは覚えなくてもよい。

3 化　石 ☆☆☆

1 化石の種類…生物の遺がいや巣穴，足あと，ふんなどの生活のあとが地層中に残っているものを**化石**という。
（石のようにかたくなっても化石である↵）

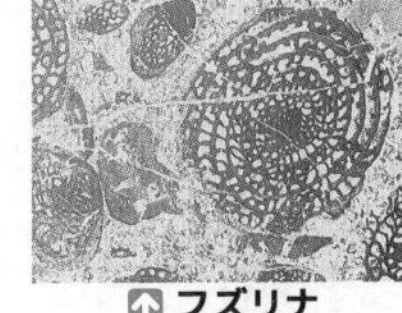
↑ フズリナ（古生代）

2 示準化石…化石を含む地層が堆積した**年代**を知る手がかりとなる化石をいい，生存期間が短く，進化速度が**はやい**。**広範囲**で生息していたものが適している。

3 示相化石…堆積した当時の**環境**を推定できる化石をいう。例えば，サンゴは，あたたかく，浅くきれいな海であったことを示す。

参考 フズリナ
フズリナはラグビーボールのような形をした，石灰質の殻をもつ1 cm前後の大型有孔虫である。写真はその横断面でアンモナイトとまちがえやすい。

テストに出る 要点チェック

- □ 1．粒の大きさが2 mm以上の石を含む堆積岩は何ですか。
- □ 2．塩酸をかけたとき，泡を発生する岩石はどれですか。
  ア チャート　イ 石灰岩　ウ 泥岩
- □ 3．フズリナ，ビカリア，アンモナイトを含む岩石のそれぞれの地質年代を答えなさい。
- □ 4．含まれていた地層の年代を示す化石を何といいますか。
- □ 5．堆積した当時の環境を示す化石を何といいますか。

解答

1．れき岩
2．イ
3．（フズリナ）古生代
（ビカリア）新生代
（アンモナイト）中生代
4．示準化石
5．示相化石

大地の変動

図でおさえよう

◎ プレートの移動 → 2

地球の表面はプレートとよばれるかたい岩盤によっておおわれている。

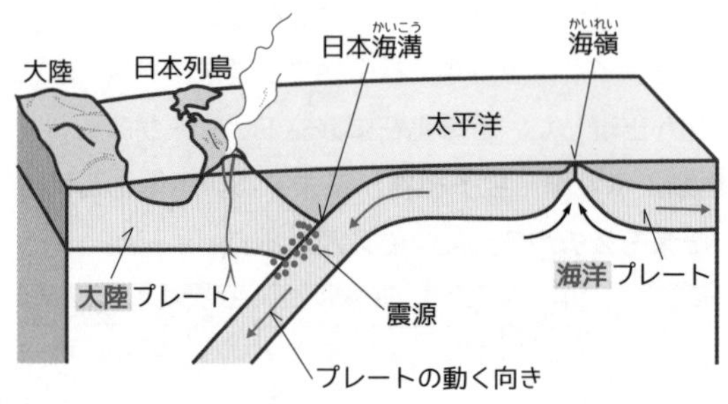

日本付近のプレート

1 地殻変動の証拠 ☆

参考 氷期の水のゆくえ

氷期になると，海水から蒸発した水蒸気が雪として大陸に留まるため，海面が低下する。

1 断　層…地層に強い圧縮，または引っ張りの力が加わって岩盤が破壊されて断層面に沿ってずれた地層を**断層**という。

①**正断層**→**引っ張り**の力が加わり，上盤が下がる断層。

②**逆断層**→**圧縮**の力が加わり，上盤が上がる断層。

③**横ずれ断層**→水平方向にずれる断層。

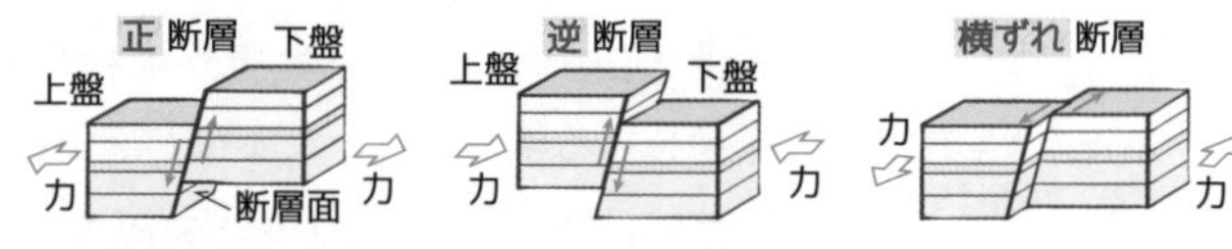

・コレ重要・

☞ 正断層は引っ張り，逆断層は圧縮で起こる。

2 しゅう曲…両側からおす力がはたらいて曲がった地層をいう。
↳ゆっくりとはたらいて全体が隆起すると大山脈になる

参考 海岸段丘

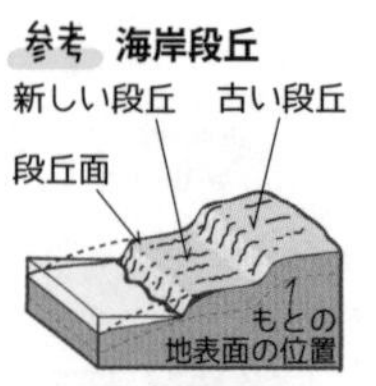

海岸段丘

3 段　丘…隆起にともなう，川や海の侵食作用でできる。

①**河岸段丘**→土地の**隆起**により**侵食力を増した**河川のはたらきでできた地形で，上の段丘面ほど**古い**時代にできた。
↳河川に沿って見られる階段状の平らな土地
↳昔の河原

②**海岸段丘**→海岸の**隆起**や海面の**低下**によって海底の平らな土地が陸上に現れた地形をいう。上の段丘面ほど**古い**時代にできた。
↳海岸に沿って階段状に広がる平らな土地

4 リアス海岸…入り組んだ海岸地形で，海岸付近の土地が沈降して，谷に海水が入りこんでできた。
↳狭い湾に津波がくると行き場がない分高さが増す

① 断層の断面図から力の加わり方を判別できるようにしよう。
② 河岸段丘，海岸段丘のでき方と段丘面の新旧を見分けよう。
③ 日本の地下でのプレートの動きを図で理解しよう。

社会
理科
数学
英語
国語

2 プレートの動き ☆☆☆

参考　地球のつくり

カンラン石でできているマントルは地下2900 kmまで分布しており，そこから地下6400 kmまでは鉄とニッケルでできた核があるといわれている。

日本は海洋プレートが斜めに沈みこむ場所にあり，地震や火山が発生しやすい。

アフリカ東部には，大陸を東西に引き裂く大地溝帯がある。

ハワイ諸島はプレート移動のため日本に年間5 cmずつ接近している。

1 **プレート**…地表から地下100 kmくらいまでの**かたい岩盤**をいい，地下で起こる**マントル対流**によって移動している。地球の表面は十数枚ほどのプレート（年数cm）におおわれ，それぞれのプレートはさまざまな方向へ移動している。

2 **大陸移動説**…1912年にウェゲナーが提唱した。1960年代に発見された海嶺（海底山脈になっている）の存在理由としてマントル対流が認められ，この説も復活した。

3 **プレートがつくられる所**（震源の浅い地震が起こる）…正断層が見られる。海嶺や地溝帯の地下でマントルが上昇してできている。

4 **プレートがぶつかり合う所**（震源が深い地震も起こる）…逆断層が見られる。

①**海　溝**→一方のプレートが他方の下に沈みこむ所に見られる。

②**山　脈**→大陸をのせているプレートどうしがぶつかり合うと，ヒマラヤ山脈，チベット高原のような地形をつくる。（インド大陸とユーラシア大陸の衝突でできた）

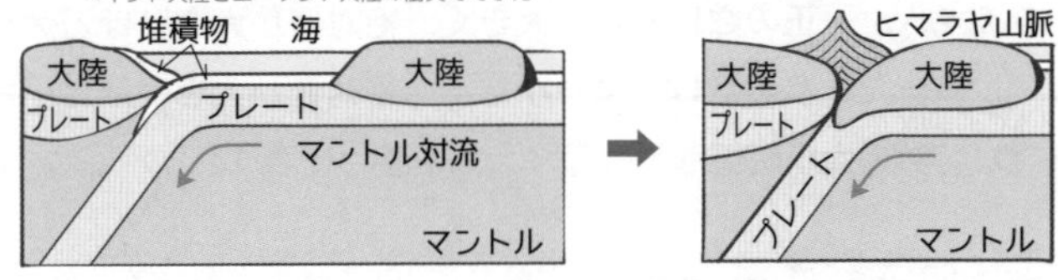

すいすい暗記　プレートが　衝突・隆起し　山つくる
（インド洋プレートとユーラシアプレート　ヒマラヤ山脈）

テストに出る 要点チェック

□ 1. 日本列島の地下でのプレートの移動を表している図を選びなさい。

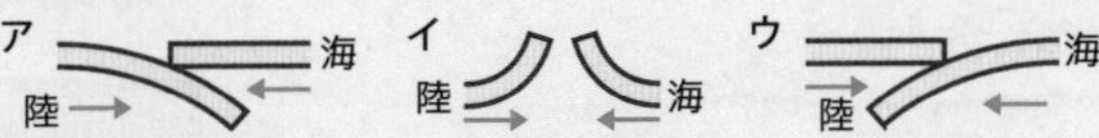

□ 2. 2011年の東北地方太平洋沖地震により，日本列島はどの方角に変動しましたか。

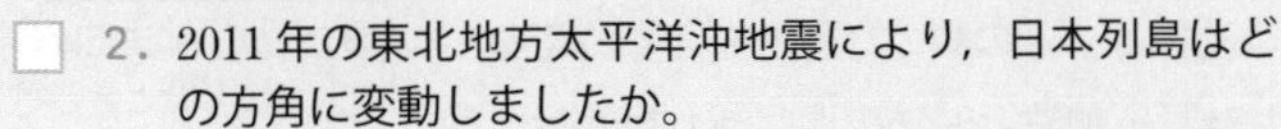

□ 3. 地震が起きるときには岩盤や地層に割れ目ができ，その結果としてずれを生じることがあります。これを何といいますか。

解答

1. ウ
2. ア
3. 断層

正の数・負の数 ①

1 正の数・負の数 ☆☆

① **正の数・負の数**…0より大きい数を正の数，0より小さい数を負の数という。0は正の数でも負の数でもない。正の整数を自然数という。

整　数

…, −3, −2, −1, 0, 1, 2, 3, …

（…, −3, −2, −1：負の整数）（1, 2, 3, …：正の整数（自然数））

② **素　数**…1とその数自身のほかに約数をもたない自然数。
小さい順に，2，3，5，7，11，13，17，19，…

③ **反対の性質をもつ量**…「増える」，「減る」や「西に進む」，「東に進む」などのように反対の性質をもつ量は，正の数，負の数を用いて表すことができる。

例 3000円の収入を +3000円と表すとき，2000円の支出を −2000円と表す。

④ **絶対値**…数直線上で，0(原点)からある数までの距離(きょり)を，その数の絶対値という。

⑤ **数の大小**…**正の数**は0より大きく，絶対値が大きいほど大きい。また，**負の数**は0より小さく，絶対値が大きいほど小さい。数の大小関係は不等号 <，> を使って表す。

▶ここがポイント
1は**素数**ではない。

▶ここがポイント
反対の性質をもつ量
増加 ↔ 減少
利益 ↔ 損失
高い ↔ 低い
多い ↔ 少ない

注意 0の**絶対値**は0である。

▶ここがポイント
数の大小は**数直線**をイメージして考えるとよい。

$-\frac{4}{5}$　$-\frac{2}{3}$　0

$-\frac{4}{5} < -\frac{2}{3}$

2 加法と減法 ☆☆☆

① **加　法**

・コレ重要・

☞ 同符号(どうふごう)の2数の和…絶対値の和に，共通の符号をつける。

例 $(-3)+(-4)=-(3+4)=-7$

☞ 異符号の2数の和…絶対値の差に，絶対値の大きい方の符号をつける。

例 $(-3)+(+4)=+(4-3)=+1$

② **減　法**…ある数をひくには，その数の符号を変えて加える。

③ **加法と減法の混じった計算**…加法と減法の混じった計算は，加法だけの式になおし，かっこをはずして計算する。

例 $5-(+2)+(-1)-(-4)=(+5)+(-2)+(-1)+(+4)$

$=5-2-1+4=5+4-2-1=9-3=6$

↳+の符号ははぶける

▶ここがポイント
①加法の交換法則
$a+b=b+a$
②加法の結合法則
$(a+b)+c$
$=a+(b+c)$

▶ここがポイント
③の例で，加法だけの式になおしたとき，+5，−2，−1，+4を $5-2-1+4$ の式の項(こう)という。また，+5，+4を正の項，−2，−1を負の項という。

得点アップUP

① 正の数・負の数の大小や絶対値は，数直線を用いて考えよう。
② 正の数・負の数の加法・減法では，絶対値の計算と符号に注意しよう。
③ 加減の混じった計算は，加法だけの式になおして計算しよう。

例題 1 正の数・負の数

次の数を答えなさい。

(1) 0より4だけ小さい数　　(2) 絶対値が3.5より小さい整数

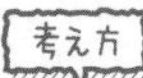
(2) 数直線を用いて考える。

-3.5　　$+3.5$

$-4\ -3\ -2\ -1\ 0\ 1\ 2\ 3\ 4$

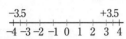

(1) -4
(2) $-3,\ -2,\ -1,\ 0,\ 1,\ 2,\ 3$

例題 2 加法と減法

次の計算をしなさい。

(1) $(+3)+(-6)$　　(2) $(-3)+(-2)$　　(3) $(-4)-(+5)$

(4) $(-2)-(-1)$　　(5) $\left(+\frac{2}{3}\right)+\left(-\frac{5}{6}\right)$　　(6) $\left(-\frac{3}{4}\right)-\left(+\frac{1}{2}\right)$

考え方
減法では，ひく数の符号を変えて加法として計算する。

(5) $\frac{2}{3}=\frac{4}{6}$ なので，

$\frac{2}{3}<\frac{5}{6}$

(1) $-(6-3)=-3$
(2) $-(3+2)=-5$
(3) $-4+(-5)=-(4+5)=-9$
(4) $(-2)+(+1)=-(2-1)=-1$
(5) $\left(+\frac{4}{6}\right)+\left(-\frac{5}{6}\right)=-\left(\frac{5}{6}-\frac{4}{6}\right)=-\frac{1}{6}$
(6) $\left(-\frac{3}{4}\right)+\left(-\frac{2}{4}\right)=-\left(\frac{3}{4}+\frac{2}{4}\right)=-\frac{5}{4}$

例題 3 加法と減法の混じった計算

次の計算をしなさい。

(1) $2-5+7$　　(2) $3-8+(-14)$　　(3) $(-5)+6-(-3)+(-10)$

考え方
加法と減法の混じった計算は，加法だけの式になおして，正の項と負の項をそれぞれまとめて計算する。

(1) $2+7-5=9-5=4$
(2) $3-8-14=3-22=-19$
(3) $(-5)+6+(+3)+(-10)$
$=-5+6+3-10$
$=6+3-5-10$
$=9-15=-6$

月　日

正の数・負の数 ②

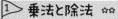

1 乗法と除法 ☆☆

① 同符号(どうふごう)の2数の積・商…絶対値の積や商に，正の符号をつける。

② 異符号の2数の積・商…絶対値の積や商に，負の符号をつける。

③ 逆数と除法…2つの数の積が1であるとき，一方の数を他方の数の逆数という。ある数でわる場合には，その数の逆数をかけてもよい。

④ 乗法と除法の混じった計算…乗法と除法の混じった計算は，わる数の逆数をかけて乗法だけの式になおして計算できる。

2 累乗と素因数分解 ☆☆

① 累(るい)乗(じょう)…同じ数をいくつかかけ合わせたものを，その数の累乗という。特に，2乗を平方，3乗を立方という。

$5^3=\underbrace{5\times5\times5}_{3回かける}=125$ （3 は指数）

② 素因数分解…自然数を素数だけの積で表すこと。

例 右のように，18を素数（2, 3, 5, 7, 11…）で順にわっていくと，
$18=2\times3^2$

```
2) 18
3)  9
    3
```

3 四則の混じった計算 ☆☆☆

① 四則の混じった計算…加法，減法，乗法，除法を合わせて四則という。四則の混じった計算では，次の順に計算する。

・コレ重要・
☞ 累乗の計算・かっこの中の計算 → 乗除 → 加減

② 計算法則…必要に応じて，**交換法則**，**結合法則**，**分配法則**を利用する。

4 正の数・負の数の利用 ☆

① 基準となる量と正の数・負の数…いろいろな量を考えるとき，基準となる量を決めて，それからどれだけ多い(少ない)かを正の数，負の数を用いて表すことができる。

例 50点を基準にすると，62点➡＋12点　47点➡－3点

▶ここがポイント
乗法の交換法則
$a\times b=b\times a$
乗法の結合法則
$(a\times b)\times c$
$=a\times(b\times c)$

▶ここがポイント
除法を乗法になおす。
例 $a\times b\div c$
$=a\times b\times\frac{1}{c}$

注意
$(-3)^2=(-3)\times(-3)=9$
$-3^2=-(3\times3)=-9$
のちがいに気をつける。

▶ここがポイント
かっこが2重，3重になっているときは，**内側**から計算する。
$3-\{-2+3\times(2+1)\}\times\frac{1}{7}$
$=3-(-2+3\times3)\times\frac{1}{7}$
$=3-7\times\frac{1}{7}$
$=3-1$
$=2$

▶ここがポイント
分配法則
$(a+b)\times c$
$=a\times c+b\times c$
例 $12\times\left(\frac{1}{3}-\frac{1}{4}\right)$
$=4-3=1$
例 $7.2\times43+7.2\times57$
$=7.2\times(43+57)$
$=7.2\times100=720$

得点UP

① 計算は，累乗・かっこの中⇨乗除⇨加減の順に行う。
② 分配法則をうまく利用して計算をくふうしよう。
③ 基準となる量より多いか少ないかを，正の数・負の数で表そう。

例題 1 乗法と除法

次の計算をしなさい。

(1) $(+2)\times(-3)$　(2) $(-5)\times(-3)$　(3) $(-4)\div(-2)$

(4) $(-2)\div\left(+\dfrac{4}{3}\right)$　(5) $(-2)\times7\div\left(-\dfrac{1}{5}\right)$

考え方 絶対値の計算をしてから，符号を考えるとよい。分数でわるときは，逆数のかけ算にする。

解答 (1) -6　(2) 15　(3) 2

(4) $(-2)\times\left(+\dfrac{3}{4}\right)=-\dfrac{3}{2}$

(5) $(-2)\times7\times(-5)=70$

例題 2 四則の混じった計算

次の計算をしなさい。

(1) $2^3\div4-(-2)^2\times\dfrac{1}{2}$　(2) $\left(3-6\div\dfrac{1}{2}\right)\times(-2)-6$

(3) $3.14\times2.6+3.14\times7.4$

考え方 次の順に計算する。
①累乗・かっこの中
②×，÷　③＋，－
(3) 分配法則を利用する。
$a\times(b+c)=a\times b+a\times c$

解答 (1) $8\div4-4\times\dfrac{1}{2}=2-2=0$

(2) $(3-6\times2)\times(-2)-6=(3-12)\times(-2)-6$
$=(-9)\times(-2)-6=12$

(3) $3.14\times(2.6+7.4)=3.14\times10=31.4$

例題 3 正の数・負の数の利用

右の表は，A～Eの5人の数学のテストの得点を，Aの得点を基準にして表したものである。

生　徒	A	B	C	D	E
基準との差(点)	0	+3	−5	+9	−1

(1) BとCでは，どちらが何点高いか答えなさい。

(2) Aの得点が72点であるとき，5人の平均点を求めなさい。

考え方 (2) 基準との差の平均を求め，それを基準とした得点に加える。

解答 (1) $(+3)-(-5)=8$(点)

答 BがCより8点高い。

(2) $72+(0+3-5+9-1)\div5=73.2$(点)

MATHEMATICS
3

月　日

文字と式

1 文字を使った式 ☆☆

1 数量を文字で表すこと…1 冊 100 円のノート a 冊と 1 本 50 円の鉛筆（えんぴつ）b 本の代金は，$(100a+50b)$円 と表すことができる。

2 文字式の表し方

①乗法の記号 × は，省略して書く。

②文字と数の積では，数を文字の**前**に書く。

③同じ文字の積は，指数を使って**累乗**（るいじょう）の形で書く。

④除法は，記号 ÷ を使わずに，**分数**の形で書く。

3 式の値…式の中の文字に数をあてはめることを**代入**するといい，代入して計算した結果を**式の値**という。

▶ここがポイント
$1\times a$ は $1a$ と書かずに単に a と書く。また，$-1\times a$ は $-a$ と書く。

0.1×a は 0.1a
と書くよ。

注意 例えば，$1-x$ に $x=-2$ を代入するときは(　)を用いて $1-(-2)$ と計算する。

2 文字式の計算 ☆☆☆

1 項（こう）と係数…$3x-4$ の $3x$ と -4 を式 $3x-4$ の**項**といい，$3x$ の数の部分 3 を x の**係数**という。

2 1 次式…1 次の項だけの式や，1 次の項と数の項の和で表された式を**1 次式**という。

例 $3x$，$2x+3$，$-5y-3$

3 1 次式と数の乗法…1 次式と数の乗法は**分配法則**を使って計算することができる。

4 文字の部分が同じ項をまとめる

・コレ重要・

☞ $3x$ と $4x$ のように，文字の部分が同じ項は，分配法則を使って 1 つの項にまとめる。$3x+4x=(3+4)x=7x$

注意
$\dfrac{2x}{5}$ の係数→ $\dfrac{2}{5}$
$\dfrac{x}{3}$ の係数→ $\dfrac{1}{3}$

▶ここがポイント
1 次式と数の除法は**乗法**になおして計算できる。
$(6a+9)\div 3$
$=(6a+9)\times\dfrac{1}{3}$
$=6a\times\dfrac{1}{3}+9\times\dfrac{1}{3}$
$=2a+3$

3 関係を表す式 ☆☆

1 関係を表す式…数量が等しいことを等号を使って表した式を**等式**という。また，数量の大小関係を**不等号**を使って表した式を**不等式**という。

〔等式〕
$2a+1=3b-50$
左辺　右辺
両辺

① 文字式では × や ÷ の記号を使わずに表そう。
② 文字式の計算では，分配法則を利用して同じ文字をふくむ項をまとめる。
③ ある数量を 2 通りに表して，それを等号で結ぶことにより等式をつくる。

例題 1 文字式の表し方

次の式を，× や ÷ の記号を使わずに表しなさい。

(1) $3\times a\times b$　(2) $a\times a\div b$　(3) $x\div(-2)\div y$

× は省略し，÷ は逆数のかけ算として分数の形に表す。

(1) $3ab$　(2) $\frac{a^2}{b}$　(3) $-\frac{x}{2y}$

例題 2 式の値

$x=-2$ のとき，次の式の値を求めなさい。

(1) $\frac{2}{3}x-1$　(2) $-x+2$　(3) $6-x^2$

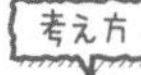
$x=-2$ を代入して，式の値を求める。

(1) $\frac{2}{3}\times(-2)-1=-\frac{4}{3}-1=-\frac{7}{3}$

(2) $-(-2)+2=4$

(3) $6-(-2)^2=6-4=2$

例題 3 文字式の計算

次の計算をしなさい。

(1) $3x\times(-2)$　(2) $-4(3x-4)$　(3) $(25x+10)\div 5$

(4) $(5a-2)+(a+3)$　(5) $3(y-2)-2(3y+1)$

考え方
分配法則を利用し，かっこをはずして，式を簡単にする。

(1) $-6x$　(2) $-12x+16$　(3) $5x+2$

(4) $5a-2+a+3=6a+1$

(5) $3y-6-6y-2=-3y-8$

例題 4 関係を表す式

(1) 1 冊 x 円のノートを 3 冊と 1 個 y 円の消しゴムを 2 個買って 500 円はらうと，おつりが a 円であった。このことがらを等式に表しなさい。

(2) a を 2 倍して 1 ひいた数は，b から 5 をひいた数より大きい。このことがらを不等式に表しなさい。

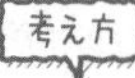
(1) 代金を 2 通りの文字式に表す。

(1) $3x+2y=500-a$ $(500-3x-2y=a)$

(2) $2a-1>b-5$

月　日

1次方程式 ①

1 等式の性質 ☆☆

1 等式の性質

㋐等式の両辺に同じ数をたしても，等式は成り立つ。

$A=B$ ならば，$A+C=B+C$

㋑等式の両辺から同じ数をひいても，等式は成り立つ。

$A=B$ ならば，$A-C=B-C$

㋒等式の両辺に同じ数をかけても，等式は成り立つ。

$A=B$ ならば，$AC=BC$

㋓等式の両辺を同じ数でわっても，等式は成り立つ。

$A=B$ ならば，$\frac{A}{C}=\frac{B}{C}$（ただし，$C\neq0$）

▶ここがポイント

等式の性質は，**てんびんのつり合い**をイメージすると理解しやすい。

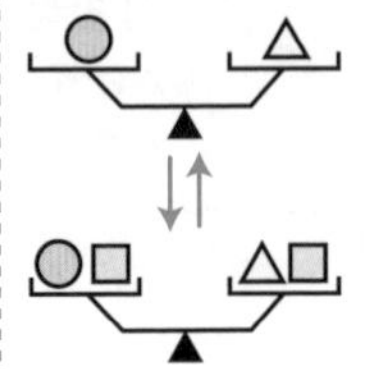

注意「C は 0 ではない」ということを「$C\neq0$」と表す。

2 方程式と解 ☆

1 方程式と解…式の中の文字に，ある特別な値を代入したときにだけ成り立つような等式を方程式といい，方程式を成り立たせる文字の値をその方程式の解という。

注意 $x+2x=3x$ は，x にどのような値を代入しても左辺と右辺の値が等しくなるので，方程式とはいえない。

3 1次方程式とその解き方 ☆☆☆

1 移項（いこう）

・コレ重要・

☞ 等式において，一方の辺の項を符号（ふごう）を変えて他方の辺に移すことを移項という。

注意 下のように，移項する。

$5x+2=-3x+1$

↓

$5x+3x=1-2$

2 1次方程式の解き方…等式の性質を利用して，与えられた方程式を $x=A$ の形に変形していく。

㋐必要なら，分母をはらうなど，くふうをする。

㋑ x をふくむ項を左辺，数の項を右辺に移項し，$ax=b$ の形にする。

㋒両辺を x の係数 a でわる。

$$x+\frac{1}{3}=\frac{1}{2}x-1$$

両辺に 6 をかける

$$6x+2=3x-6$$

移項する

$$6x-3x=-6-2$$

$$3x=-8$$

両辺を 3 でわる

$$x=-\frac{8}{3}$$

注意 ㋑の段階で，移項の結果，$ax=0$ となったときは，両辺を a でわって，$x=0$ が解となる。

① 1次方程式は，等式の性質を用いて，$x=A$ の形に変形する。
② 係数に分数や小数をふくむ1次方程式では，両辺に適当な数をかけて係数を整数になおしてから解こう。

社会　理科　数学　英語　国語

例題1 方程式とその解

次のア～ウの方程式の中で，$x=2$ が解であるものを選びなさい。

ア　$2x-4=3$　　イ　$3x-3=x+1$　　ウ　$x-1=3x-2$

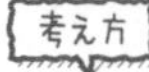
考え方　$x=2$ を代入し，両辺の値が等しくなるものを選ぶ。

解答
ア 左辺$=2\times2-4=0$　右辺$=3$
イ 左辺$=3\times2-3=3$　右辺$=2+1=3$
ウ 左辺$=2-1=1$　右辺$=3\times2-2=4$

答 イ

例題2 1次方程式の解き方 (1)

次の方程式を解きなさい。

(1) $2x+1=-3x+6$　　(2) $6(x+5)=2x-2$

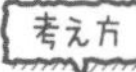
考え方　移項して $\boldsymbol{ax=b}$ の形にし，両辺を x の係数 a でわる。
(2) かっこをふくむ式はかっこをはずして計算する。

解答
(1)
$2x+3x=6-1$
$5x=5$
$x=1$

(2)
$6x+30=2x-2$
$6x-2x=-2-30$
$4x=-32$
$x=-8$

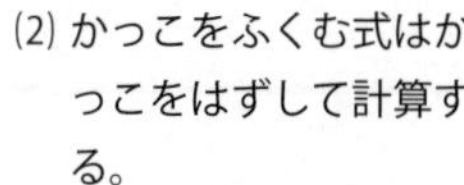

例題3 1次方程式の解き方 (2)

次の方程式を解きなさい。

(1) $0.1x-3=0.7x-1.2$　　(2) $\dfrac{x-1}{2}-\dfrac{x}{3}=1$

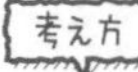
考え方
(1) 両辺に10をかけて，係数を整数にする。
(2) 両辺に分母の最小公倍数6をかけて，係数を整数にする。その際，$\dfrac{x-1}{2}$ の分子にかっこをつけて，$(x-1)$ として考えることに注意する。

解答
(1) 両辺を10倍すると，
$10(0.1x-3)$
$=10(0.7x-1.2)$
$x-30=7x-12$
$-6x=18$
$x=-3$

(2) 両辺を6倍すると，
$\dfrac{6(x-1)}{2}-\dfrac{6x}{3}=1\times6$
$3(x-1)-2x=6$
$3x-3-2x=6$
$x=9$

1次方程式 ②

1 比例式 ☆☆

1 **比例式**… $a:b$ と $c:d$ が等しいことを表す等式 $\boldsymbol{a:b=c:d}$ を比例式という。比例式を解くときには，次の性質を利用する。

・コレ重要・
☞ $a:b=c:d$ ならば，$ad=bc$

▶ここがポイント
比例式を解くには，**外側の項**（こう）**の積と内側の項の積が等しい**ことを利用する。

例 $x:12=2:3$
$x\times3=12\times2$
$3x=24$
$x=8$

2 1次方程式の利用（いろいろな問題） ☆☆☆

1 文章題を方程式を利用して解く場合は，次のように考える。
①未知の数量のうち，適当なものを文字 x で表す。
②等しい関係にある数量を見つけて，方程式をつくる。
③方程式を解く。
④方程式の解が，問題に適しているか確認する。

▶ここがポイント
問題文の中の数量を**文字**を用いて表す。

例 a %…$\dfrac{a}{100}$

x 割…$\dfrac{x}{10}$

2 **個数と代金に関する問題**
代金＝単価×個数　おつり＝払った金額－代金

3 **過不足の問題**
全体の個数＝配る個数＋余る個数
全体の個数＝配る個数－不足する個数

注意 数量の関係を**等式**に表して方程式をつくるときは，**単位**をそろえて考えることが重要である。

4 **速さに関する問題**
速さ$=\dfrac{\text{距離}}{\text{時間}}$　時間$=\dfrac{\text{距離}}{\text{速さ}}$　距離＝速さ×時間
（距離：きょり）

5 **利益に関する問題**
定価＝原価×(1＋利益率)　売価＝定価×(1－割引率)

例 a 円の b 割引き…$a\left(1-\dfrac{b}{10}\right)$ 円

6 **濃度**（のうど）**に関する問題**
食塩水の濃度(%)$=\dfrac{\text{食塩の重さ}}{\text{食塩水の重さ}}\times100$

例 a g の水に b g の食塩をとかした食塩水の濃度
…$\dfrac{b}{a+b}\times100$(%)

▶ここがポイント
複雑な場面設定の問題では，**表**や**図**などを利用して整理して考えるとよい。

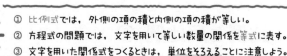

① 比例式では，外側の項の積と内側の項の積が等しい。
② 方程式の問題では，文字を用いて等しい数量の関係を等式に表す。
③ 文字を用いた関係式をつくるときは，単位をそろえることに注意しよう。

例題 1 比例式

次の比例式を解きなさい。

(1) $2x : 7 = 3 : 2$　　(2) $3 : x = 1 : (2+x)$

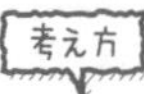

比例式では，外側の項の積と内側の項の積が等しい。

(1) $2x \times 2 = 7 \times 3$
$4x = 21$
$x = \frac{21}{4}$

(2) $3 \times (2+x) = x \times 1$
$6 + 3x = x$
$2x = -6$
$x = -3$

例題 2 1次方程式の利用（1）

兄と弟の所持金は合わせて 430 円である。兄が弟に 150 円わたすと，弟は兄の所持金の 3 倍より 30 円多く持つことになる。はじめ，2 人はそれぞれいくらのお金を持っていたか答えなさい。

考え方 兄のはじめの所持金を x 円として方程式をつくる。

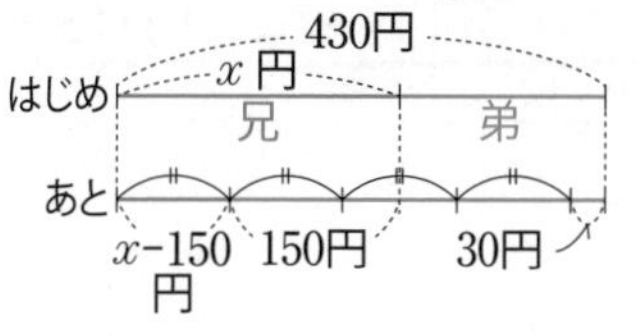

兄のはじめの所持金を x 円とすると，
$(x-150) + 3(x-150) + 30 = 430$
（$(x-150)$：兄のあとの所持金，$3(x-150)+30$：弟のあとの所持金）
これを解いて，$x = 250$
弟は，$430 - 250 = 180$(円)

答 兄 250 円，弟 180 円

例題 3 1次方程式の利用（2）

たかしくんは，家から 8 km 離(はな)れた図書館へ行くのに，初めは自転車で時速 12 km で行ったが，途中(とちゅう)で友達と出会ったので，そこから 2 人は自転車を押(お)して歩いて時速 4 km の速さで進み，出発から 1 時間で図書館に到着(とうちゃく)した。たかしくんが自転車に乗った距離を求めなさい。

考え方 下のような図をかく。

家　　図書館
x km　$(8-x)$ km
時速12 km　時速4km

自転車に乗った距離を x km とすると，歩いた距離は $(8-x)$ km

$\frac{x}{12} + \frac{8-x}{4} = 1$

これを解いて，$x = 6$

答 6 km

社会　理科　数学　英語　国語

月　日

比例と反比例 ①

1 関　数 ☆

❶ 変　数…いろいろな値をとる文字を**変数**という。

❷ 変　域…変数のとりうる値の範囲(はんい)を，その変数の**変域**という。変域は不等号を使って表すことができる。

❸ 関　数…ともなって変わる2つの変数 x，y があり，x の値を決めると，それに対応して y の値がただ1つに決まるとき，y は x の**関数**であるという。

▶ここがポイント

x の値の範囲が「5以上で6より小さい」ことは，$5 \leqq x < 6$ と表す。

2 比例の式と値の変化 ☆☆☆

❶ 比例の式

・コレ重要・

☞ y が x の関数で，$y=ax$ の形で表されるとき，y は x に**比例**するという。また，a を**比例定数**という。

❷ 比例 $y=ax$ の値の変化

x の値が2倍，3倍，…となると，y の値も2倍，3倍，…となる。

例 $y=3x$

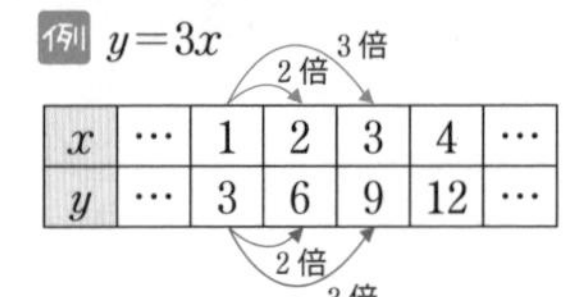

x	…	1	2	3	4	…
y	…	3	6	9	12	…

▶ここがポイント

$y=ax$

$\dfrac{y}{x}$ の値は常に**一定**で，その値は a に等しい。

注意 比例では，x の値が1増加すると，y の値は a だけ増加する。

3 反比例の式と値の変化 ☆☆☆

❶ 反比例の式

・コレ重要・

☞ y が x の関数で，$y=\dfrac{a}{x}$ の形で表されるとき，y は x に**反比例**するという。また，a を**比例定数**という。

❷ 反比例 $y=\dfrac{a}{x}$ の値の変化

x の値が2倍，3倍，…となると，y の値は $\dfrac{1}{2}$ 倍，$\dfrac{1}{3}$ 倍，…となる。

例 $y=\dfrac{12}{x}$

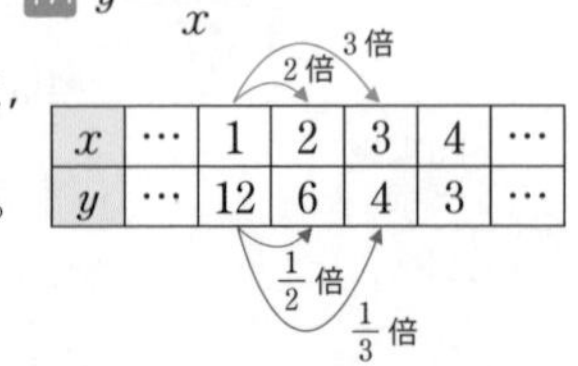

x	…	1	2	3	4	…
y	…	12	6	4	3	…

▶ここがポイント

$y=\dfrac{a}{x}$

xy の値は常に**一定**で，その値は a に等しい。

注意 $y=-\dfrac{4}{x}$ は $y=\dfrac{-4}{x}$ なので，**比例定数**は -4 である。

注意 反比例では，$x=0$ のときの y の値はない。

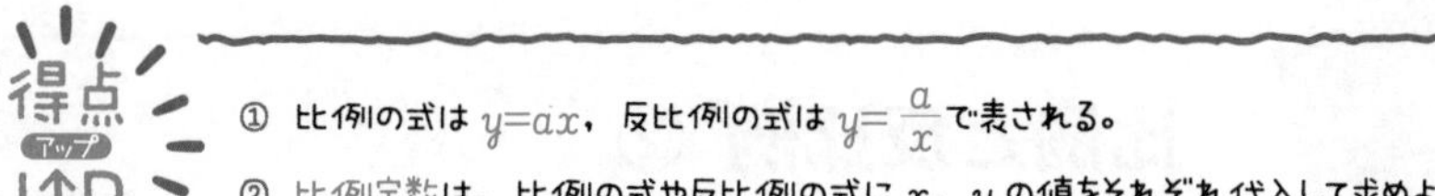

① 比例の式は $y=ax$，反比例の式は $y=\frac{a}{x}$ で表される。

② 比例定数は，比例の式や反比例の式に x，y の値をそれぞれ代入して求めよう。

例題 1 関　数

50 m のロープを使って，グラウンドに長方形をつくる。長方形の縦を x m，横を y m とする。x と y の関係を式に表し，x の変域を求めなさい。

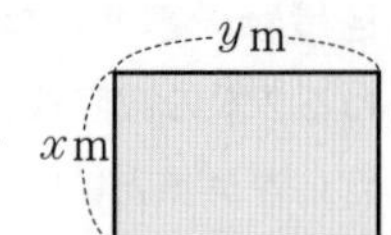

考え方 ともなって変わる x，y の関係を考える。ロープの長さが一定だから，x と y の和は常に一定である。

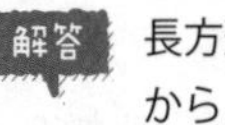

解答 長方形の縦と横の長さの和は常に 25 m であるから，$x+y=25$ より，$y=25-x$

x の変域は，$0<x<25$

例題 2 比　例

y は x に比例し，$x=5$ のとき $y=-15$ である。

(1) y を x の式で表し，比例定数を求めなさい。

(2) $x=-\frac{1}{2}$ のときの y の値を求めなさい。

考え方 (1) $y=ax$ として，x，y の値をそれぞれ代入し，比例定数 a を求める。

解答 (1) $y=ax$ として，$x=5$，$y=-15$ を代入し，

$-15=5a$　$a=-3$

答 $y=-3x$，比例定数 -3

(2) $y=-3x$ に $x=-\frac{1}{2}$ を代入して，$y=\frac{3}{2}$

例題 3 反比例

y は x に反比例し，$x=6$ のとき $y=2$ である。

(1) y を x の式で表し，比例定数を求めなさい。

(2) $x=8$ のときの y の値を求めなさい。

考え方 (1) $y=\frac{a}{x}$ として，x，y の値をそれぞれ代入し，比例定数 a を求める。

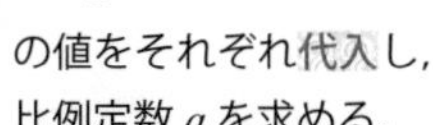

解答 (1) $y=\frac{a}{x}$ として，$x=6$，$y=2$ を代入し，

$2=\frac{a}{6}$　$a=12$　　答 $y=\frac{12}{x}$，比例定数 12

(2) $y=\frac{12}{x}$ に $x=8$ を代入して，$y=\frac{3}{2}$

月　日

比例と反比例 ②

1 座　標 ☆

① **座標軸**(ざひょうじく)…基準となる点Oで垂直に交わる2本の数直線をひく。基準となる点Oを**原点**といい，横の数直線を**x軸**，縦の数直線を**y軸**という。また，x軸とy軸を合わせて**座標軸**という。

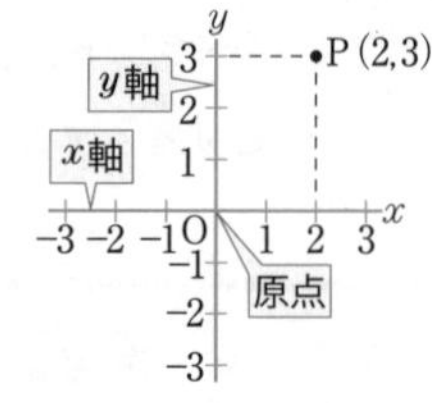

② **点の座標**…上の図の点Pの位置は，x座標2とy座標3の組を用いて，**P(2，3)**と表す。

2 比例・反比例とグラフ ☆☆☆

① 比例のグラフ

・コレ重要・

☞ $y=ax$ のグラフは，**原点**と点（1，a）を通る**直線**である。

比例定数が分数の場合は，x座標とy座標がともに**整数**になる点を見つけて，**原点**とその点を通る直線をひくとよい。

例

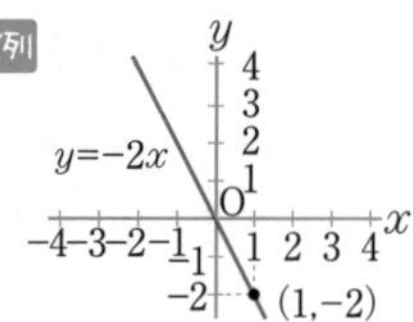

② 反比例のグラフ

・コレ重要・

☞ $y=\frac{a}{x}$ のグラフは，**双曲線**(そうきょくせん)とよばれる2つのなめらかな曲線になる。

比例定数aの値の符号(ふごう)によって，曲線の現れる場所が異なる。

例 $a>0$ のとき

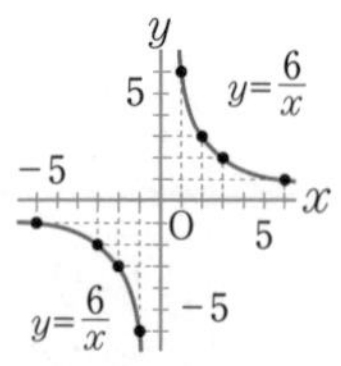

双曲線は，右上と左下に現れる。

例 $a<0$ のとき

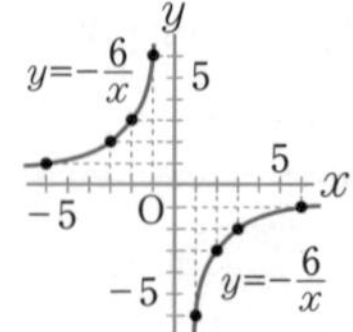

双曲線は，左上と右下に現れる。

▶ここがポイント

点P(2，3)について，x軸に関して**対称**(たいしょう)な点はQ(2，−3)，
y軸に関して**対称**な点はR(−2，3)，
原点に関して**対称**な点はS(−2，−3)

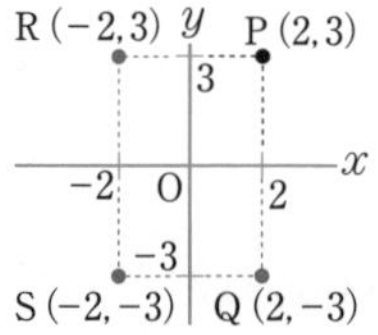

対称移動では，
座標の絶対値は
同じだよ。

▶ここがポイント

$y=ax$ のグラフは，$a>0$ のときは**右上がり**，$a<0$ のときは**右下がり**の直線になる。

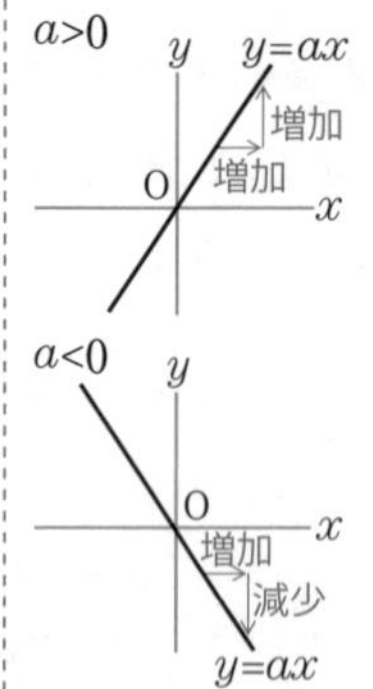

得点アップUP

① 比例 $y=ax$ のグラフは原点と $(1,\ a)$ を通る直線である。ただし，a が分数の場合は，x，y の値がともに整数になる点を見つける。

② 反比例 $y=\dfrac{a}{x}$ のグラフは，a の符号によって現れる場所が異なる。

社会 理科 数学 英語 国語

例題 1 比例のグラフ

y は x に比例し，$x=3$ のとき $y=-4$ である。

(1) x と y の関係を式に表しなさい。　(2) グラフをかきなさい。

(3) x の変域が $-1 \leqq x \leqq 3$ のとき，y の変域を求めなさい。

考え方　(2) グラフは，原点と点 $(3,\ -4)$ を通る直線
(3) $x=-1$，$x=3$ に対応する y の値をそれぞれ求める。

解答　(1) $y=-\dfrac{4}{3}x$
(2) 右の図
(3) $-4 \leqq y \leqq \dfrac{4}{3}$

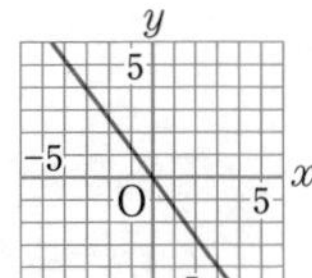

例題 2 反比例のグラフ

y は x に反比例し，$x=1$ のとき $y=4$ である。

(1) x と y の関係を式に表しなさい。　(2) グラフをかきなさい。

(3) x の変域が $-5 \leqq x \leqq -1$ のとき，y の変域を求めなさい。

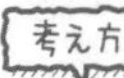

(2) 反比例の式を満たす点 $(2,\ 2)$，$(4,\ 1)$ などをとり，なめらかな曲線で結ぶ。

(1) $y=\dfrac{4}{x}$
(2) 右の図
(3) $-4 \leqq y \leqq -\dfrac{4}{5}$

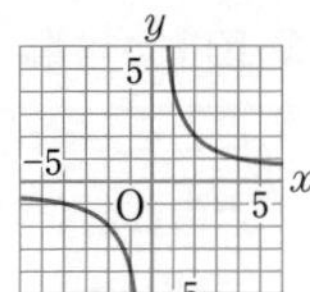

例題 3 比例・反比例の利用

右の図のような正方形で，点Pは辺BC上をBからCまで動くものとする。三角形ABPの面積を y cm²，BPを x cmとして，次の問いに答えなさい。

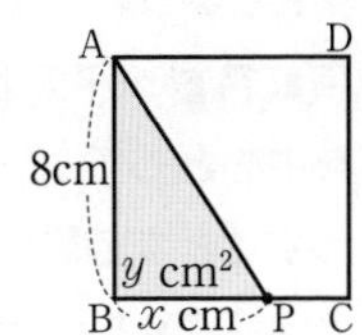

(1) x と y の関係を式に表しなさい。

(2) y の変域を求めなさい。

(3) 三角形ABPの面積が24 cm² のときのBPの長さを求めなさい。

(1) 三角形の面積は $\dfrac{1}{2}\times$底辺×高さだから，$y=\dfrac{1}{2}\times x\times 8$

(1) $y=4x$　(2) $0 \leqq y \leqq 32$
(3) $y=4x$ に $y=24$ を代入して，$24=4x$
$x=6$　答 6 cm

月　日

平面図形 ①

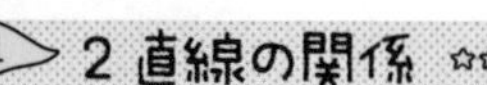

1 2直線の関係 ☆☆

❶ **交わらない場合**…2直線ABとCDは**平行**であるといい，AB∥CDと表す。

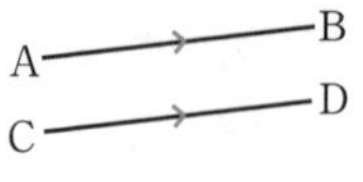

❷ **交わる場合**

㋐図1のような角を**∠XOY**と表す。

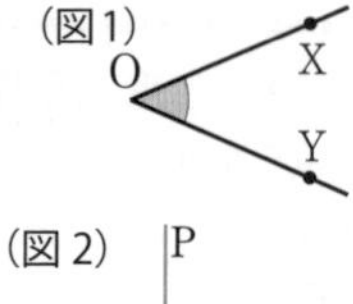

㋑図2のように2直線PQ，RSが交わってできる角が直角であるとき，PQとRSは**垂直**であるといい，PQ⊥RSと表す。このとき，一方を他方の**垂線**という。

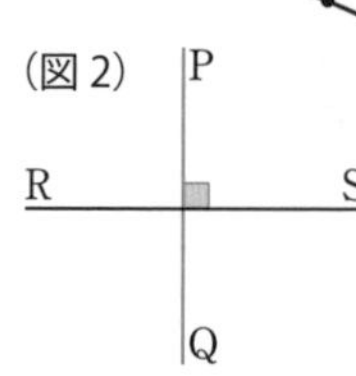

2 図形の移動 ☆☆☆

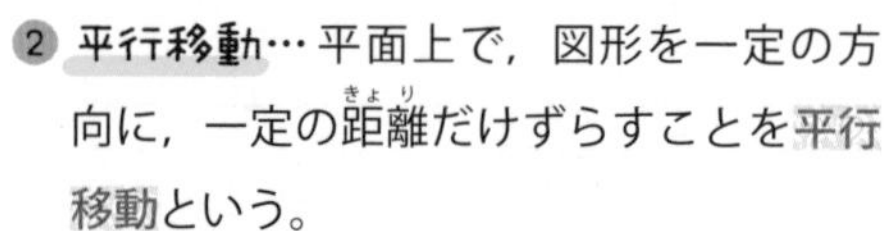

❶ **図形の移動**…図形の形と大きさを変えずに，他の位置へ移すことを**移動**という。また，移動によって移った点と，もとの点のことを**対応**する点という。

❷ **平行移動**…平面上で，図形を一定の方向に，一定の距離（きょり）だけずらすことを**平行移動**という。

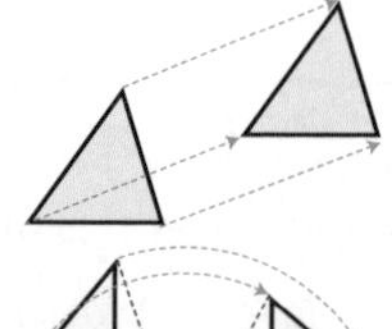

❸ **回転移動**…平面上で，図形を1つの点Oを中心として，一定の角度だけまわして移すことを**回転移動**という。特に，180°の回転移動を**点対称移動**（てんたいしょう）という。

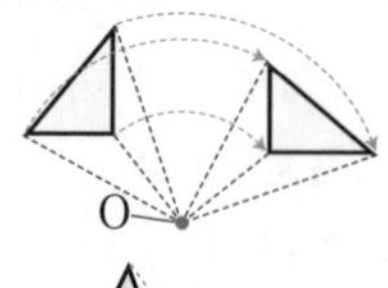

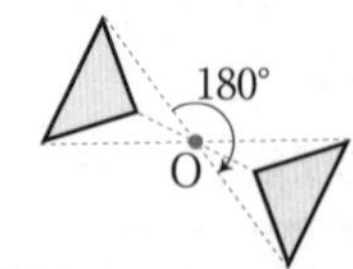

❹ **対称移動**…平面上で，図形を1つの直線ℓを折り目として折り返して移すことを**対称移動**という。

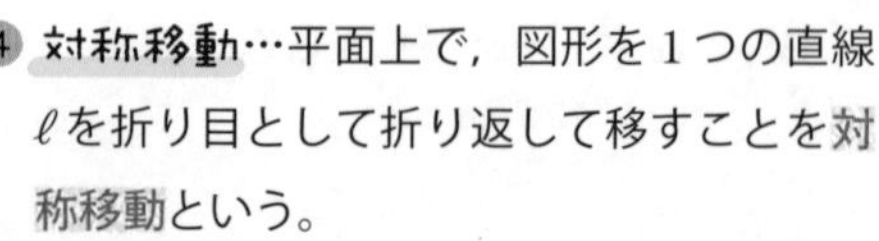

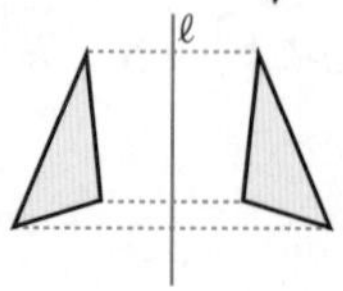

▶ここがポイント

直線の一部分で両端（りょうたん）のあるものを**線分**という。

A――――B
線分AB

注意 2直線が平行であることを図に示すとき，2直線に同じ方向の>をつける。

▶ここがポイント

㋐ **点Pと直線ABの距離h**

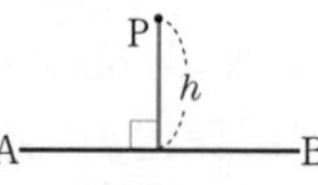

㋑ **平行な2直線AB，CDの距離h**

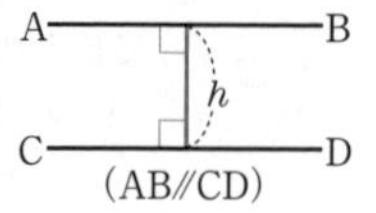

▶ここがポイント

❷**平行移動**では，対応する点を結ぶ線分は平行で長さが等しい。

❸**回転移動**では，点Oから対応する点までの距離が等しい。また，対応する点と点Oを結んでできる角の大きさはすべて等しい。

❹**対称移動**では，対応する点を結ぶ線分は対称の軸（じく）と垂直に交わり，2等分される。

得点アップ UP

① 直線の関係は，実際に図にかいて考えよう。
② 図形の移動では，対応する点に注目しよう。
③ 点対称移動では，対応する点と回転の中心 O は一直線上に並ぶ。

例題 1 垂線と平行

同じ平面上にある 3 本の直線 ℓ，m，n について，正しいことがらはどれですか。

(1) $\ell /\!/ m$，$m /\!/ n$ ならば，$\ell /\!/ n$　(2) $\ell \perp m$，$m \perp n$ ならば，$\ell \perp n$

(3) $\ell \perp m$，$m /\!/ n$ ならば，$\ell \perp n$

考え方 図にかいて考えてみる。

解答 (1)，(3)

例題 2 図形の移動（1）

△ABC について，次の問いに答えなさい。

(1) 点 A が点 D に移るように平行移動させなさい。

(2) 点 O を中心として，反時計まわりの向きに 60° だけ回転移動させなさい。

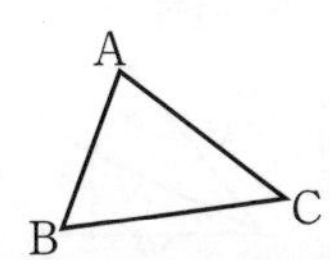

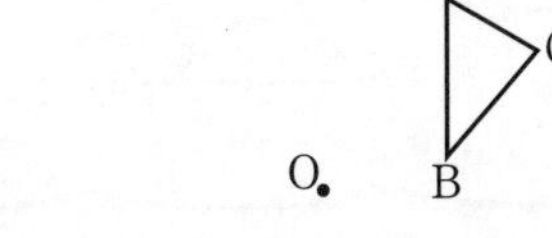

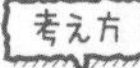
考え方 (2) 回転移動では，コンパスや定規を用いて，OB＝OB′，∠BOB′＝60° などに注意しながら三角形を移動させる。

解答 (1)

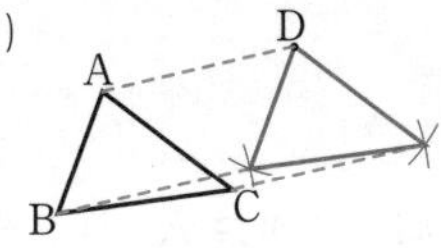

(2)

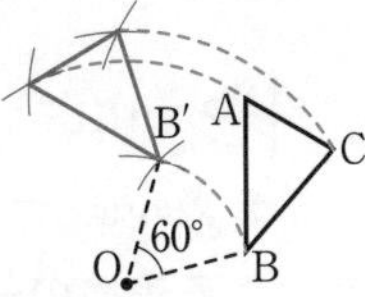

例題 3 図形の移動（2）

合同な 8 つの直角二等辺三角形を組み合わせて，右のような正方形をつくった。次にあてはまる三角形を答えなさい。

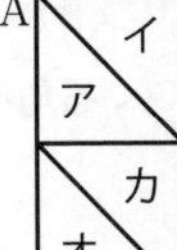

(1) アを平行移動して重なる三角形

(2) イを，点 O を中心として回転移動させると重なる三角形

(3) エを，AB を対称の軸として対称移動させると重なる三角形

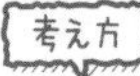
考え方 (2) イを，点 O を中心にして 180° 回転させる。

解答 (1) ウ，オ，キ　(2) キ　(3) オ

月　日

平面図形 ②

1 作　図 ☆☆☆

❶ **垂直二等分線**…線分の中点を通り，その線分に垂直な直線を，その線分の**垂直二等分線**という。▶ここがポイントの㋐のように2点A，Bから等しい距離(きょり)にある点Pは，2点を結んだ線分の**垂直二等分線上**にある。

❷ **角の二等分線**…1つの角を2等分する半直線を，その角の**二等分線**という。▶ここがポイントの㋑のように，2辺OA，OBから等しい距離にある点Pは，∠AOBの**二等分線上**にある。

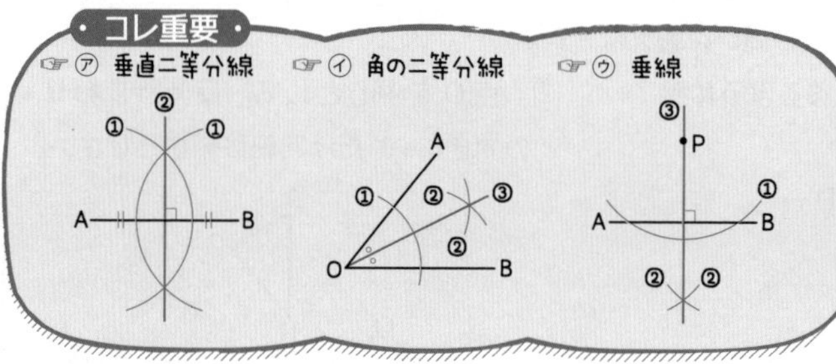

▶ここがポイント

線分を2等分する点を，その線分の**中点**という。

A—B
線分ABの中点

▶ここがポイント

㋐垂直二等分線上の点Pの性質

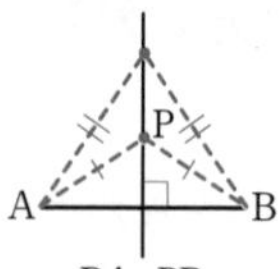

㋑角の二等分線上の点Pの性質

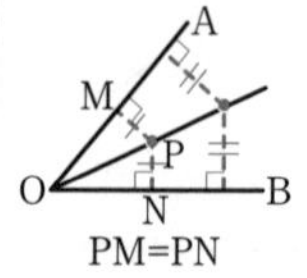

注意 点Pが直線ℓ上にあるとき，**垂線**は次のように作図する。

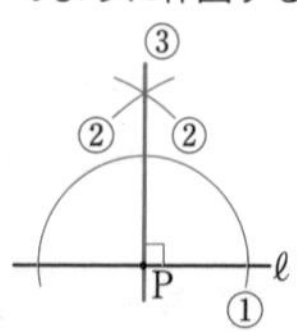

2 円とおうぎ形 ☆

❶ **円の弧(こ)と弦(げん)**…円周上の2点A，Bを両端とする円周の一部を**弧AB**といい，$\overset{\frown}{AB}$と表す。また，円周上の2点を結ぶ線分を**弦**という。

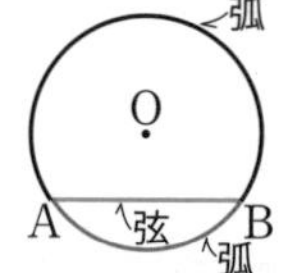

❷ **おうぎ形**…円の2つの半径とその弧で囲まれた図形を**おうぎ形**という。おうぎ形で，2つの半径のつくる角を**中心角**という。

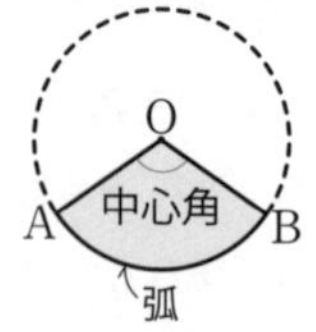

❸ **円の接線**…直線ℓが円Oに点Aで接しているとき，直線ℓを円Oの**接線**，点Aを**接点**という。

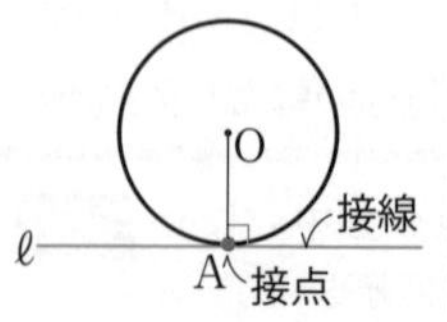

▶ここがポイント

円の接線は，接点を通る半径に**垂直**である。

得点アップUP

① 作図の問題では，基本の作図の方法とその性質をよく理解しておこう。
② 線分の垂直二等分線上の点は，その線分の両端（りょうたん）から等しい距離にある。
③ 円の接線は，接点を通る半径に垂直である。

例題 1 作　図

右の正三角形に次の作図をしなさい。

(1)　高さ AH

(2)　30°の角

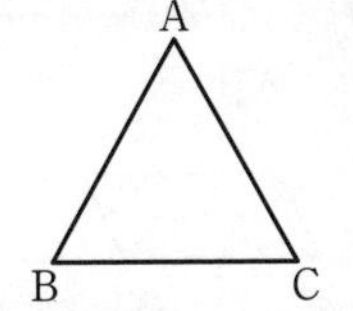

考え方　(1) 点 A から BC に垂線をひく。他に ∠BAC の二等分線をひいたり，線分 BC の垂直二等分線をひいたりしても作図できる。

(2) 60°の角を 2 等分する。

解答

(1)（例）

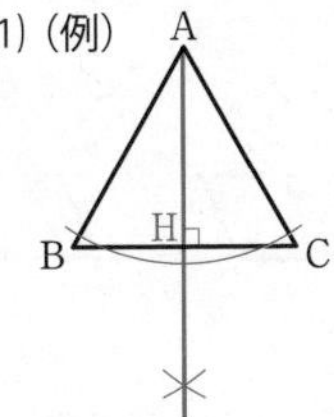

(2)（例）

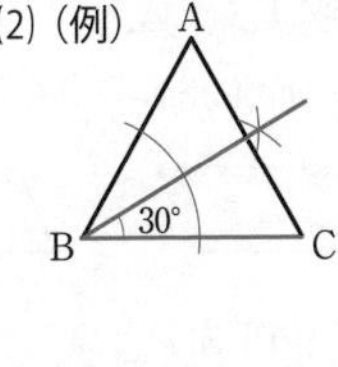

例題 2 折り目の作図

△ABC を頂点 A が辺 BC 上の点 P に重なるように折り返したとき，折り目となる線分を作図しなさい。

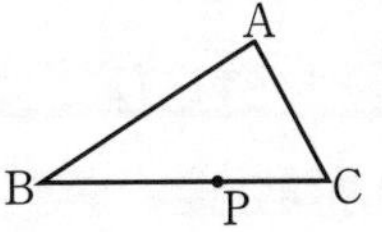

考え方　折り目は，線分 AP の垂直二等分線である。

解答

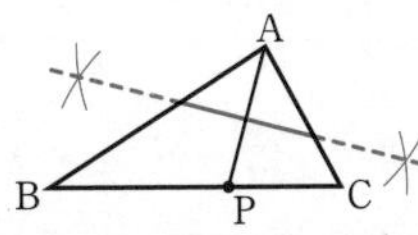

例題 3 円の接線

円 O の円周上の点 P における接線を作図しなさい。

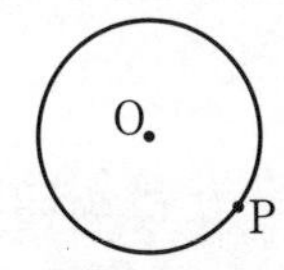

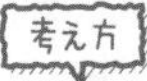

考え方　接線を直線 ℓ とするとき，$OP \perp \ell$ であるから，P を通り直線 OP に垂直な直線を作図する。

解答

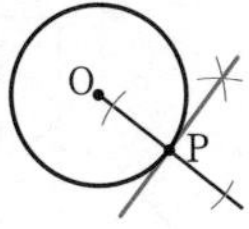

月　日

空間図形

1 直線や平面の位置関係 ☆

1 2つの直線 ℓ と m

㋐交わる　㋑平行　㋒ねじれの位置

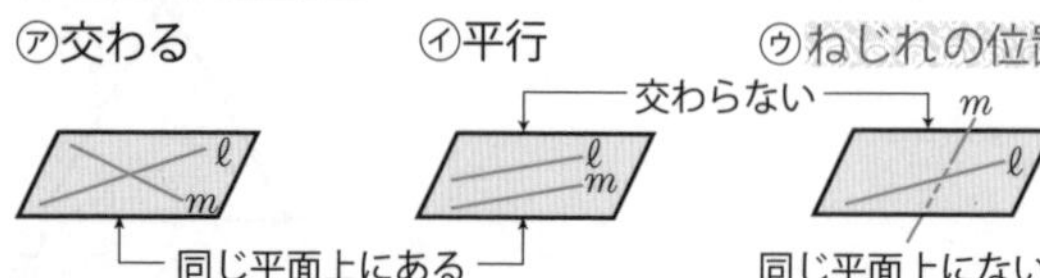

2 直線 ℓ と平面P

㋐平面上にある　㋑交わる　㋒平行　㋓垂直

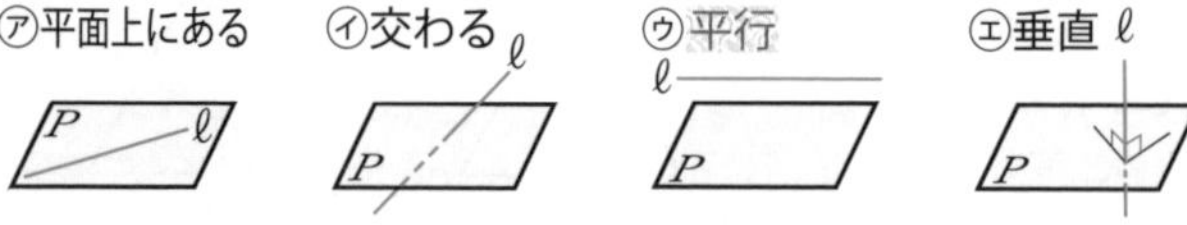

3 2つの平面PとQ

㋐交わる　㋑平行　㋒垂直

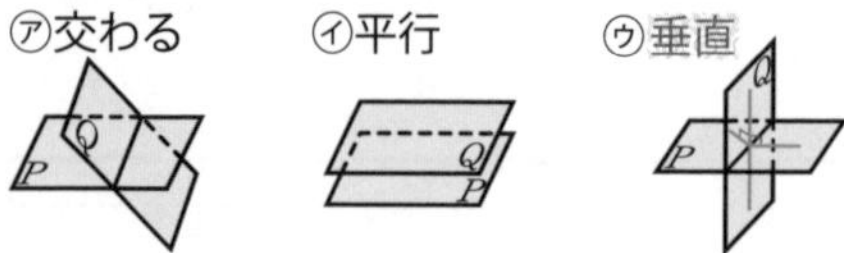

▶ここがポイント

点Pと平面Qの距離(きょり) h

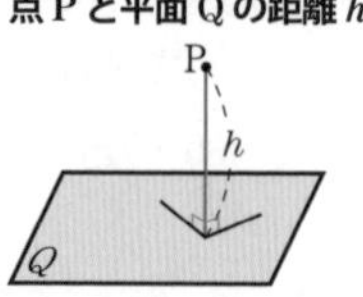

▶ここがポイント

正三角錐，正四角錐，……では，側面はすべて合同な**二等辺三角形**である。

2 いろいろな立体 ☆☆

1 角錐(かくすい)と円錐…底面が多角形で側面が三角形で囲まれた立体を角錐，底面が円で側面が曲面で囲まれた立体を円錐という。

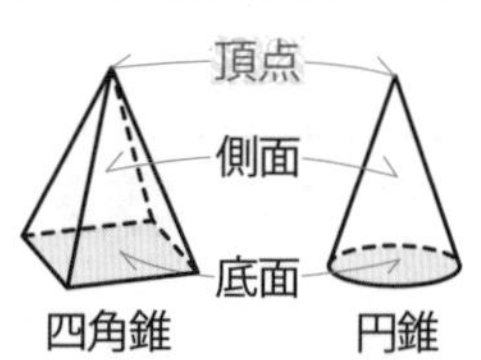

2 回転体…平面図形を，その平面上の直線のまわりに，1回転させてできる立体を回転体という。

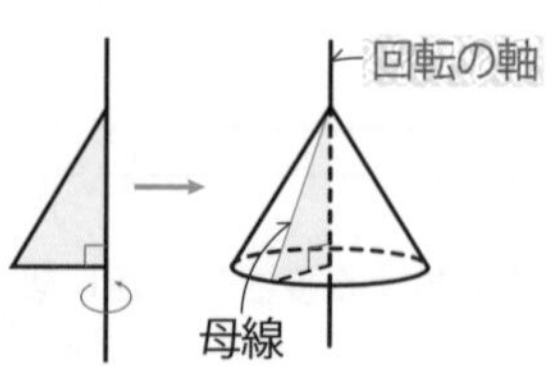

▶ここがポイント

平面で囲まれた立体を**多面体**という。
正多面体は次の5**種類**しかない

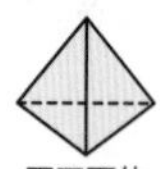
正四面体

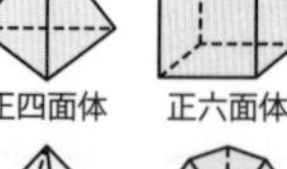
正六面体

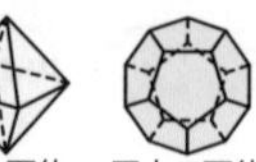
正八面体

正十二面体

正二十面体

3 立体の投影図 ☆☆

1 投影図(とうえいず)…立体を正面から見た図を立面図，真上から見た図を平面図といい，これらをあわせて投影図という。

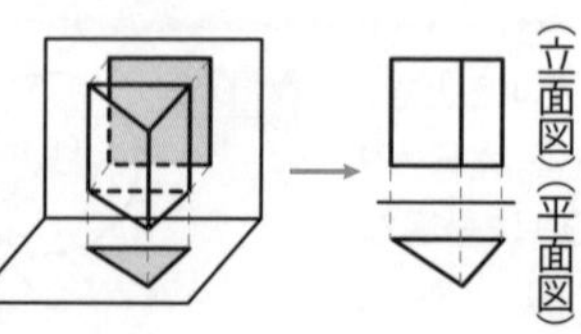

注意 **投影図**では，実際に見える辺は実線で示し，見えない辺は点線で示す。

① 直線と直線，直線と平面，平面と平面の空間内での位置関係を理解しよう。
② 立体を表す方法には，見取図，展開図，投影図がある。
③ 投影図では，正面からと真上から見た形を立面図と平面図に表す。

例題 1 直線や平面の位置関係（1）

右の図は直方体である。次の問いに答えなさい。

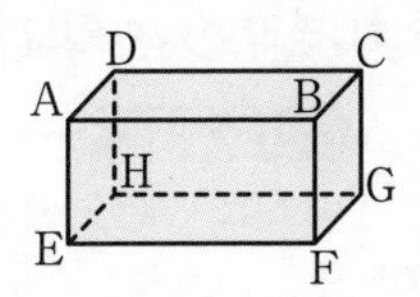

(1) 辺 AB と平行な面はどれですか。
(2) 辺 BC と垂直な面はどれですか。
(3) 辺 CD とねじれの位置にある辺はどれですか。

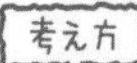

(3) 辺 CD と平行でなく，しかも交わらない辺を選ぶ。

(1) 面 EFGH，面 DHGC
(2) 面 AEFB，面 DHGC
(3) 辺 AE，辺 BF，辺 EH，辺 FG

例題 2 直線や平面の位置関係（2）

空間内の異なる 3 直線を ℓ，m，n，異なる 3 平面を P，Q，R とするとき，次のことがらのうち，正しいものを選びなさい。

ア $\ell \perp m$，$\ell \perp n$ ならば，$m /\!/ n$ である。
イ $\ell /\!/ \mathrm{P}$，$\ell /\!/ \mathrm{Q}$ ならば，$\mathrm{P} /\!/ \mathrm{Q}$ である。
ウ $\mathrm{P} \perp \mathrm{Q}$，$\mathrm{Q} /\!/ \mathrm{R}$ ならば，$\mathrm{P} \perp \mathrm{R}$ である。

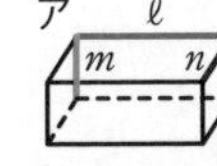

直方体で考えるとよい。正しくない例が見つかれば，正しいとはいえない。

ウ

正しくない例のことを反例というよ。

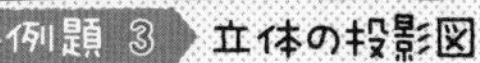

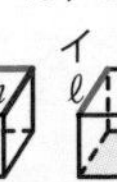

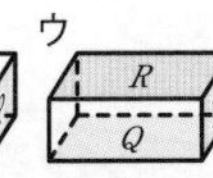

例題 3 立体の投影図

右の投影図で表される立体の名まえを答えなさい。

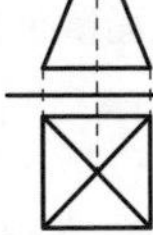

考え方
立面図が二等辺三角形だから，どちらも錐体であることがわかる。

(1) 円錐 (2) 四角錐（正四角錐）

月　　日

図形の計量

1 おうぎ形の弧の長さと面積 ☆☆☆

① おうぎ形の弧（こ）の長さと面積

コレ重要

☞ 弧の長さ　$\ell=2\pi r\times\frac{a}{360}$

☞ 面積　$S=\pi r^2\times\frac{a}{360}$，$S=\frac{1}{2}\ell r$

☞ 中心角　$a=360\times\frac{\ell}{2\pi r}$

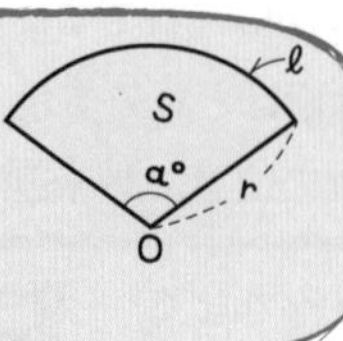

注意 1つの円では，おうぎ形の弧の長さや面積の比は，中心角の大きさの比に等しい。

2 立体の表面積と体積 ☆☆

① 立体の表面積

…立体のすべての面の面積の和を**表面積**，側面全体の面積を**側面積**，1つの底面の面積を**底面積**という。

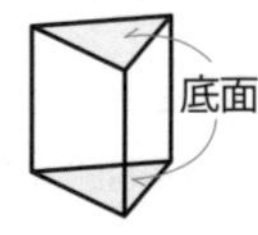

㋐角柱・円柱の表面積＝底面積×2＋側面積

㋑角錐・円錐の表面積＝底面積＋側面積

例 右の図の円柱で，

側面積　$2\pi ab$

表面積　$2\pi a^2+2\pi ab$

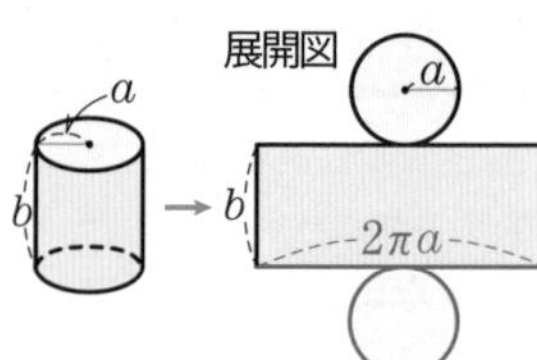
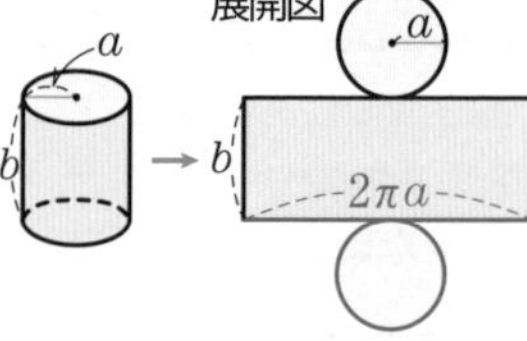

▶ここがポイント

表面積は**展開図**をかいて求める。

注意 円錐の側面となるおうぎ形の弧の長さは，**底面の円周の長さ**に等しい。

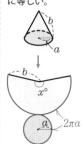

② 角柱・円柱の体積

底面積を S，高さを h，体積を V とすると，$V=Sh$

③ 角錐（かくすい）・円錐の体積

底面積を S，高さを h，体積を V とすると，$V=\frac{1}{3}Sh$

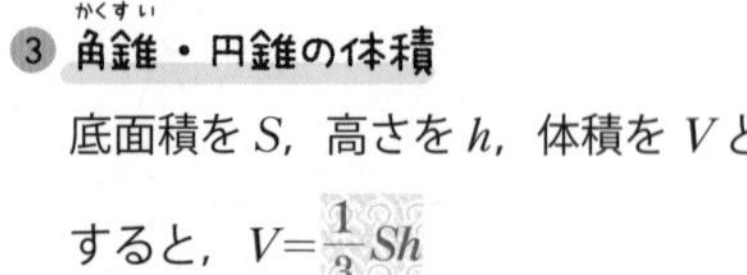
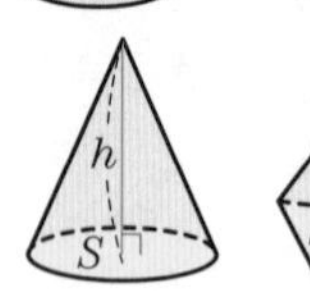

④ 球の体積と表面積

半径 r の球の体積を V，表面積を S とすると，

$V=\frac{4}{3}\pi r^3$，$S=4\pi r^2$

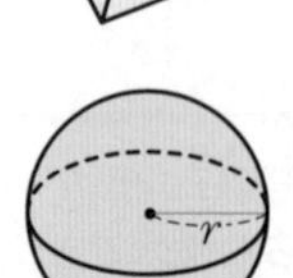

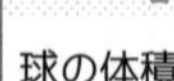

球の体積

身の上に心配あるので参上

$V=\frac{4}{3}\pi r^3$

球の表面積

心配ある事情

$S=4\pi r^2$

得点アップUP

① 立体の表面積は，展開図を利用して考えよう。
② 角柱，円柱の体積は，底面積×高さ
③ 角錐，円錐の体積は，$\frac{1}{3}$×底面積×高さ

例題 1 立体の体積

右の図の立体の体積を求めなさい。
(1) 円柱
(2) 三角錐

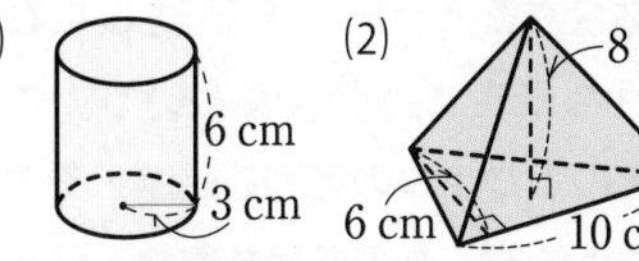

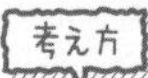

(2) 角錐の体積は，
$\frac{1}{3}$×底面積×高さ

(1) $\pi\times3^2\times6=54\pi\,(\mathrm{cm}^3)$

(2) $\frac{1}{3}\times\frac{1}{2}\times10\times6\times8=80\,(\mathrm{cm}^3)$

例題 2 円錐の体積と表面積

右の図のような円錐がある。
(1) 展開図のおうぎ形の中心角を求めなさい。
(2) 表面積を求めなさい。
(3) 体積を求めなさい。

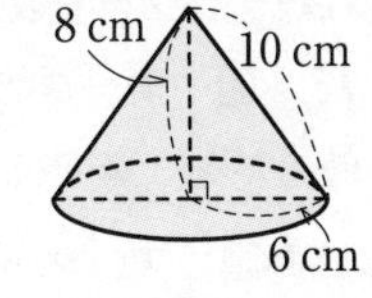

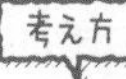

(1) おうぎ形の弧の長さは，底面の円周の長さに等しい。
(2) 表面積は展開図を利用して考える。

(1) $360°\times\frac{2\times\pi\times6}{2\times\pi\times10}=360°\times\frac{3}{5}=216°$

(2) $\pi\times6^2+\pi\times10^2\times\frac{3}{5}=96\pi\,(\mathrm{cm}^2)$

(3) $\frac{1}{3}\times\pi\times6^2\times8=96\pi\,(\mathrm{cm}^3)$

例題 3 球の体積と表面積

右の図形を，直線 AB を回転の軸として 1 回転させたときにできる立体について，次の問いに答えなさい。

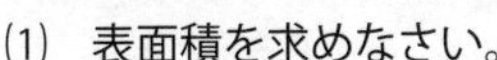

(1) 表面積を求めなさい。
(2) 体積を求めなさい。

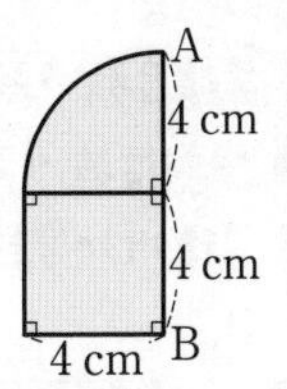

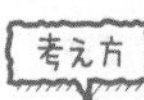

できあがる立体は，円柱と半球を組み合わせた立体である。

(1) $\pi\times4^2+2\times\pi\times4\times4+\frac{1}{2}\times4\pi\times4^2$
$=16\pi+32\pi+32\pi=80\pi\,(\mathrm{cm}^2)$

(2) $\pi\times4^2\times4+\frac{1}{2}\times\frac{4}{3}\pi\times4^3$
$=64\pi+\frac{128}{3}\pi=\frac{320}{3}\pi\,(\mathrm{cm}^3)$

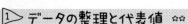

データの活用

1 データの整理と代表値 ☆☆

❶ **度数分布表**…データを整理した右のような表を**度数分布表**という。このときの1つ1つの区間を**階級**，その階級に入るデータの個数を**度数**という。

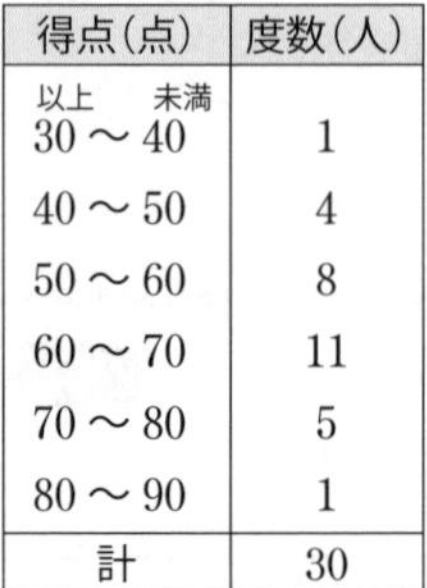

得点(点)	度数(人)
以上　未満 30 ～ 40	1
40 ～ 50	4
50 ～ 60	8
60 ～ 70	11
70 ～ 80	5
80 ～ 90	1
計	30

❷ **ヒストグラム**…度数分布表を柱状グラフに表したものを**ヒストグラム**という。また，ヒストグラムの長方形の上の辺の中点を結んでできる折れ線グラフを**度数折れ線**という。

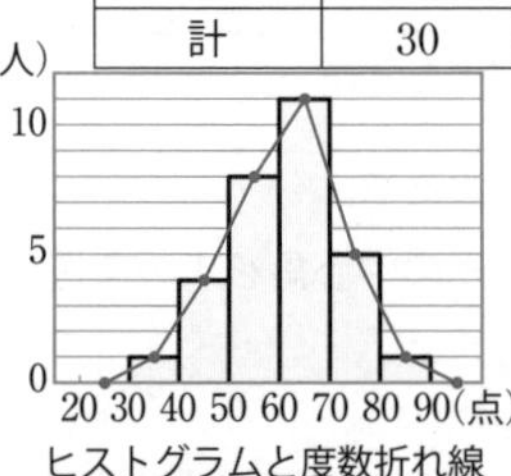

ヒストグラムと度数折れ線

❸ **範囲**(はんい)…データの最大値と最小値の差を，**範囲**(レンジ)という。

❹ **代表値**…データの特徴(とくちょう)を表す数値を，資料の**代表値**という。

・コレ重要・

☞ ㋐平均値…データの値の合計をデータの個数でわった値。

☞ ㋑中央値(メジアン)…データの値を大きさの順に並べたとき，その中央にくる値。

☞ ㋒最頻値(さいひんち)(モード)…データの中で，もっとも個数の多い値。

注意 ㋐階級の真ん中の値を**階級値**といい，その階級値を用いて平均値を計算することもある。階級値を用いて**平均値**を求めるには，

$$\frac{\textbf{(階級値×度数)の合計}}{\textbf{度数の合計}}$$

として計算する。
㋑データの個数が**偶数**(ぐうすう)である場合には，真ん中の2つの値の平均を**中央値**とする。

2 データの分布の見方

❶ **累積度数**(るいせき)…最初の階級からその階級までの**度数の合計**。

❷ **相対度数**…その階級の度数の，**度数の合計に対する割合**。

❸ **累積相対度数**…最初の階級からその階級までの**相対度数の合計**。

身長(cm)	度数(人)	累積度数(人)	相対度数	累積相対度数
以上　未満 130 ～ 140	3	3	0.15	0.15
140 ～ 150	8	11	0.40	0.55
150 ～ 160	5	16	0.25	0.80
160 ～ 170	4	20	0.20	1.00
計	20		1.00	

▶ここがポイント

相対度数

$$=\frac{\textbf{その階級の度数}}{\textbf{度数の合計}}$$

得点アップUP

① データの整理では，表やグラフのつくり方と用語の意味をしっかり理解しよう。
② 3つの代表値の違いと求め方を理解しよう。
③ 累積度数，累積相対度数は最初の階級から合計していく。

例題 1 データの整理，分布の見方

右の表は，あるクラスの生徒の通学にかかる時間をまとめたものである。

通学時間（分）	度数（人）	累積度数（人）	相対度数	累積相対度数
以上　未満 0～10	8	8	0.20	0.20
10～20	12	㋐	㋒	0.50
20～30	14	㋑	0.35	㋔
30～40	6	40	㋓	㋕
計	40		1.00	

⑴　ヒストグラムをつくりなさい。
⑵　通学時間が 30 分未満の生徒は，クラス全体の何%ですか。
⑶　通学時間の平均値を求めなさい。
⑷　㋐，㋑にあてはまる累積度数を求めなさい。
⑸　㋒，㋓にあてはまる相対度数を求めなさい。
⑹　㋔，㋕にあてはまる累積相対度数を求めなさい。

考え方
⑵ 30 分未満は，0 分以上 30 分未満で求める。
⑶ 階級値を用いて
$$\frac{(\text{階級値}\times\text{度数})\text{の合計}}{\text{度数の合計}}$$
として計算する。
⑷ 度数を合計する。
⑸ $$\frac{\text{その階級の度数}}{\text{度数の合計}}$$
⑹ 相対度数を合計する。

解答

⑴ 右の図

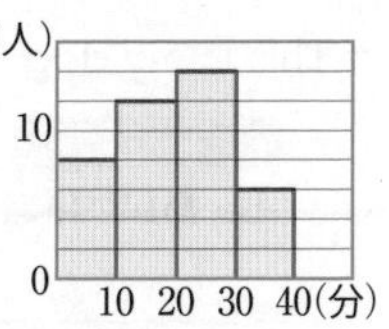

⑵ $\dfrac{8+12+14}{40}\times100$
$=85(\%)$

⑶ $(5\times8+15\times12+25\times14+35\times6)\div40$
$=19.5$(分)

⑷ ㋐ $8+12=20$　㋑ $20+14=34$

⑸ ㋒ $12\div40=0.30$　㋓ $6\div40=0.15$

⑹ ㋔ $0.50+0.35=0.85$　㋕ $0.85+0.15=1.00$

例題 2 代表値

右の表は，サッカー部の 16 人の運動ぐつのサイズを調べたものである。

⑴　このデータの範囲を答えなさい。
⑵　中央値と最頻値を答えなさい。

運動ぐつのサイズ(cm)

22	24	25	27	25	26
24	23	24	26	24	23
22	25	26	27		

考え方
⑵ データが偶数個ある場合は，中央値は真ん中の 2 つの値の平均である。

解答

⑴ $27-22=5$(cm)
⑵ 中央値は，$(24+25)\div2=24.5$(cm)

答 中央値 24.5 cm，最頻値 24 cm

月　日

be 動詞（am，are，is）

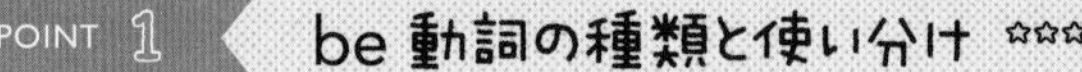

POINT 1　be 動詞の種類と使い分け ☆☆☆

I am a junior high school student.（私は中学生です。）
You are Mr. Brown.（あなたはブラウンさんです。）
This is my computer.（これは私のコンピュータです。）

3 つの be 動詞 **am**，**are**，**is** は主語により使い分ける。

主語			be 動詞
単数	1 人称	I	**am**
	2 人称	you	**are**
	3 人称	he，she，it，this など	**is**
複数	1，2，3 人称	we，you，they など	**are**

▶ I **am** from London.（私はロンドン出身です。）
↳am は主語が I のときだけ。
▶ You **are** singers.（あなたたちは歌手です。）
↳singers が複数形なので，you は「あなたたち」の意味。
▶ This **is** my dog.（これは私の犬です。）

・コレ重要・
☞ be 動詞の種類：am，are，is

▶ここがポイント
am は主語が I のときのみ，are は主語が you と複数のとき，is は主語が 3 人称単数のときに使う。

参考 3 人称単数とは，「私」と「あなた」以外の単数の人やもの。

POINT 2　be 動詞の意味 ☆☆☆

I am from Canada.（私はカナダ出身です。）
I am in Canada.（私はカナダにいます。）

be 動詞の意味のちがいに注意する。

1 「～です」の意味。

▶ I **am** busy.（私は忙しい。）
▶ This **is** my bag.（これは私のかばんです。）
↳This is の短縮形はない。

2 「～がいる」の意味。

▶ Three cats **are** on the bench.
（3 匹のねこがベンチの上にいます。）

3 「～がある」の意味。

▶ My book **is** in the box.（私の本は箱の中にあります。）

注意 主語と be 動詞が短縮形になることがある。

I am → I'm
You are → You're
He is → He's
She is → She's
It is → It's
We are → We're
They are → They're
That is → That's

得点アップUP

① be 動詞には「～です」「～がいる」「～がある」という意味がある。
② be 動詞の疑問文は主語の前に be 動詞を置こう。
③ be 動詞と主語，be 動詞と not は短縮されることが多い。

POINT 3 be 動詞の疑問文と答え方 ☆☆☆

〈肯定文〉You are from Japan.（あなたは日本出身です。）
〈疑問文〉Are you from Japan?（あなたは日本出身ですか。）
〈答えの文〉Yes, I am. / No, I am not.（はい，そうです。／いいえ，ちがいます。）

疑問文は**主語の前に be 動詞**を置く。

▶ You are happy.（あなたは幸せです。）

→ **Are** you happy?（あなたは幸せですか。）

— Yes, I **am**.（はい，幸せです。）
↳コンマ。Yes のあとは〈主語＋ be 動詞〉。

▶ She is in Canada.（彼女(かのじょ)はカナダにいます。）

→ **Is** she in Canada?（彼女はカナダにいますか。）

— No, she **isn't**.（いいえ，いません。）
↳コンマ。No のあとは〈主語＋ be 動詞＋ not〉。isn' t は is not の短縮形。

注意 Is this ～?，Is that ～? には it を使って答える。
Is that a dog?
— Yes, it is.
参考 〈be 動詞＋ not〉は短縮形にすることがある。
is not → isn't
are not → aren't

POINT 4 be 動詞の否定文 ☆☆☆

〈肯定文〉Tom is my friend.（トムは私の友だちです。）
〈否定文〉Tom is not my friend.（トムは私の友だちではありません。）

否定文は **be 動詞のあとに not** を置く。

▶ I am tired.（私は疲(つか)れています。）

→ I **am not** tired.（私は疲れていません。）

▶ They are from America.（彼(かれ)らはアメリカ出身です。）

→ They **are not** from America.
（彼らはアメリカ出身ではありません。）

注意 am と not の短縮形はないので，I am not を短縮するときは I'm not となる。

テストに出る 要点チェック

◆次の文の（　）内から適する語を選びなさい。

- [ ] 1．This (is，am，are) my school.
- [ ] 2．Tom and Ken (is，am，are) friends.
- [ ] 3．Are you students?
  — Yes, (I，you，we) (is，am，are).
- [ ] 4．They (is，am，are) not from Australia.

解答
1．is
2．are
3．we，are
4．are

名詞につく語 (a, the, my, 形容詞など)

POINT 5　a，an と the の用法 ☆☆

This is a desk.（これは(１つの)机です。）
This is a book. The book is new.（これは本です。その本は新しい。）

① a，an…数えられる単数の名詞の前につけて「1つの」の意味。
a…名詞の最初の音が子音(しいん)で始まるとき。
a dog「1匹(ぴき)の犬」，a lemon「1個のレモン」
an…名詞の最初の音が母音(ぼいん)で始まるとき。
an animal「1匹の動物」，an egg「1つの卵」
↳母音(日本語のアイウエオに似た音)

② the…前に出た名詞や，何を指しているか明らかな名詞の前につけて「その」の意味を表す。また，the earth「地球」のような，1つしかないものにもつける。

▶ This is a desk.（これは机です。）
↳「1つの」の意味。
The desk is new.（その机は新しい。）
↳どの机を指すのかわかっている。
▶ Open the door.（ドアをあけてください。）
↳何を指すのか話し手と相手にわかっている。
▶ That's the sun.（あれは太陽です。）
↳1つしかないもの。

コレ重要
☞ a :「1つの」/ the :「その」

注意 名詞には数えられる名詞と，数えられない名詞がある。water「水」，milk「牛乳」，peace「平和」などの数えられない名詞には a〔an〕をつけない。
スポーツ名(soccer など)，食事(lunch など)の前にも a〔an〕はつけない。

参考 母音で始まる名詞にはほかに apple「りんご」，orange「オレンジ」，eraser「消しゴム」などがある。

POINT 6　「〜の」を表す語 ☆☆☆

This is my chair.（これは私のいすです。）
That's your bike.（あれはあなたの自転車です。）
This is Tom's house.（これはトムの家です。）
That is your father's car.（あれはあなたのお父さんの車です。）

「私の」は **my**，「あなたの」は **your** で表す。
「トムの」は **Tom's**，「あなたのお父さんの」は **your father's** のように表す。

▶ This is my room.（これは私の部屋です。）
↳「〜の」を表す語と a は名詞の前に同時に使わない。

▶ここがポイント
my, your, Tom's などの「〜の」を表す語が名詞につくとき，a〔an〕，the はつけない。

社会
理科
数学
英語
国語

得点アップ UP

① a〔an〕は数えられる名詞の前に置いて「1つの」という意味を表す。
② my, your, his, her, Mary's など「～の」を表す語を正確に覚えよう。
③ 形容詞は名詞の前に置くことで，その名詞を修飾する。

▶ That's **your** pen.（あれはあなたのペンです。）

▶ This is **Yumi's** CD.（これは由美のCDです。）
↳Yumi's の(')をアポストロフィという。

［所有を表す代名詞］

	単数		複数	
	～は	～の	～は	～の
1人称	**I**	**my**	**we**	**our**
2人称	**you**	**your**	**you**	**your**
3人称	**he**	**his**	**they**	**their**
	she	**her**		
	it	**its**		

▶ **his** sister（彼(かれ)の姉［妹］）　▶ **her** doll（彼女(かのじょ)の人形）

▶ That's **our** teacher.（あちらは私たちの先生です。）

▶ This is **their father's** car.（これは彼らのお父さんの車です。）

注意　・your は「あなたの」と「あなたたちの」の2通りの意味がある。
・their には「彼らの，彼女らの，それらの」の意味がある。
・この場合の its にはアポストロフィをつけない。

POINT 7 形容詞の働き ☆☆☆

This is a **big** cat.（これは大きなねこです。）
That is an **old** house.（あれは古い家です。）

形容詞…人やものの性質・状態・大きさ・形などを表す語。名詞の前に置くときは，その名詞を修飾(しゅうしょく)する。

▶ a **big** cat（大きなねこ）〈a＋形容詞＋名詞〉　▶ a **long** pencil（長いえんぴつ）〈a＋形容詞＋名詞〉

▶ an **old** house（古い家）
形容詞 old が母音で始まるので，an をつける。

注意　a book に old がつくと **an** old book になる。an egg に big がつくと **a** big egg になる。

テストに出る 要点チェック✓

◆次の文の（　）内から適する語(句)を選びなさい。

- □ 1．This is (a, an) melon. That is (a, an) apple.
- □ 2．That's (your, you) father.
- □ 3．Mike is (kind, a kind) boy.
- □ 4．This is (his, he) (sister, sister's) book.

解答
1．a, an
2．your
3．a kind
4．his, sister's

代名詞

POINT 8　This〔That〕is ~. の文 ☆☆

This is a cup.（これはカップです。）
That is an apple.（あれはりんごです。）

近くのものを指す「これは～です。」は **This is ~.** で表す。
遠くのものを指す「あれは～です。」は **That is ~.** で表す。

- **This is** a bike.（これは自転車です。）
- **That's** an eraser.（あれは消しゴムです。）
  ↳That is の短縮形。
- **This is** Tom.（こちらはトムです。）
  ↳人名，地名などには a〔an〕をつけない。
- **That is** Ms. Smith.（あちらはスミスさんです。）
- **That's** my camera.（あれは私のカメラです。）

▶ここがポイント
〈This is ＋ 人名.〉は「こちらは～です。」と人を紹介する文。

POINT 9　He is ~. / She is ~. の文 ☆☆☆

He is my father.（彼は私の父です。）
She is my sister.（彼女は私の姉[妹]です。）

男性を指す「彼(かれ)は～です。」は **He is ~.** で表す。
女性を指す「彼女(かのじょ)は～です。」は **She is ~.** で表す。

- This is Mr. Tanaka. **He** is a teacher.
  （こちらは田中さんです。彼は先生です。）
- That is Lisa. **She** is my friend.
  （あちらはリサです。彼女は私の友だちです。）

注意 He is の短縮形は He's，She is の短縮形は She's で表す。

POINT 10　This〔That〕is ~. と He〔She〕is ~. の否定文 ☆☆☆

〈肯定文〉This is a computer.（これはコンピュータです。）
〈否定文〉This is **not** a computer.（これはコンピュータではありません。）

- This **is not** a cellphone.（これは携帯(けいたい)電話ではありません。）
- He **isn't** a student.（彼は生徒ではありません。）
  ↳is not の短縮形。

参考 He is not は He's not，She is not は She's not ともいう。

得点アップUP

① 「これ〔あれ〕は～です。」は This〔That〕is ~. という。
② 男性を指すときは he，女性を指すときは she を主語にしよう。
③ This〔That〕is ~. / He〔She〕is ~. の疑問文は is を主語の前に置こう。

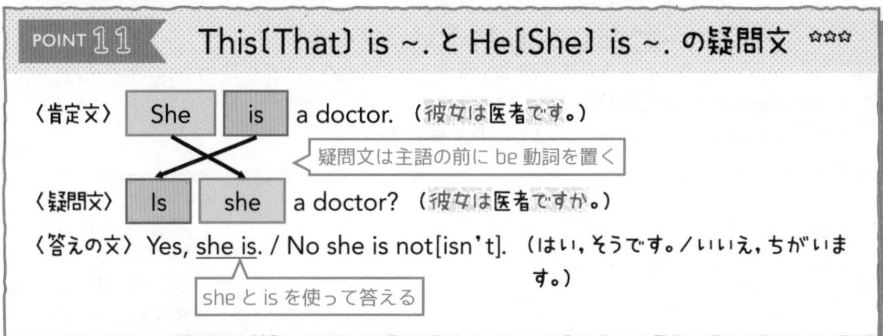

POINT 11
This〔That〕is ~. と He〔She〕is ~. の疑問文 ☆☆☆
〈肯定文〉 She is a doctor. （彼女は医者です。）
疑問文は主語の前に be 動詞を置く
〈疑問文〉 Is she a doctor? （彼女は医者ですか。）
〈答えの文〉 Yes, she is. / No she is not[isn't]. （はい，そうです。／いいえ，ちがいます。）
she と is を使って答える

▶ **Is he** a student?（彼[かれ]は生徒ですか。）
↳文の最後は上げ調子で読む。

— Yes, **he is**.（はい，そうです。）
↳答えの文では，Yes〔No〕のあとにはコンマ（,）を置く。

▶ **Is she** an English teacher?（彼女[かのじょ]は英語の先生ですか。）

— No, **she is not**. She is a music teacher.

（いいえ，ちがいます。彼女は音楽の先生です。）

▶ **Is Tom** a teacher?（トムは先生ですか。）

— Yes, **he is**.（はい，そうです。）
↳答えの文の主語は he を使う。Tom をくりかえさない。

▶ **Is this** a pencil?（これはえんぴつですか。）

— Yes, **it is**.（はい，そうです。）
↳this，that に対する答えの文の主語は it を使う。

▶ **Is that** a cat?（あれはねこですか。）

— No, **it isn't**. **It is** a dog.
↳「それは」を表す it を使う。

（いいえ，ちがいます。それは犬です。）

注意［疑問文の作り方］
①語順を入れかえる
She is
→ Is she
②符号[ふごう]をかえる
〈.〉→〈?〉
［答え方］
Yes, 主語＋ is.
No, 主語 ＋is not〔isn't〕.
・Is Mary from Hawaii?（メアリーはハワイ出身ですか。）の答えでは，主語を代名詞 she に置きかえて Yes, she is. とする。

・コレ重要・
☞「これ〔あれ〕は～です。」：This〔That〕is ~.
☞「彼〔彼女〕は～です。」：He〔She〕is ~.

テストに出る 要点チェック

◆日本文に合うように，（　）内に適する語を入れなさい。

☐ 1．これは絵です。（　　）is a picture.
☐ 2．彼は私の父ではありません。
（　　）（　　）my father.
☐ 3．田中さんは看護師ですか。—いいえ，ちがいます。
（　　）Ms. Tanaka a nurse? — No,（　　）（　　）.

解答
1．This
2．He isn't〔He's not〕
3．Is, she isn't〔she's not〕

月　日

一般動詞，代名詞の目的格

POINT 12　一般動詞の働きと意味 ☆☆☆

I **like** baseball.（私は野球が好きです。）
I **know** Ken well.（私はケンをよく知っています。）

- You **play** tennis.（あなたはテニスをします。）
  ↳一般動詞，動作を表す。
- I **have** a racket.（私はラケットを持っています。）
  ↳一般動詞，状態を表す。

・コレ重要・
☞ play，go，know，like など，be 動詞以外の動詞を一般動詞という。

注意 英語には be 動詞を使った文のほかに，動作や状態を表す一般（いっぱん）動詞を使った文がある。

POINT 13　一般動詞の否定文と疑問文 ☆☆☆

〈肯定文〉		You	**play** soccer.	（あなたはサッカーをします。）
〈否定文〉		You **do not**	**play** soccer.	（あなたはサッカーをしません。）
〈疑問文〉	**Do**	**you**	**play** soccer?	（あなたはサッカーをしますか。）

① 一般動詞の否定文は**動詞の前に do not** を置く。

- I **do not** have a camera.
  （私はカメラを持っていません。）
- You **do not** swim.（あなたは泳ぎません。）
- I **don't** like math.（私は数学が好きではありません。）
  ↳do not の短縮形。

② 一般動詞の疑問文は**主語の前に do** を置く。

- **Do** you speak English?（あなたは英語を話しますか。）
- — Yes, I **do**.（はい，話します。）
  ↳you で聞かれたら I で答える。答えの文でも do を使う。
- **Do** you want a dog?（あなたは犬がほしいですか。）
  — No, I **do not**. = No, I **don't**.
  ↳do not の短縮形。
  （いいえ，ほしくありません。）

・コレ重要・
☞ 一般動詞の否定文は動詞の前に do not を入れ，疑問文は主語の前に do を置く。

注意 be 動詞は am, are，is の 3 つで，「～です, ～がいる, ～がある」の意味だが，一般動詞は play「する」，have「持っている」，like「好きだ」，speak「話す」など多数。1 つずつ意味がちがう。

▶ここがポイント

- 否定文＝〈主語＋do not〔don't〕＋一般動詞～.〉
- 疑問文＝〈Do＋主語＋一般動詞～?〉

① be 動詞以外の動詞を一般動詞という。
② 一般動詞の否定文は動詞の前に do not，疑問文は主語の前に do を置こう。
③ 一般動詞のあとの代名詞は目的格 me，you，him，her，us，them などを使おう。

POINT 14 一般動詞のあとの代名詞は目的格「～を」の形 ☆☆

彼は由美の先生です。

He is Yumi's teacher.

〈主格〉 文の主語になる

私は彼を知っています。

I know **him**.

〈目的格〉 動詞の目的語になる

[代名詞の主格「～は」，所有格「～の」，目的格「～を」]

	単数			複数		
	～は	～の	～を	～は	～の	～を
1人称	I	my	**me**	we	our	**us**
2人称	you	your	**you**	you	your	**you**
3人称	he	his	**him**	they	their	**them**
	she	her	**her**			
	it	its	**it**			

▶ I like **you**. You like **me**, too.
（私はあなたが好きです。あなたも私が好きです。）

▶ Hi, everyone. Do **you** like animals?
（みなさん，こんにちは。あなたたちは動物が好きですか。）

▶ I know **him**.（私は彼を知っています。）

▶ They know **us**.（彼らは私たちを知っています。）

▶ You play tennis *with* **them**.
↳前置詞のあとの代名詞は目的格。
（あなたは彼らと一緒にテニスをします。）

▶ I sing *for* **her**.（私は彼女のために歌います。）

▶ Mike is kind *to* **me**.（マイクは私に親切です。）

参考 ・目的格の you と it は主格と形が同じ。
・目的格の you には単数の「あなたを」と複数の「あなたたちを」という2つの意味がある。

注意 〈前置詞＋目的格〉
with them
「彼らと一緒に」
for her
「彼女のために」
to me
「私に」

テストに出る 要点チェック

◆次の文の（　）内に適する語を入れなさい。

□ 1.（　　）you have a dog? — Yes, I do.
□ 2. Do you know Tom?
　— No, I（　　）. I don't know（　　）.
□ 3. She is Alice. I play tennis with（　　）.

解答

1. Do
2. don't, him
3. her

月　日

単数形と複数形

POINT 15 単数形と複数形のちがい ☆☆☆

a dog （1 匹の犬）　two dogs （2 匹の犬）
a box （1 個の箱）　three boxes （3 個の箱）

▶ I have a CD.（私は CD を 1 枚持っています。）
You have four **CDs**.（あなたは CD を 4 枚持っています。）

▶ I have two **rackets** and five **balls**.
（私はラケットを 2 本，ボールを 5 個持っています。）

［名詞の複数形の作り方］

①語尾が s, sh, ch, o, x など	語尾に es	class →**classes**
②語尾が〈子音字＋ y〉	y を i にかえて es	city →**cities**
③語尾が f，fe	f，fe を v にかえて es	knife →**knives**
④不規則に変化する	man →**men**，child →**children**	
⑤　①～④以外	語尾に s	cat →**cats**

・コレ重要・
☞ 名詞の複数形は，原則として語尾に s，es をつけて作る。

注意 ・数えられる名詞にだけ複数形がある。
・数えられない名詞 water「水」，milk「牛乳」，music「音楽」，tennis「テニス」，lunch「昼食」，Japan「日本」などは複数形にしない。

POINT 16 「これらは ～ です」の言い方 ☆☆

This is **a** watch.（これは腕時計です。）
↓
These are ［　　］ watch**es**.（これらは腕時計です。）
複数形

「これは腕時計です。」という文を「これらは腕時計です。」にかえるときは，This を **These** に，is を **are** に，watch を複数形の **watches** にかえて，**a** をとる。

▶ That is **a knife**.（あれは 1 本のナイフです。）
Those are knives.（あれらはナイフです。）
↳that の複数形。　↳knife の複数形。

注意 ・this の複数形は these「これらは」。
・that の複数形は those「あれらは」。
・these，those が主語のときの be 動詞は are。

得点アップUP

① 数えられるものが 2 つ以上あるときは名詞を複数形にしよう。
② 複数形は名詞の語尾 s，es をつけて作ることが多いが，不規則変化もある。
③ 「いくつ」と数をたずねるときは〈How many ＋名詞の複数形 ～ ?〉で表す。

▶ Are **these** apples?（これらはりんごですか。）
— Yes, **they** are.（はい，そうです。）
↳Are these ～ ? の答えの文の主語は they「それらは」で表す。

▶ Are **those** your cats?（あれらはあなたのねこですか。）
— No, **they** aren't. **They** are Tom's **cats**.
（いいえ，ちがいます。それらはトムのねこです。）

▶ These **aren't** my bags.
↳These are ～ . の否定文は These aren't ～ . で表す。
（これらは私のかばんではありません。）

注意 ・These are ～ . の疑問文は Are these ～ ? で表す。
・it の複数形は they「それらは」。

参考 they は he，she，it の複数形でもある。

POINT 17 数をたずねる疑問文 ☆☆☆

Do you have [two] boxes?
（あなたは箱を 2 つ持っていますか。）

two の部分をたずねるとき

How many boxes do you have?（あなたは箱をいくつ持っていますか。）

名詞の複数形

「いくつ持っていますか」と数をたずねるときは，do you have の前に〈**How many ＋名詞の複数形**〉をつける。

▶ **How many pencils** do you have?
（あなたはえんぴつを何本持っていますか。）
— I have five (pencils).（5 本持っています。）

▶ **How many classes** do they have today?
（彼(かれ)らは今日何時間授業がありますか。）
— They have six (classes).（6 時間あります。）

▶ここがポイント
単数形には a〔an〕または one がつくが，複数形には数や some「いくつかの」，many「多くの」，a lot of「多くの」などがつくこともある。
I have many CDs.
「私はたくさんの CD を持っています。」

テストに出る 要点チェック

◆次の文の（ ）内の語を適する形に直しなさい。

☐ 1．These are my (picture).
☐ 2．I have three (child).
☐ 3．Are those your (bag)? — Yes, (it) are.
☐ 4．How many (glass) do you have?

解答
1．pictures
2．children
3．bags，they
4．glasses

社会 理科 数学 英語 国語

月　日

疑問詞で始まる疑問文

POINT 18 〈疑問詞＋ be 動詞〉の疑問文 ☆☆☆

疑問詞が be 動詞の疑問文につく場合

What is this?（これは何ですか。）
「何」　└疑問詞のあとは疑問文の語順

When is your birthday?（あなたの誕生日はいつですか。）
「いつ」

what は「何」とたずねる疑問詞，when は「いつ」と時をたずねる疑問詞。

▶ **Where** is Nancy? — She is in the kitchen.
↪場所をたずねる。
（ナンシーはどこですか。— 彼女(かのじょ)は台所にいます。）

▶ **Which** is your cat, this or that? — This is.
↪「どちら」といくつかの中からどれなのかたずねる。
（こちらとあちらとではどちらがあなたのねこですか。
— こちらです。）

▶ **Why** is she absent? — **Because** she is sick.
↪理由をたずねる。　↪理由を答える。
（彼女はなぜ欠席していますか。— 病気だからです。）

▶ **Who** is that man? — He is Mr. Smith.
↪だれかをたずねる。
（あの男性はだれですか。— 彼(かれ)はスミスさんです。）

▶ **Whose** bag is this? — It's mine.
↪だれのものかをたずねる。
（これはだれのかばんですか。— 私のものです。）

▶ How で始まるいろいろな疑問文

- **How many** ～？…「いくつの」と数をたずねる。
- **How much** ～？…「いくら」と値段をたずねる。
- **How old** ～？…「何歳(さい)」と年齢(ねんれい)をたずねる。
- **How long** ～？…長さや期間をたずねる。
- **How tall** ～？…背などの高さをたずねる。

▶ここがポイント

be 動詞の文では，〈疑問詞＋ be 動詞＋主語～？〉。

注意 ・場所を答えるときは in，on，at，under などの場所を表す語を使う。

・Which で始まる疑問文は書きかえられる。
Which is **my** book?「どちらが私の本ですか。」
Which book is **mine**?「どちらの本が私のものですか。」

・Whose で始まる疑問文は書きかえられる。
Whose pen is this?「これはだれのペンですか。」
Whose is this pen?「このペンはだれのものですか。」

参考 How about ～？「～はどうですか。」

・コレ重要・

☞ 疑問詞には what「何」，when「いつ」，where「どこ」，which「どちら」，why「なぜ」，who「だれ」，whose「だれの」，how「どのように」がある。

① 疑問詞 what, who, which などは wh- で始まる。how だけ h- で始まる。
② 疑問詞で始まる疑問文には Yes, No で答えられない。
③ be 動詞と一般動詞を区別して，疑問詞で始まる疑問文の作り方を確認しよう。

POINT 19 〈疑問詞＋一般動詞〉の疑問文 ☆☆☆

疑問詞が一般動詞の疑問文(Do you play tennis? など)につく場合

Where do you play tennis? （あなたはどこでテニスをしますか。）
「どこ」　└疑問詞のあとは疑問文の語順

Why do you like swimming? （あなたはなぜ水泳が好きですか。）
「なぜ」

where は「どこに〔で〕」と場所をたずねる疑問詞，why は「なぜ」と理由をたずねる疑問詞。

▶ **What** do you have? — I have an egg.
（あなたは何を持っていますか。— 卵を１つ持っています。）

▶ **When** do you run? — I run after school.
（あなたはいつ走りますか。— 放課後に走ります。）

▶ **How** do you go to school? — I go by bus.
↳「どのようにして」と手段・方法をたずねる。
（あなたはどのようにして通学していますか。— バスで行きます。）

▶ **What time** do you get up? — I get up at six.
（あなたは何時に起きますか。— 6 時に起きます。）

▶ What で始まるいろいろな疑問文

- **What time** ～?…「何時(に)」と時刻をたずねる。
- **What color** ～?…「何色」と色をたずねる。
- **What day** ～?…「何曜日(に)」と曜日をたずねる。

▶ここがポイント

一般(いっぱん)動詞の文では，〈疑問詞＋do＋主語＋動詞の原形～?〉。

注意 〈what＋名詞〉で「どんな～」という意味の疑問詞になる。
what sport「どんなスポーツ」
what animal「何の動物」

テストに出る要点チェック

◆次の文の(　)内に適する語を入れなさい。

☐ 1. (　　　) is Yumi? — She is in her room.
☐ 2. (　　　) are these? — They are books.
☐ 3. (　　　) do you play the piano?
　— After dinner.
☐ 4. (　　　) do you help Ken?
　— Because he is busy.

解答

1. Where
2. What
3. When
4. Why

月　日

命令文，Let's ～.

POINT 20 命令文「～しなさい」☆☆☆

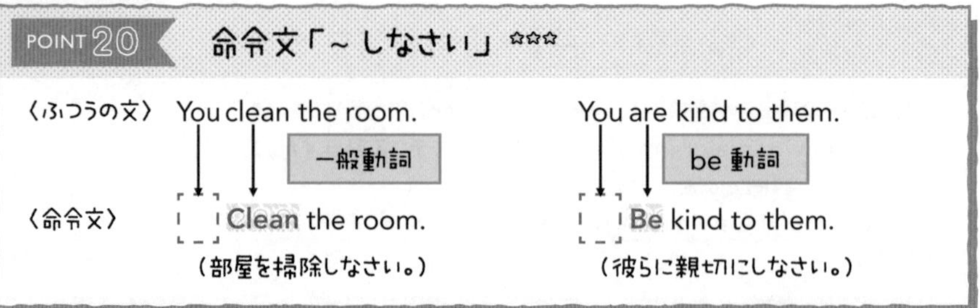

〈ふつうの文〉 You clean the room.
一般動詞
〈命令文〉 Clean the room.
（部屋を掃除しなさい。）
You are kind to them.
be 動詞
Be kind to them.
（彼らに親切にしなさい。）

1 「～しなさい」と相手に命令するときは，主語を省略して**動詞の原形**で文を始める。

▶ **一般動詞の文**　**Open** the window.（窓を開けなさい。）

be 動詞を用いた命令文は，be 動詞 am，are，is の**原形の be** で文を始める。

▶ **be 動詞の文**　**Be** quiet.（静かにしなさい。）
↳be 動詞 is，am，are の原形。

2 相手の名前を呼びかける場合，名前は文のはじめか終わりにつけて，コンマ(,)で区切る。

▶ Rie, **stand** up.＝**Stand** up, Rie.（理恵，立ちなさい。）
↳名前のあとにコンマ(,)。　↳名前の前にもコンマ(,)。

3 「～してください」と頼む文は，文のはじめか終わりに **please** をつける。終わりの please の前にはコンマをつける。

▶ **Please** sit down.＝Sit down, **please**.（座ってください。）
↳please の前にコンマ(,)。

・コレ重要・

☞ 命令文の形 :〈動詞の原形～.〉
☞ 命令文の意味 :「～しなさい」

▶ここがポイント

命令文は動詞の原形で文を始める。be 動詞の文の am，are，is は現在形なので，命令文にするときは原形の be で文を始める。
Be a good boy.
「よい少年になりなさい。」

注意 Tom, study hard.「トム，熱心に勉強しなさい。」というとき，Tom は主語ではなく呼びかけの語なので，動詞 study は原形のまま。

POINT 21 否定の命令文「～してはいけません」☆☆☆

〈ふつうの文〉　You close the door.（あなたはドアを閉めます。）
〈命令文〉　**Close** the door.（ドアを閉めなさい。）
〈否定の命令文〉　**Don't close** the door.（ドアを閉めてはいけません。）

「～してはいけません」と禁止するときは，命令文の前に **Don't** を置く。

得点UP（アップ）

① 命令文は主語を省略して動詞の原形で文を始めよう。
② 〈Don't ＋命令文〉は「～してはいけません」と禁止する文。
③ 〈Let's ＋動詞の原形〉は「～しましょう」と相手を誘う文。

▶ **Don't play** baseball here. — All right.
（ここで野球をしてはいけません。―わかりました。）

▶ **Don't be** noisy.（さわがしくしてはいけません。）
↳be 動詞の否定の命令文。

否定の命令文に please をつけてていねいに言うときは，文のはじめか終わりに please をつける。

▶ **Please don't** swim in this river.
（この川で泳がないでください。）
＝**Don't** swim in this river, **please**.
↳please の前にコンマ(,)。

参考 Don't ～. の文に呼びかけの語をつけるときも，呼びかけの語をコンマで区切る。
Taku, don't run.
= Don't run, Taku.
「拓，走ってはいけません。」

POINT 22 Let's ～. の文「～しましょう」☆☆☆

Let's have lunch.（昼食を食べましょう。）
— Yes, **let's**.（そうしましょう。）/ All right.（いいですよ。）/ OK.（いいですよ。）
— No, **let's not**.（やめておきましょう。）

「～しましょう」と相手を誘（さそ）うときは，命令文の前に **Let's** を置き，〈Let's ＋動詞の原形 ～.〉の形で表す。

▶ **Let's play** soccer. — Yes, **let's**.
（サッカーをしましょう。―そうしましょう。）

▶ **Let's go** to the concert, Kenji. — No, **let's not**.
（コンサートに行きましょう，健二。―やめましょう。）

▶ **Let's have** lunch in this park. — All right.
（この公園で昼食をとりましょう。―いいですよ。）

▶ここがポイント
〈Let's ＋動詞の原形〉は「～しましょう」と相手を誘う文。

テストに出る 要点チェック

◆日本文に合うように（ ）内に適する語を入れなさい。

□ 1．（　　）this camera.（このカメラを使いなさい。）
□ 2．（　　）（　　）, please.（静かにしてください。）
□ 3．（　　）（　　）Japanese here.
（ここで日本語を話してはいけません。）
□ 4．（　　）（　　）to the movies.（映画に行こう。）

解答
1．Use
2．Be quiet
3．Don't speak
4．Let's go

月　日

3 人称単数現在形

POINT 23 主語が 3 人称単数(現在形)のときの文 ☆☆☆

〈1 人称〉 I **play** soccer. (私はサッカーをします。)
〈2 人称〉 You **go** to the park. (あなたは公園に行きます。)
〈3 人称〉 He **plays** soccer. (彼はサッカーをします。)
She **goes** to the park. (彼女は公園に行きます。)

主語が 3 人称単数で現在形のときは，一般動詞の語尾に **s**，**es** をつける。

[3 単現の s，es のつけ方]

①語尾が s, sh, ch, o, x など	語尾に **es**	wash →**washes**
②語尾が〈子音字＋ y〉	y を **i** にかえて **es**	study →**studies**
③　①，②以外	語尾に **s**	play →**plays**

▶ He **likes** music. (彼は音楽が好きです。)
▶ She **watches** TV every day. (彼女は毎日テレビを見ます。)
↳語尾が ch なので watch には es をつける。
▶ Mary **studies** math. (メアリーは数学を勉強します。)
↳study は y を i にかえて es をつける。
▶ Our school **starts** at eight. (私たちの学校は 8 時に始まります。)
↳「私たちの学校」は 3 人称単数。

・コレ重要・
☞ 3 人称単数：I(1 人称)，you(2 人称)以外の 1 人，1 つのこと

注意 ①の例
teach → **teaches**
go → **goes**
②の例
fly → **flies**
cry → **cries**
・have の 3 単現は has になる。

参考 play は語尾が〈母音字 a ＋ y〉なので，そのまま s をつけて plays にする。
enjoy → enjoys も同様。

POINT 24 主語が 3 人称単数(現在形)のときの否定文 ☆☆☆

〈肯定文〉 She **studies** science. (彼女は理科を勉強します。)
〈否定文〉 She **does not study** science. (彼女は理科を勉強しません。)
↳原形

主語が 3 人称単数で現在形の否定文は，**動詞の前に does not**〔**doesn't**〕を置き，**動詞は原形**にする。

▶ She **does not play** tennis. (彼女はテニスをしません。)
↳does not のあとの動詞は原形。
▶ He **doesn't like** cats. (彼はねこが好きではありません。)
↳does not の短縮形。
▶ Mr. Brown **doesn't have** a car.
(ブラウンさんは自動車を持っていません。)

▶ここがポイント
does not のあとの動詞は原形(s，es をつけない形)にする。

① 現在形の一般動詞で，主語が 3 人称単数のときには動詞の語尾に s，es をつけよう。
② 主語が 3 人称単数で現在形の否定文，疑問文では does と動詞の原形を使おう。
③ She walks. の否定文は She doesn't walk.，疑問文は Does she walk? で表そう。

POINT 25 主語が 3 人称単数（現在形）のときの疑問文 ☆☆☆

〈肯定文〉 Mike **plays** soccer. （マイクはサッカーをします。）
〈疑問文〉 **Does** Mike **play** soccer? （マイクはサッカーをしますか。）
↳原形
〈答えの文〉Yes, he **does**. / No, he **does not**〔**doesn't**〕.
（はい，します。／いいえ，しません。）

主語が 3 人称（にんしょう）単数で現在形の疑問文は，**主語の前に does** を置き，**動詞は原形**にする。

▸ **Does** she **speak** English? — Yes, she **does**.
↳動詞の原形
（彼女（かのじょ）は英語を話しますか。— はい，話します。）

▸ **Does** Takuya **have** a racket? — No, he **doesn't** .
（拓也はラケットを持っていますか。— いいえ，持っていません。）

▸ **Does** your sister **know** me? — Yes, she **does**.
（あなたの姉[妹]は私を知っていますか。— はい，知っています。）

▸ **Does** this library **have** any English books?
— No, it **doesn't**.
（この図書館には英語の本はありますか。— いいえ，ありません。）

▸ What **does** Keiko **study** ? — She **studies** math.
（恵子は何を勉強しますか。— 彼女は数学を勉強します。）

▸ How many sisters **does** Mike **have** ? — He **has** two.
（マイクには何人の姉妹がいますか。— 2 人います。）

▸ Who **plays** the piano? — Yoshio **does**.
↳疑問詞 who は 3 人称単数扱い。
（だれがピアノを演奏しますか。— 良夫が演奏します。）

▶ここがポイント

〈Does ＋主語〉のあとの動詞は原形。答えの文は〈Yes, 主語 ＋ does.〉または〈No, 主語＋ doesn't.〉。

参考 Who runs fast?「だれが速く走りますか。」に対して,「明です。」と答えるときは，Akira **does**. となる。「私です。」は I **do**. である。

テストに出る 要点チェック

◆次の文の（ ）内の語を適する形に直しなさい。

- □ 1．Hiroshi (go) to school by bike.
- □ 2．My uncle (don't) have a nice computer.
- □ 3．Ms. Tanaka (teach) English.
- □ 4．(Do) Miho study very hard every day?

解答

1．goes
2．doesn't
3．teaches
4．Does

社会
理科
数学
英語
国語

月　日

助動詞 can

POINT 26 助動詞 can の働きと意味 ☆☆☆

I　　swim.（私は泳ぎます。）
I **can swim**.（私は泳ぐことができます。）
Mike　　swims.（マイクは泳ぎます。）
Mike **can swim**.（マイクは泳ぐことができます。）

動詞の原形

〈**can +動詞の原形**〉は「～できる」という意味を表す。動詞に意味をつけ加える can などの語を**助動詞**という。

- You **can dance**.（あなたは踊ることができます。）
- They **can use** this computer.
（彼らはこのコンピュータを使うことができます。）
- He runs fast.（彼は速く走ります。）
He **can run** fast.（彼は速く走ることができます。）
↳動詞に３人称単数の s はつけない。
- She drives.（彼女は運転をします。）
She **can drive**.（彼女は運転ができます。）

コレ重要
☞ 主語が３人称単数でも，can のあとの動詞は原形。

参考 can は助動詞。助動詞は動詞の前に置いて動詞の働きを助け，意味をつけ加える。
一般動詞の否定文，疑問文を作るときの do，does も助動詞。

注意 be able to は can と同じ意味を表す。
He can skate.
＝ He is able to skate.
「彼はスケートができます。」

POINT 27 can の否定文 ☆☆

〈肯定文〉I can　　play the piano.（私はピアノが弾けます。）
〈否定文〉I **cannot** play the piano.（私はピアノが弾けません。）

=can't

〈**cannot +動詞の原形**〉は「～することができない」という意味を表す。cannot は can't と短縮することができる。

- You **cannot** cook.（あなたは料理をすることができません。）
↳=can't
- She **can't** write Japanese.
↳cannot の短縮形。
（彼女は日本語を書くことができません。）

注意 cannot は can not と分けて書くことができない。

得点アップUP

① 助動詞 can は「～ できる」の意味を表す。
② 〈cannot〔can't〕+動詞の原形〉は「～ できない」の意味。
③ 〈Can +主語+動詞の原形～?〉は「～ できますか」とたずねる文。

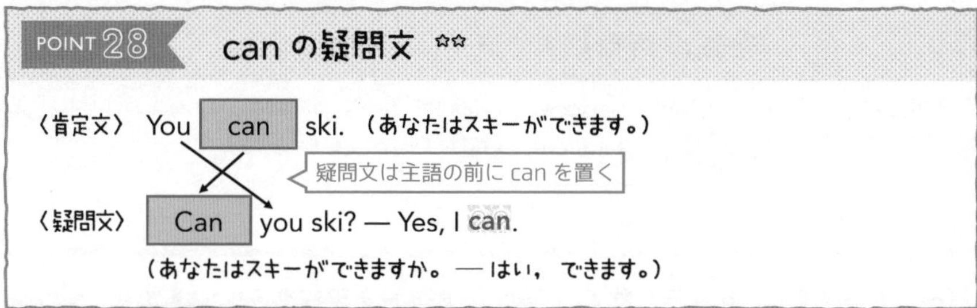

can の疑問文は**主語の前に can** を置く。答えるときも can を使う。Yes の場合は〈Yes, 主語＋ can.〉，No の場合は〈No, 主語＋ cannot〔can't〕.〉で表す。

POINT 28
can の疑問文 ☆☆
〈肯定文〉 You can ski. (あなたはスキーができます。)
疑問文は主語の前に can を置く
〈疑問文〉 Can you ski? — Yes, I can.
(あなたはスキーができますか。— はい，できます。)

▶ **Can** you **speak** English? — Yes, I **can**.
(あなたは英語を話せますか。— はい，話せます。)

▶ **Can** she **play** the violin? — No, she **can't**.
↳cannot の短縮形。
(彼女(かのじょ)はバイオリンを弾(ひ)けますか。— いいえ，弾けません。)

▶ **Can** your father **cook** curry? — Yes, he **can**.
(あなたのお父さんはカレーを料理することができますか。— はい，できます。)

▶ **Can** they skate? — No, they **can't**.
(彼(かれ)らはスケートができますか。— いいえ，できません。)

▶ What **can** you **play**? — I **can play** baseball.
(あなたは何ができますか。— 野球ができます。)

▶ Who **can dance** well? (だれが上手に踊(おど)れますか。)
— Mike **can**. (マイクが踊れます。)
↳〈主語＋ can.〉で答える。

参考 Can I ～? と Can we ～? は「(私は〔私たちは〕) ～してもいいですか」と許可を求める文。
　Can you ～? には「～してくれませんか」と依頼(いらい)する意味もある。
　Can you help me? 「私を手伝ってくれませんか。」

注意 疑問詞で始まる文は〈疑問詞＋ can ＋主語＋動詞の原形～?〉の形。who の場合は who が主語なので，〈Who can ＋動詞の原形～?〉。

テストに出る 要点チェック

◆次の文の(　)内から適する語を選びなさい。

☐ 1. My sister can (sings, sing) well.
☐ 2. Takeshi can't (ride, rides) a bike.
☐ 3. (Can, Do) you use this camera? — Yes, I can.
☐ 4. (What, Who) can swim fast? — Yumi can.

解答
1. sing
2. ride
3. Can
4. Who

月　日

現在進行形

POINT 29 現在進行形とは ☆☆☆

〈現在形〉　I play soccer.（私はサッカーをします。）
〈現在進行形〉　I am playing soccer.（私はサッカーをしています。）
be 動詞＋動詞の ing 形

「〜しています」と現在行われている動作を表す形を**現在進行形**といい，〈**be 動詞＋動詞の ing 形**〉で表す。

- You **are walking**.（あなたは歩いています。）
  ↳主語が you なので be 動詞は are。
- She **is reading** a book.（彼女は本を読んでいます。）
  ↳主語が she なので be 動詞は is。

［動詞の ing 形の作り方］

動詞の語尾	ing のつけ方	例
① e	e をとって ing	write →**writing**
②〈短母音＋子音字〉	子音字を重ねて ing	run →**running**
③ ie	ie を y に変えて ing	lie →**lying**
④ ①，②，③以外	そのまま ing	study →**studying**

・コレ重要・
☞ 現在進行形の形：〈be 動詞＋動詞の ing 形〉
☞ 現在進行形の意味：「〜しています，〜しているところです」

注意 状態を表す動詞の like，know などは進行形にしない。have は「持っている」の意味では進行形にしないが，「食べる」の意味のときは進行形にする。
I'm having lunch.
「私は昼食を食べています。」

POINT 30 現在進行形の否定文 ☆☆

〈肯定文〉He is running now.（彼は今，走っています。）
〈否定文〉He is **not** running now.（彼は今，走っていません。）

現在進行形の否定文は，**be 動詞のあとに not** を置く。

- I **am not singing** now.（私は今，歌っていません。）
  ↳sing はそのまま ing。
- You **are not making** a cake.
  ↳make は語尾が e なので e をとって ing。
  （あなたはケーキを作っていません。）
- He **isn't swimming**.（彼は泳いでいません。）
  ↳swim は語尾が〈短母音＋子音字〉なので m を重ねて ing。
- They **aren't dancing**.（彼らは踊っていません。）
  ↳dance は語尾が e なので e をとって ing。

▶ここがポイント
- 〈be 動詞＋動詞の ing 形〉＝「〜しています，〜しているところです」と，現在進行中の動作を表す。
- 現在進行形の否定文は be 動詞のあとに not を置く。

① 語尾が〈短母音＋子音字〉となる run，swim，get などの ing 形に注意しよう。
② 現在進行形は〈be 動詞＋動詞の ing 形〉となる。
③ 現在進行形の否定文，疑問文，答えの文の作り方は be 動詞の文と同じ。

POINT 31 現在進行形の疑問文 ☆☆

〈肯定文〉 You **are studying** math. （あなたは数学を勉強しています。）

疑問文は主語の前に be 動詞を置く

〈疑問文〉 **Are** you **studying** math? （あなたは数学を勉強していますか。）
〈答えの文〉 Yes, I **am**. / No, I'**m** not. （はい，しています。／いいえ，していません。）

現在進行形の疑問文は**主語の前に be 動詞**を置く。答えの文は Yes, I am. のように be 動詞を使って答える。

▶ **Are** you **studying** English now? — Yes, I **am**.
（あなたは今，英語を勉強していますか。— はい，しています。）

▶ **Is** he **watching** TV? — Yes, he **is**.
（彼（かれ）はテレビを見ていますか。— はい，見ています。）

▶ **Are** they **eating** breakfast? — No, they **aren't**.
（彼らは朝食を食べていますか。— いいえ，食べていません。）

▶ What **are** you **doing**? — I **am writing** a letter.
↳一般動詞 do「～する」の ing 形。
（あなたは何をしていますか。— 手紙を書いています。）

▶ Where **is** she **singing**? （彼女（かのじょ）はどこで歌っていますか。）
— She **is singing** in her room.
（彼女は彼女の部屋で歌っています。）

▶ Who **is washing** the car? （だれが車を洗っていますか。）
↳疑問詞 who は 3 人称単数扱いなので，be 動詞は is。
— My brother **is**. （私の兄です。）
↳〈主語＋ be 動詞 .〉で答える。

▶ここがポイント

現在進行形の疑問文は be 動詞を主語の前に出す。答えの文では be 動詞を使う。

参考 What are you ～ing? には I am ～ing. や We are ～ing. で答える。

注意 ・疑問詞で始まる現在進行形の疑問文は〈疑問詞＋ be 動詞＋主語＋動詞の ing 形～？〉。
・who が主語になる場合は〈Who ＋ is ＋動詞の ing 形～？〉。

テストに出る 要点チェック

◆次の文の（ ）内の語を適する形に直しなさい。

- ☐ 1．Lucy and John are (swim).
- ☐ 2．Ken isn't (hit) a ball.
- ☐ 3．Are you (study)? — No. I'm (write) a letter.
- ☐ 4．Who (be) helping Tom? — Mary is.

解答

1．swimming
2．hitting
3．studying, writing
4．is

月　日

一般動詞の過去形

POINT 32 動詞の過去形 ☆☆☆

規則動詞 〈現在の文〉 I visit Jim. （私はジムを訪ねます。）
〈過去の文〉 I **visited** Jim yesterday. （私は昨日ジムを訪ねました。）
動詞に ed をつける（規則動詞）

不規則動詞 〈現在の文〉 I speak English. （私は英語を話します。）
〈過去の文〉 I **spoke** English last night. （私は昨夜英語を話しました。）
不規則に変化する（不規則動詞）

過去形には動詞の語尾（ごび）に d，ed をつける**規則動詞**と，不規則に変化する**不規則動詞**がある。

［規則動詞の過去形の作り方］

動詞の語尾	d，ed のつけ方	例
① e	d だけつける	like →**liked**
②〈子音字＋ y〉	yをiにかえて ed	study →**studied**
③〈短母音＋子音字〉	子音字を重ねて ed	stop →**stopped**
④　①～③以外	そのまま ed	play →**played**

▶ You **played** baseball.（あなたは野球をしました。）

▶ He **studied** English.（彼（かれ）は英語を勉強しました。）
↳study は規則動詞。語尾が〈子音字＋ y〉なので y を i にかえて ed。

▶ I **went** to Kyoto.（私は京都へ行きました。）
↳不規則動詞 go の過去形。

▶ She **read** the book.（彼女（かのじょ）は本を読みました。）
↳不規則動詞 read の過去形。現在形の場合は reads となる。

・コレ重要・
☞「～しました」と過去のことを表すときは動詞を過去形にする。

▶ここがポイント

一般（いっぱん）動詞の過去形には，主語による使い分けはない。

［不規則動詞の例］
have → **had**
go → **went**
speak → **spoke**
come → **came**
know → **knew**
make → **made**
cut → **cut**
take → **took**
read → **read**
read の原形の発音は [riːd]，過去形の発音は [red]。

POINT 33 一般動詞の過去形の否定文 ☆☆☆

〈肯定文〉 I studied science. （私は理科を勉強しました。）
〈否定文〉 I **did not** **study** science. （私は理科を勉強しませんでした。）
↳原形

過去の否定文は**動詞の前に did not** を置き，**動詞は原形**にする。

得点アップUP

① 規則動詞の過去形は動詞の語尾に d，ed をつける。不規則動詞の過去形は覚えよう。
② 主語が何であっても動詞の過去形は 1 つだけ。
③ 過去の否定文と疑問文では did を使う。did を使うときの動詞は原形。

▶ I **did not help** him.（私は彼を手伝いませんでした。）
↳動詞は原形。
▶ He **didn't come** early.（彼は早く来ませんでした。）
↳did not の短縮形。
▶ The bird **didn't fly** at all.
（その鳥はまったく飛びませんでした。）

注意 過去の否定文では，現在の文の I **don't** ～. She **doesn't** ～. のような do と does の使い分けはない。

POINT 34 一般動詞の過去形の疑問文 ☆☆☆

〈肯定文〉 You **knew** Alice.（あなたはアリスを知っていました。）
過去形
〈疑問文〉 **Did** you **know** Alice?（あなたはアリスを知っていましたか。）
〈答えの文〉 Yes, I **did**. / No, I **did not**〔**didn't**〕.
（はい，知っていました。/ いいえ，知りませんでした。）

過去の疑問文は**主語の前に Did** を置き，**動詞は原形**にする。

▶ **Did** he **watch** TV last night? — Yes, he **did**.
（彼は昨夜テレビを見ましたか。—はい，見ました。）
▶ **Did** Ayumi **take** a picture? — No, she **didn't**.
↳did not の短縮形。
（あゆみは写真を撮りましたか。—いいえ，撮りませんでした。）
▶ What **did** you **do** last night?（あなたは昨夜何をしましたか。）
— I **wrote** a report.（レポートを書きました。）
↳write の過去形。
▶ Who **went** to the library? — I **did**.
↳who が疑問文の主語なので，動詞(過去形)が続いている。
（だれが図書館へ行きましたか。—私が行きました。）

参考 過去を表す語(句)は yesterday「昨日」，last night「昨夜」，three days ago「3 日前」など。

注意 疑問詞が主語の疑問文は語順に注意。What happened?「何が起こりましたか。」

・コレ重要・
☞ 過去の否定文と疑問文では動詞を原形にする。

テストに出る 要点チェック

◆(　)内に適する語を入れて，次の文を過去の文にしなさい。

- □ 1．I study. → I (　　　).
- □ 2．She doesn't run. → She (　　　) run.
- □ 3．Do you sing? → (　　　) you (　　　)?
- □ 4．Who goes to Kobe? → Who (　　　) to Kobe?

解答
1．studied
2．didn't
3．Did, sing
4．went

月　日

be 動詞の過去形 (was, were), 過去進行形

POINT 35 be 動詞の過去形 ☆☆☆

〈現在形〉 I **am** happy. （私は幸せです。）
〈過去形〉 I **was** happy yesterday. （私は昨日幸せでした。）
〈現在形〉 Ken **is** happy. （ケンは幸せです。）
〈過去形〉 Ken **was** happy last night. （ケンは昨夜幸せでした。）
〈現在形〉 You **are** happy. （あなたは幸せです。）
〈過去形〉 You **were** happy last week. （あなたは先週幸せでした。）

be 動詞のある文で過去を表すときは，**be 動詞を過去形に**する。

① **主語が I および 3 人称単数のとき…was**

▶ I **was** busy yesterday.（私は昨日，忙(いそが)しかった。）
↳I のときは was。

▶ Yuka **was** in Tokyo last week.
↳主語が 3 人称単数のときは was。
（由香は先週，東京にいました。）

② **主語が you および複数のとき…were**

▶ You **were** tired yesterday.
↳主語が you のときは were。
（あなたは昨日，疲(つか)れていました。）

▶ We **were** in the park two hours ago.
↳主語が複数のときは were。
（私たちは 2 時間前，公園にいました。）

・コレ重要・
☞ am，is の過去形：was / are の過去形：were

注意 主語が単数か複数かを見分けて，was と were を使い分ける。

▶ここがポイント
be 動詞の現在形は am，are，is の 3 つ。be 動詞の過去形は was，were の 2 つ。現在形で am，is を使うものは was，are を使うものは were になる。

POINT 36 過去進行形 ☆☆

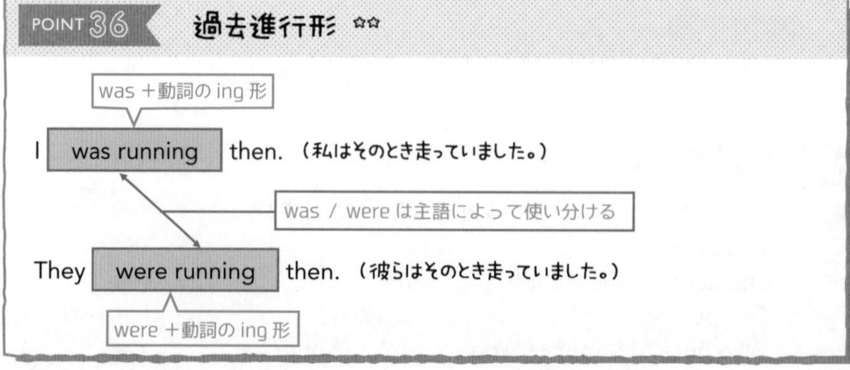

was ＋動詞の ing 形
I was running then. （私はそのとき走っていました。）
was / were は主語によって使い分ける
They were running then. （彼らはそのとき走っていました。）
were ＋動詞の ing 形

得点アップUP

① 動詞の ing 形に注意しよう。
get → getting，plan → planning，leave → leaving，die → dying
② 主語が単数か複数かに注意しよう。

過去のある時点で「～していました」と表現するときには，〈**was〔were〕＋動詞の ing 形**〉を用いる。

▶ Yuki **was watching** TV an hour ago.
（由紀は１時間前はテレビを見ていました。）

▶ They **were having** lunch in the cafeteria.
（彼(かれ)らはカフェテリアで昼食を食べていました。）

・コレ重要・
☞ 過去進行形の形：〈be 動詞の過去形＋動詞の ing 形〉
☞ 過去進行形の意味：「～していました」

注意 注意すべき ing 形
write → writing
run → running
lie → lying　など

POINT 37 be 動詞の過去形の疑問文・否定文 ☆☆

〈疑問文〉 **Was** Ken happy?（ケンは幸せでしたか。）
〈答えの文〉 — Yes, he **was**.（はい，幸せでした。）
〈否定文〉 They **were not** running.（彼らは走っていませんでした。）

[疑問文]

▶ **Was** Eri in Tokyo last week? — Yes, she **was**.
（絵里は先週，東京にいたのですか。— はい，いました。）

▶ **Were** you **studying** then?
（あなたはそのとき，勉強していましたか。）

[否定文]

▶ Bob **was not** hungry then.
　　　(= wasn't)
（ボブはそのとき，空腹ではありませんでした。）

注意 疑問詞で始まる疑問文
Where was Ken last week?
— He was in Tokyo.
Who was cooking in the kitchen?
— Yumi and Kumi were.
・短縮形
was not → wasn't
were not → weren't

テストに出る 要点チェック ✓

◆次の（　）内の正しいものを選びなさい。

☐ 1．My students (are / were) in the gym at that time.
☐ 2．Jim (is / was) listening to music then.
☐ 3．My sister (is / was) writing a letter now.
☐ 4．Bob, were you (used / using) this computer?
☐ 5．I was in London last week. — (Are / Were) you?

解答
1．were
2．was
3．is
4．using
5．Were

社会
理科
数学
英語
国語

月　日

さまざまな前置詞

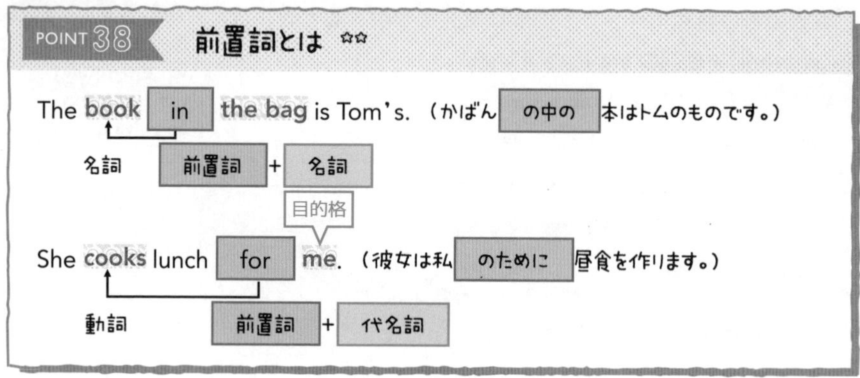

- I play tennis **with** him.（私は彼（かれ）とテニスをします。）
- I go **to** school **by** bus.（私はバスで学校へ行きます。）
  ↳to は「～へ」と方向を表す。by は交通手段を表す。
- Tom is **from** London.（トムはロンドン出身です。）
- He talks **about** his trip.（彼は旅行について話します。）
- She cried **like** a baby.（彼女（かのじょ）は赤ちゃんのように泣きました。）
  ↳前置詞 like ＝「～のように」
- The book is easy **for** me.（その本は私には簡単です。）
- Let's swim **after** lunch.（昼食のあとに泳ぎましょう。）
- **before** dinner（夕食の前に）
- a picture **of** my family（私の家族の写真）

▶ここがポイント

前置詞のあとの代名詞は目的格。with him「彼と一緒（いっしょ）に」

参考 from は「～の出身」のほかに「～から」の意味がある。from Monday to Friday「月曜日から金曜日まで」

・コレ重要・

☞ 前置詞は(代)名詞の前に置き，名詞や動詞を修飾する。

POINT 39 時を表す前置詞 ✩✩

I get up **at** seven. （私は 7 時 に 起きます。）

I swim **on** Saturday. （私は土曜日 に 泳ぎます。）

時間，曜日，月，季節，年などの前には前置詞がつく。

- We have long vacation **in** August.
  (8 月には長い休暇（きゅうか）があります。)
- Let's study **for** two hours.（2 時間勉強しましょう。）

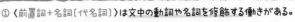

得点UP(アップ)

① 〈前置詞＋名詞〔代名詞〕〉は文中の動詞や名詞を修飾する働きがある。
② 時と場所を表す前置詞の意味を確認しよう。
③ 同じ前置詞でも組み合わせる名詞により，いろいろな意味がある。

at＋時刻	**at** ten「10 時に」
on＋曜日・日付	**on** Monday「月曜日に」
in＋月・年・季節・午前・午後	**in** January「1 月に」, **in** 2016「2016 年に」 **in** summer「夏に」, **in** the morning「午前中に」
for＋期間	**for** three weeks「3 週間」

注意 ・at noon「正午に」は the がつかない。
・in the morning「午前中に」, in the afternoon「午後に」, in the evening「夕方に」は the がつく。

POINT 40 場所・方向を表す前置詞 ☆☆

My picture is **on** the wall. （私の絵は壁にかかっています。）
Her cat is **under** the desk. （彼女のねこは机の下にいます。）

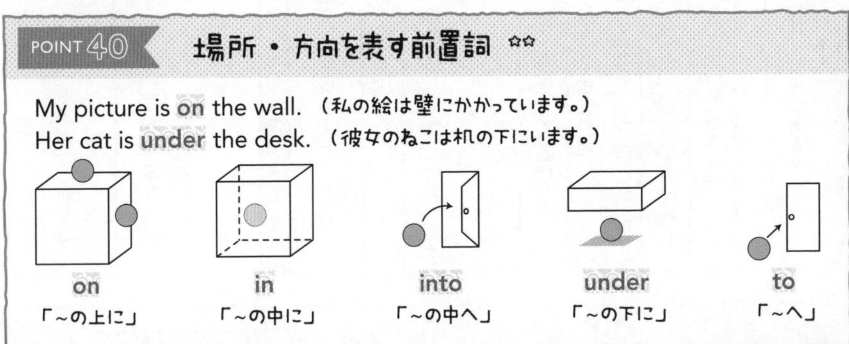

前置詞のあとの名詞との関係によって使い分ける。

- I live **in** Tokyo.（私は東京に住んでいます。）
  ↳in は比較的広い場所を表す。
- Let's meet **at** the station.（駅で会いましょう。）
  ↳at は比較的せまい場所を表す。
- Ken went **into** that room.（ケンはあの部屋の中へ行きました。）
  ↳「～の中へ」
- The shop is **near** the bank.（その店は銀行の近くにあります。）
  ↳「～の近くに」。by「そばに」はもっと近い。
- People are **around** the new building.
  （人々はその新しい建物のまわりにいます。）
- Jim leaves **for** school at eight.
  （ジムは 8 時に学校に向かって出発します。）

▶ここがポイント

on は，壁(かべ)などに接している場合も使う。
on the wall「壁に」

参考 by the river「川のそばに」の by「そばに」は，near よりももっと近いときに使う。

テストに出る 要点チェック

◆次の文の（ ）内から適する語を選びなさい。

- [ ] 1．Let's play catch with (we, our, us).
- [ ] 2．We have a party (in, at, on) July 4.
- [ ] 3．We play the guitar (to, for, in) the afternoon.
- [ ] 4．Jane lives (in, to, on) New York.

解答

1．us
2．on
3．in
4．in

つとめて	早朝・翌朝	冬はつとめて
やうやう	だんだん	春はあけぼの。やうやう白くなりゆく山ぎは
をかし	風流だ 趣がある	和歌こそなほをかしきものなれ

2 現代語にはない古語

古語	意味	用例
あらまほし	望ましい あってほしい	先達はあらまほしきことなり
いと	とても	いと大きなる川あり
いみじ	ひどい	あないみじ。犬を蔵人二人して打ち給ふ。
	すばらしい	いみじきことなりけり
おぼゆ	思われる	あはれにくちをしくおぼゆ。
そこはかとなし	どこかわからない	そこはかとなき虫の声々
	とりとめもない	そこはかとなく書きつくれば
つきづきし	似つかわしい	炭持て渡るも、いとつきづきし
らうたし	かわいい	らうたしと思ひし子、失せにけり

・コレ重要・

- 歴史的仮名遣い…現代の発音や表記とは違うものがある。
- 古語…現代語とは異なる意味を持つことがある。

3 古典常識 ☆☆

月の異名

一月	睦月	二月	如月	三月	弥生
四月	卯月	五月	皐月	六月	水無月
七月	文月	八月	葉月	九月	長月
十月	神無月	十一月	霜月	十二月	師走

テストに出る要点チェック

1. 次の――線部を、現代仮名遣いに直しなさい。
   ① いとうつくしうてゐたり。
   ② 草に隠れてうかがひゐたるに
   ③ かの寮のくわんにんくらつ麿と申す翁申すやう
2. 次の――線部「をかし」の意味を、あとから選びなさい。
   ただ一つ二つなど、ほのかにうち光りて行くもをかし。
   ア 趣がある　イ おもしろい
   ウ 満足だ　エ かわいい
3. 次の月の異名を、漢字で答えなさい。
   ① 二月　② 四月　③ 十月

解答 1. ①うつくしゅうていたり　②うかがいいたるに　③かんにん・よう　2. ア　3. ①如月　②卯月　③神無月

JAPANESE

8 古文の基礎

得点UP
① 歴史的仮名遣いの法則をしっかり覚えよう。
② 古語とその意味を理解しよう。
③ 古典常識に関する知識を増やそう。

月　日

1 歴史的仮名遣い ☆☆☆

歴史的仮名遣い…昔使われていたもので、現代とは発音や表記が異なる古文の仮名遣いのこと。

● 歴史的仮名遣いを現代仮名遣いにする場合の原則

語中・語尾のハ行→ワ行	山ぎは→山ぎわ
「ゐ」→「い」	ゐなか→いなか
「ゑ」→「え」	こゑ→こえ
「を」→「お」	をかし→おかし
「ぢ」→「じ」	はぢ→はじ
「づ」→「ず」	まづ→まず
「くわ・ぐわ」→「か・が」	くわんげん→かんげん
「む」→「ん」	やむごと→やんごと
ア段＋う(ふ)→オ段＋う	やうやう→ようよう
イ段＋う(ふ)→イ段＋ゅう	悲しう→悲しゅう
エ段＋う(ふ)→イ段＋ょう	てふ（蝶）→ちょう

語中・語尾のハ行をワ行にするとは、語頭や助詞のハ行はワ行にしないということである。

例 ほし(星)・いざ鎌倉へ

2 注意すべき古語 ☆☆

（古語：近世まで使われていた言葉）

古語には主に、現在も使われているが意味が異なっている言葉と、現代では使われていない言葉がある。

1 現代語とは異なる意味を持つ古語

古語	意味	用例
あく(飽く)	満足する	あはれ、いかで芋粥にあかん
あした	朝	あしたに死に夕に生まるる
あはれなり	感慨深い	いみじうあはれにをかしけれ
あやし	不思議だ	あやしきことなりけり
	身分が低い	あやしき者の家なれど
ありがたし	珍しい	ありがたきもの
うつくし	かわいい	うつくしきもの。瓜に書きたるちごの顔
おとなし	大人びている 分別がある	かくおとなしくならせ給ひに
かなし	いとしい	限りなくかなしと思ひて
さうざうし	もの足りない さびしい	ひとり食べむがさうざうしければ

コレ重要
接続語と修飾語の見分け方を間違(まちが)えないようにしよう。文中で位置を変えることができないときは、接続語。

例 雨が降り、また、雪も降り出した。→接続語(接続詞)
「雨が降り、雪もまた降り出した」では文意が変わる
雪がまた降り出した。→修飾語(副詞)
「また雪が降り出した」でも文意は変わらない

参考 「また」を「再び」に置きかえ、文意が変わると接続語。

3 接続語の働き ☆☆

接続語を意識して段落や文どうしの関係をとらえることで、文章のつながりを理解することができる。

例
私たち人間は、毎日さまざまなものを食べて栄養を摂取(せっしゅ)しています。
しかし、植物は人間と同じようにものを食べることができません。その代わりに、一部の植物は、光合成をすることによって栄養分を作り出しています。
では、光合成とはいったいどのようなものなのでしょうか。それは、植物が光のエネルギーを利用して、二酸化炭素と水から栄養分を作り出す働きです。そして、このときに作り出される栄養分をデンプンといいます。
すなわち、一部の植物は、光合成によりデンプンを作り出すことで、栄養分を確保しているのです。

テストに出る 要点チェック

□ 1. 次の(　)に入る適切な語を、あとから選びなさい。
① 学校の近くで起こったその事件は、テレビ(　)新聞で報道されるだろう。
② ようやく家が完成した。(　)、中に入ってみよう。
③ 一日中探した。(　)、ついに見つからなかった。
④ 彼(かれ)は座(すわ)りこんだ。(　)、全力で走ってきたからだ。
ア しかし　イ または　ウ なぜなら　エ では

□ 2. 次の――線部の接続語の用法を、あとから一つずつ選び、記号で答えなさい。
① あの店のカレーは安い。しかも、おいしいと評判だ。
② 電話、もしくは、メールで連絡をください。
③ 窓を開けた。すると、さわやかな風が入ってきた。
④ もう七時だ。さて、今夜の夕食は何にしようか。
⑤ 図書館は月曜日が閉館です。ただし、第二月曜日は開いています。
⑥ 練習は厳しかった。だが、あきらめずに最後までやりとげた。
ア 順接　イ 逆接　ウ 並立・累加(添加)
エ 対比・選択　オ 説明・補足　カ 転換

解答
1. ①イ　②エ　③ア　④ウ
2. ①ウ　②エ　③ア　④カ　⑤オ　⑥イ

JAPANESE

7 接続語

1 接続語の用法

接続語…文と文や文節と文節、段落と段落をつなぐ働きをする。

順接	前に述べた事柄が原因・理由となり、あとに順当な結果が続く。
逆接	前に述べた事柄から予想されることとは逆の事柄があとに続く。
並立・累加(添加)	前に述べた事柄に、あとの事柄を並べたりつけ加えたりする。
対比・選択	前に述べた事柄とあとに述べた事柄を比べたり、どちらかを選択したりする。
補足・説明	前に述べた事柄についてあとで補ったり、説明したりする。
転換	前に述べた事柄から、話題を変える。

例 今日はとても暖かい。でも(逆接)、明日は寒くなるようだ。
まずは洗濯を済ませ、それから(並立・累加(添加))、掃除をしよう。
このあたりで休憩しよう。ただし(補足・説明)、五分だけだよ。

参考 接続語は文の初めだけでなく、文中にくることもある。

得点UP

① 接続語の用法の理解を深めよう。
② 接続語の語例・用例をしっかりおさえよう。
③ 接続語の働きを理解し、関係性をとらえよう。

月　日

2 接続語の語例・用例

1 順接…だから・それで・すると・そこで・したがって
例 朝から熱がある。だから、学校を休んだ。

2 逆接…しかし・けれども・ところが・だが・でも
例 約束の時間になった。しかし、まだ彼は来ない。

3 並立・累加(添加)…また・そして・しかも・なお・それから
例 妹はイチゴが好きだ。そして、ブドウも好きだ。

4 対比・選択…または・あるいは・もしくは・それとも
例 ご飯にしますか。それとも、パンにしますか。

5 補足・説明…ただし・なぜなら・すなわち
例 試験に合格した。なぜなら、がんばって勉強したからだ。

6 転換…さて・ところで・ときに・では
例 以上で説明を終わります。では、質疑応答に移ります。

文章の展開をおさえるためにも、接続語の理解は重要だよ。

3 指示語の働き ☆☆

1 文章中の語句や内容を指し示すことで、文全体を簡潔にして読みやすくする。

例 あなたの机の上に書類があります。あなたの机の上の書類を職員室の山田先生に届けてください。
（全体的にまわりくどい印象になる）

← あなたの机の上に書類があります。それを職員室の山田先生に届けてください。
（簡潔で読みやすくなる）

2 指示語を意識することで、文脈を正確に把握(はあく)することができる。

参考 指示語が指している内容は、指示語より前に書かれていることが多い。

例

> 近年、科学技術の進歩はめざましく、私たちの暮らしはずいぶんと便利になった。①その一方で、環境(かんきょう)問題は深刻さを増している。
> 先日、ニュースでも②この話題を取り上げていた。専門家の意見を聞くなかで、私は、地球温暖化による海面上昇(じょうしょう)について特に気になった。なぜなら③それによって、世界で何億もの人が住むところを追われると聞いたからだ。
> ④どこかの国の話だと人ごとのように思わずに、⑤このことは自分たちの問題なのだと改めて考えていきたい。

① (近年、科学技術の進歩はめざましく、)私たちの暮らしはずいぶんと便利になった
② 環境問題(の)
③ (地球温暖化による)海面上昇
④ 世界(のどこか)
⑤ 世界で何億もの人が住むところを追われる

コレ重要 指示語の指す内容をあてはめ、意味が通るかどうかを確認する。

テストに出る要点チェック

1. 次の(　)にあてはまる語をあとから選びなさい。
① (　)喫茶(きっさ)店は、私がアルバイトをしていたところだ。
② (　)する以外には、もう方法がない。
③ 今日は(　)のコートを着ていこう。
④ 期待したって、しょせん(　)ものさ。
ア どちら　**イ** こう　**ウ** そんな　**エ** あの

2. 次の――線部が指している内容を答えなさい。
先週の日曜日、運動会があった。その日は朝から晴天だった。

解答
1. ①エ　②イ　③ア　④ウ
2. 運動会があった先週の日曜日(運動会があった日・先週の日曜日)。

JAPANESE

6 指示語

得点アップUP

① 指示語の性質を理解しよう。
② 指示語の種類の違い(ちが)いをとらえよう。
③ 指示語の働きをおさえ、文章の内容を理解しよう。

月　日

1 指示語の性質 ☆☆

指示語…具体的な名称(めいしょう)の代わりに、物事や場所などを**指し示す**言葉。

例 この絵を見てください。

指示語が指しているものは、話し手と聞き手との関係を基準にして決まる。

● 話し手と聞き手との関係

近称	**話し手**に近いもの。
中称	**聞き手**に近いもの。
遠称	話し手からも聞き手からも遠いもの。
不定称	話し手と聞き手からの距離(きょり)が定まっていないもの。

例 こちら(話し手に近い)が私の担任の先生です。→近称
そのぼうし(聞き手に近い)を取ってください。→中称
あのぼうし(話し手からも聞き手からも遠い)を取ってください。→遠称
どちら(距離が定まっていない)へ行けばいいでしょうか。→不定称

2 指示語の種類 ☆☆

指示語となる品詞は、**名詞・連体詞・副詞・形容動詞**の四つである。

● 指示語の性質と品詞

	近称(こ)	中称(そ)	遠称(あ)	不定称(ど)
名詞	これ ここ こちら こっち	それ そこ そちら そっち	あれ あそこ あちら あっち	どれ どこ どちら どっち
連体詞	この	その	あの	どの
副詞	こう	そう	ああ	どう
形容動詞	こんなだ	そんなだ	あんなだ	どんなだ

例 こんな(形容動詞)経験は二度とできないよ。

コレ重要
☞ 近称・中称・遠称・不定称は、それぞれの語の最初の文字が「こ」「そ」「あ」「ど」であることから、指示語のことを「こそあど言葉」とも呼ぶ。

例 木の葉が風にはらはらと

→木の葉が風にはらはらと（揺れている）
省かれている

6 対句…形や意味が似た表現を対立的に並べて印象を強める。

例 僕の前に道はない／僕の後ろに道は出来る

《表現技法の使用例》

北の海　中原中也

海にゐるのは、
あれは人魚ではないのです。
海にゐるのは、
あれは、浪ばかり。

曇つた北海の空の下、
浪はところどころ歯をむいて、
空を呪つてゐるのです。
いつはてるとも知れない呪。

海にゐるのは、
あれは人魚ではないのです。
海にゐるのは、
あれは、浪ばかり。

反復　対句　擬人法　体言止め

一つの詩に、たくさんの表現技法が使われているね。

コレ重要
表現技法が使われるのは、作者が強調したいところである。技法の特徴をおさえ、作者の意図を読み取ろう。

テストに出る 要点チェック

◆次の詩は、明治大正期の詩人山村暮鳥の「西瓜の詩」という一連の詩の一つです。この詩を読んで、あとの問いに答えなさい。

みんな
あつまれ
あつまれ
そしてぐるりと
輪を描け
いま
真二つになる西瓜だ

□ 1. この詩の分類を、次から選びなさい。
ア 文語定型詩　イ 口語定型詩
ウ 文語自由詩　エ 口語自由詩

□ 2. この詩の——線部に使われている表現技法を、次から選びなさい。
ア 直喩　イ 隠喩　ウ 擬人法　エ 反復
オ 倒置　カ 対句　キ 体言止め

解答　1. エ　2. エ

JAPANESE

5 詩の形式と表現技法

1 詩の種類 ☆☆

詩は、形式・用語・内容の上から、次のように分類することができる。

形式	定型詩	音数や行列などに一定の決まりがある詩。
	自由詩	一定の決まりを持たず、自由なリズムで書かれた詩。
	散文詩	短く改行せず、普通の文章のように書かれた詩。
用語	文語詩	文語（昔の書き言葉）で書かれた詩。
	口語詩	口語（現代の言葉）で書かれた詩。
内容	叙事詩	歴史上の出来事や事件、物語をうたった詩。
	叙景詩	自然の景色をうたった詩。
	叙情詩	作者の心情を主観的にうたった詩。

詩の中の、何行かの意味上のまとまりを連という。次の連との間は空けることが多い。第一連、第二連などと呼ぶ。

詩の分類の組み合わせには、「文語定型詩」「口語散文詩」などいろいろあるが、現代の詩には「**口語自由詩**」（形式が自由詩で用語が口語詩）が多い。

① 詩の種類（形式・用語・内容による分類）を理解しよう。
② 詩の表現技法をしっかり覚えよう。
③ 情景や主題をとらえ、作者の思いを読み取ろう。

月　日

2 詩の表現技法 ☆☆

1 **比喩**…特徴をよく表す他の似たものにたとえて、わかりやすく表現すること。

直喩（明喩）…「まるで」「ようだ」などを使って直接たとえる。

例 夢のような気持ち

隠喩（暗喩）…「まるで」「ようだ」などを使わずにたとえる。

例 仏の心（仏のような慈悲深い心）

擬人法…人以外のものを、人のようにたとえる。

例 風がささやき／鳥が歌う

2 **反復**…同じ言葉を繰り返すことで印象を強める。

例 雨／雨／雨／毎日雨が降る

3 **体言止め**…文末を体言（名詞）で終わらせ、余韻を残す。

例 風吹きすさぶ秋の夜

4 **倒置**…言葉の順序を入れ換えて強調する。

例 奇跡よ起これ／私の心に

5 **省略**…全部を言い切らずに言葉を省略することで、読者に想像させたり余韻を残す。

6 **動詞**…自立語・活用する・述語になる(**用言**)。言い切りの形はウ段の音。動作・作用・存在を表す。例 歩く・変わる・ある

7 **形容詞**…自立語・活用する・述語になる(**用言**)。言い切りの形は「い」。状態・性質を表す。例 熱い・強い・ない

8 **形容動詞**…自立語・活用する・述語になる(**用言**)。言い切りの形は「だ・です」。状態・性質を表す。例 静かだ・愉快(ゆかい)だ

9 **助詞**…付属語・活用しない。自立語などのあとについて、一定の意味を添(そ)えたり、語句と語句の関係を示す。

例 が・は・を・に・から・よ

10 **助動詞**…付属語・活用する。用言・体言や他の助動詞などについて、意味をつけ加えたり、判断を表したりする。

例 れる・たがる・らしい・ようだ

コレ重要

言い切りの形は、動詞は「ウ段」の音、形容詞は「い」、形容動詞は「だ・です」になる。

自立語		
名詞	活用しない	主語になれる＝**体言**
副詞・連体詞・接続詞・感動詞	活用しない	主語になれない
動詞・形容詞・形容動詞	活用する＝**用言**	

テストに出る 要点チェック

1. 次から、付属語の性質を表すものを二つ選びなさい。
   - ア 一文節に必ず一つだけある。
   - イ 一文節に複数あることもある。
   - ウ 単独で文節を作れない。
   - エ 必ず文節の最初にある。
   - オ 単独で文節を作れる。

2. 次の品詞を答えなさい。
   - ① 体言にあたる品詞
   - ② 用言のうち、言い切りがウ段の音である品詞

3. 次の――線部の単語は、名詞・副詞・連体詞・接続詞・感動詞・動詞・形容詞・形容動詞のうちどれか。
   - ① この本はとてもおもしろい。
   - ② 雪景色はいつ見ても美しい。
   - ③ 何事もない毎日で、とても平和だ。
   - ④ 写真を見るたびに昔を思い出す。
   - ⑤ いいえ、私ではありません。
   - ⑥ マラソン大会で一等になりたい。
   - ⑦ 遅(おく)れてしまい、とても間に合わない。
   - ⑧ ところで、今日は何曜日でしたか。

解答

1. イ・ウ　2. ①名詞　②動詞　3. ①連体詞　②形容詞　③形容動詞　④動詞　⑤感動詞　⑥名詞　⑦副詞　⑧接続詞

4 単語の分類

1 単語の分類

単語は、自立語と付属語、活用の有無、文の成分、言い切りの形などから十種類に分類され、その一つ一つを品詞という。また、文の中で使われるとき、単語の形が変化すること(歌う・歌えば・歌わない・歌え など)を活用という。

1 **自立語**…単独で文節を作ることができる。自立語は、**一文節に一つずつ**あり、必ず文節の**最初**にある。

例 今日は(自) 天気が(自) いい。(自)

ⓐ**活用しない自立語**…名詞・副詞・連体詞・接続詞・感動詞

ⓑ**活用する自立語**…動詞・形容詞・形容動詞

2 **付属語**…単独では文節を作ることができない。必ず自立語とともに文節を作り、自立語のあとにつく。一文節中に付属語が一つもないことや、二つ以上あることもある。

例 もう 雨は(付) 降らない(付) だろ(付) う。(付)

ⓐ**活用しない付属語**…助詞

ⓑ**活用する付属語**…助動詞

(自立語/付属語)	学校(自)	の(付)	前(自)	に(付)	小さい(自)	本屋(自)	が(付)	ある(自)	らしい。(付)
(活用)	無	無	無	無	有	無	無	有	有

得点UP

① 自立語と付属語の違い(ちが)をしっかりおさえよう。
② 体言と用言の働きを理解しよう。
③ 十の品詞の種類とその性質を理解しよう。

月　日

2 体言と用言

1 **体言**…活用しない自立語のうち、主語(「が・は・も」などがつく)になれる単語を体言という。体言は、品詞でいうと名詞である。

2 **用言**…活用する自立語を用言という。用言は、品詞でいうと動詞・形容詞・形容動詞の三つである。用言は単独で述語(修飾語にもなれる)になれる。

3 品詞の種類

1 **名詞**…自立語・活用しない・**主語**になる(**体言**)。事柄(ことがら)や物事の名称(めいしょう)を表す。 例 人・理解・日本・あなた・一つ

2 **副詞**…自立語・活用しない・**修飾語**(主に**連用修飾語**)になる。主に用言を修飾する。 例 のんびり(と)・かなり

3 **連体詞**…自立語・活用しない・**修飾語**(**連体修飾語**)になる。主に体言を含(ふく)む文節を修飾する。 例 あの・小さな

4 **接続詞**…自立語・活用しない・単独で**接続語**になる。文と文や、文節と文節などをつなぐ。 例 そして・しかも

5 **感動詞**…自立語・活用しない・**独立語**になる。感動・挨拶(あいさつ)・応答などを表す。 例 まあ・おはよう・はい

修飾語の種類

被修飾語（修飾される言葉）によって**連体修飾語**・**連用修飾語**に分けられる。

- **連体修飾語**…体言（**名詞**）を含む文節を修飾。

例 赤い　花が　きれいに　咲いた。

- **連用修飾語**…用言（**動詞・形容詞・形容動詞**）を含む文節を修飾。

例 赤い　花が　きれいに　咲いた。

・コレ重要・
- 言葉の単位…文章→段落→文→文節→単語
- 文の成分…主語・述語・修飾語・接続語・独立語

3 文節どうしの関係 ☆☆

1 **主語・述語の関係**　例 分厚い　本が　ある。

2 **修飾・被修飾の関係**　例 分厚い　本が　ある。

3 **接続の関係**　例 春になった。だが、寒い。

4 **独立の関係**　例 ああ、春だなあ。

4 連文節 ☆☆

二つ以上の文節がまとまって、主語・述語・修飾語などの働きをする場合、これらのまとまった文節を**連文節**という。連文節となった文の成分を、**主部**・**述部**・**修飾部**などと呼ぶ。

1 **並立の関係**…二つ以上の文節が、対等な関係で並ぶ。

例 大きくて　白い　犬が　いる。（修飾部）

弟と　妹が　歌う。（主部）

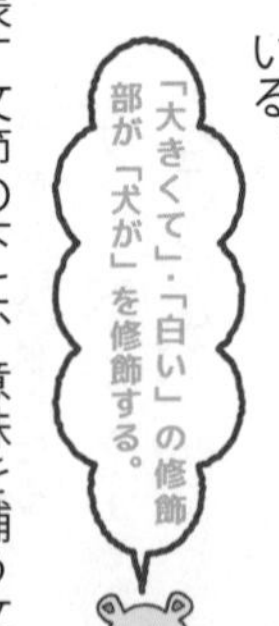

「大きくて」・「白い」の修飾部が「犬が」を修飾する。

2 **補助の関係**…主な意味を表す文節の下に、意味を補う文節がつく。

例 ゆみさんは　白い　犬を　連れて　いる。（述部）

参考 補助の関係は「〜て（で）」の形になることが多い。

テストに出る要点チェック

□ 1. 「小学生の頃はおなじみの遊びだった。」という文を文節と単語に区切るとき、それぞれいくつに区切れるか。〔岩手―改〕

□ 2. 「たとえ高さ何メートルという数字の見当がつけられなくても、その木のすばらしさには十分触れられるのだ。」という文で、「たとえ」が修飾している文節を抜き出しなさい。〔愛知―改〕

□ 3. 次の〜〜線部「あの」が修飾する言葉を選びなさい。
私は、あの　ア美しい　イ景色を　ウいつまでも　エ忘れません。

解答 1.（文節）四　（単語）九　2. つけられなくても（、）　3. イ

3 言葉の単位・文の組み立て

① 五つの言葉の単位について理解しよう。
② 文の成分と文節どうしの関係について理解を深めよう。
③ 文節の区切りや文節の働きを問う問題は、特に頻出。

月　日

1 言葉の単位 ☆☆

文章	話し手・書き手の考えや気持ちなどを、一つのまとまりとして述べたもの。
段落	文章を内容のまとまりごとに区切ったもの。段落の最初は改行し、一字下げる。
文	一つのまとまった意味を表す一続きの言葉。最後は「。」(句点)で終わることが多い。
文節	文を意味がわかる程度に短く区切ったもの。文節の区切りに「ネ」「サ」などを入れることができる。
単語	言葉として、これ以上分けることができない最小の単位。

文節と単語

文節…「ネ」「サ」などを入れて区切る。

例 吾輩(わがはい)は(ネ)／猫(ねこ)で(ネ)／ある。

すいすい暗記

文節(ぶんせつ)と　買(か)い物(もの)は　値切(ねぎ)れ
「ネ」で区切る

単語…文節を意味や働きによりさらに細かく区切る。

例 吾輩／は／猫／で／ある。
複合語は一単語

▼注意

次の文の――線部は二文節になる。

・弟が 公園で 遊んで いる。 ・新しい 店に 行って みた。

「遊んでもいる」「行ってはみた」というように、付属語「も」「は」を補うことができるものは二文節になる。

2 文の成分 ☆☆☆

文節の働きには、主語・述語・修飾語(しゅうしょくご)・接続語・独立語がある。
文における文節の働き

主語	「何が」「誰(だれ)が」にあたる文節。	子犬がいる。
述語	「どうする」「どんなだ」「何だ」「ある(いる・ない)」にあたる文節。	子犬がいる。
修飾語	他の文節を詳(くわ)しく説明したり、内容を補ったりする文節。	白い 子犬がいる。
接続語	文と文、文節と文節などをつなぐ働きをする文節。	白い子犬がいる。しかし名前はまだない。
独立語	他の文節とは直接関係がなく、それだけで独立している文節。	おや、白い子犬がここにもいるぞ!

参考 漢字には、音読みだけ、訓読みだけのものもある。訓読みだけのものは主に**国字**（日本で作られた漢字）である。

例 畑・峠・笹・働く（例外的に「ドウ」の読みがある。）

コレ重要
原則として、音を聞いただけでは意味がわからないものは音読み、意味がわかるものは訓読みである。

3 熟語の読み方 ✩✩

漢字二字の熟語は、その音訓の組み合わせから、次の四通りの読み方がある。

1 **音読み＋音読み**
例 図書・春風・英語・学習

2 **訓読み＋訓読み**
例 青空・春風・野原・足音

3 **音読み＋訓読み**（重箱読み）
例 番組・台所・豚汁・路肩

4 **訓読み＋音読み**（湯桶読み）
例 朝晩・手帳・高台・合図

「重箱」は音＋訓、「湯桶」は訓＋音 の読みになっているよ。

4 特別な読み方 ✩✩

● **熟字訓**…それぞれの漢字の音訓とは関係なく、熟語全体で特別な読み方をするもの。

例 小豆（あずき）・意気地（いくじ）・田舎（いなか）
風邪（かぜ）・為替（かわせ）・時雨（しぐれ）（秋から冬にかけて断続的に降る雨）
雪崩（なだれ）・息子（むすこ）・若人（わこうど）

テストに出る要点チェック

□ 1. 次の漢字の読み方を答えなさい。
① 暗幕・幕末　② 留学・留守
③ 世間・間隔　④ 封筒・封建
⑤ 干す・干上がる　⑥ 滑る・滑らか
⑦ 危ない・危うい・危ぶむ

□ 2. 次の熟語の中から、①（重箱読み）・②（湯桶読み）のものをすべて選びなさい。
ア 新芽　イ 広場　ウ 荷物　エ 絵筆
オ 雨具　カ 家庭　キ 地図

□ 3. 次の漢字の読み方を答えなさい。
① 乳母　② 草履　③ 名残
④ 流石　⑤ 最寄り

解答
1. ①あんまく・ばくまつ　②りゅうがく・るす　③せけん・かんかく　④ふうとう・ほうけん　⑤ほ・ひあ　⑥すべ・なめ　⑦あぶ・あや・あや
2. ①ア・エ　②ウ・オ
3. ①うば　②ぞうり　③なごり　④さすが　⑤もよ

JAPANESE

2 漢字の音と訓

1 音読み ☆☆

1 音読み…漢字が日本に伝わったときの中国語での発音をもとにした読み方。 例 山(サン)・海(カイ)

2 音読みの種類…中国の異なった時代やルートから伝わったことにより、次のような複数の音読みがある。

呉音(ごおん)…最も古いもので、中国南部より伝わった。
漢音…遣隋使(けんずいし)や遣唐使(けんとうし)などにより中国北部から伝わった。
唐音…鎌倉(かまくら)時代から江戸(えど)時代にかけて伝わった。

例

	呉音	漢音	唐音
行	行(ギョウ)列	行(コウ)動	行(アン)脚(ギャ)
明	灯明(トウミョウ)	明(メイ)暗	明(ミン)朝体
頭	頭(ズ)脳	頭(トウ)髪(ハツ)	饅頭(マンジュウ)

3 複数の音読みを持つ漢字

例 絵(カイ・エ)…絵画・絵本
宗(シュウ・ソウ)…宗教・宗家(流派の家元。一族の本家)
色(ショク・シキ)…特色・色紙

得点アップUP

① 音読み・訓読みについて理解を深めよう。
② 音読みや訓読みが複数あるものに注意しよう。
③ 熟字訓の漢字の読み方をしっかり覚えよう。

月　日

柔(ジュウ・ニュウ)…柔道・柔和(おだやかなこと)
代(ダイ・タイ)…現代・交代
直(チョク・ジキ)…直接・正直
日(ニチ・ジツ)…毎日・前日

「代」「直」などは、訓読みも複数あるよ。

2 訓読み ☆☆

1 訓読み…漢字の意味と同じ、または似ている日本語をあてはめた読み方。 例 山(やま)・海(うみ)

2 複数の訓読みを持つ漢字

例 家(いえ・や)…家元・家主
我(われ・わ)…我々・我が国
魚(うお・さかな)…魚市場・煮魚(にざかな)
苦(くる-しい・にが-い)…苦しい・苦い
結(むす-ぶ・ゆ-う)…結ぶ・結う
空(そら・から・あ-く)…青空・空手・空く
後(のち・あと・うし-ろ・おく-れる)
　…後の世・後味・後ろ・後れる
下(した・しも・もと・さ-げる・くだ-る・お-りる)
　…下地・下の句(短歌の後半「七・七」の二句)・法の下・ぶら下げる・下り坂・下りる

2 つくり…漢字の右側

例 刂(りっとう)→**刀や切ること**に関する漢字〔割・削・剣〕
頁(おおがい)→**顔**に関する漢字〔顔・額・頭〕

3 かんむり…漢字の上側

例 艹(くさかんむり)→**草花**に関する漢字〔苗・芽・菜〕
穴(あなかんむり)→**穴**に関する漢字〔空・窓・究〕

4 あし…漢字の下側

例 心(こころ・したごころ)→**心**に関する漢字〔恋・思・志〕
灬(れんが・れっか)→**火**に関する漢字〔烈・照・焦〕

5 たれ…漢字の上側から下側へ垂れ下がる

例 疒(やまいだれ)→**病気**に関する漢字〔病・疫・癖〕
广(まだれ)→**家や屋根**に関する漢字〔庭・店・庁〕

6 にょう…漢字の左側から下側へ続く

例 辶(しんにょう・しんにゅう)→**道や進むこと**に関する漢字〔道・送・速〕
走(そうにょう)→**走ること**に関する漢字〔起・越・超〕

7 かまえ…漢字全体を包む

例 囗(くにがまえ)→**囲むこと**に関する漢字〔国・固・園〕
門(もんがまえ)→**門**に関する漢字〔開・閉・関〕

▼注意
「聞」の部首は「耳(みみ)」、「問」の部首は「口(くち)」である。

参考 形は同じであっても、部首名が異なるものもある。
月(つき) 例 期・有
月(つきへん) 例 服・朕
月(にくづき) 例 腹・脈

テストに出る要点チェック

1. 次の説明に合う文字として適切なものを、あとから選びなさい。
① 漢字の音だけを借りて表す。
② 物の形をかたどって、その物を表す。
③ 抽象的な事柄を点や線を用いて表す。
④ 漢字を組み合わせて別の新しい意味を持たせる。
ア 会意文字　**イ** 指事文字
ウ 象形文字　**エ** 仮借文字

2. 次の漢字の成り立ちを答えなさい。
① 明　② 中　③ 馬　④ 江

3. 「枝」の部首(へん)と組み合わせたとき、漢字として成り立つものはどれか、記号で答えなさい。
ア 主　**イ** 足　**ウ** 虫　**エ** 舎　〔栃木―改〕

解答
1. ①エ ②ウ ③イ ④ア
2. ①会意 ②指事 ③象形 ④形声
3. ア

JAPANESE

1 漢字の成り立ちと部首

1 漢字の成り立ち(六書)☆

（六書＝六種類の分類）

漢字は中国で用いられていた文字であり、渡来人によって古代日本に伝来したとされる。今から約三千年以上前の中国(殷)で用いられていた「甲骨文字」が、漢字の起源とされる最古の文字である。

1 **象形**…「象形」とは、「物の形をかたどる」という意味。**物の形をとらえ、その物を表した文字**。絵文字から発展した。

例 月・山・鳥

2 **指事**…「指事」とは、「事柄を指し示す」という意味。絵では表しにくい抽象的な事柄(数や位置など)を、**点や線を用いて表した文字**。

例 上・下・一・二・三

3 **会意**…「会意」とは、「意味を合わせる」という意味。**二つ以上の漢字を組み合わせて、新しい意味を持たせた文字**。

例 木＋木→林　木＋木＋木→森　口＋鳥→鳴

4 **形声**…「形声」の「形」は意味、「声」は音を表す。**意味を表す部分と、音を表す部分を組み合わせた文字**。

例 河→氵(＝水)と可　園→囗(＝かこい)と袁
（氵・囗＝意味を表す、可・袁＝音を表す）

5 **転注**…「転注」は、「転じて注ぐ」という意味。**本来の意味に関連した、別の意味に転じて用いられた文字**。

例 楽(「音楽」の意味)→楽(「楽しい」の意味)
（音楽を聴いて楽しむことから、「楽しい」という意味でも使うようになり、「ラク」という読み方ができた）

6 **仮借**…音だけを「仮で借りる」という意味。文字で表すことができなかった事柄を、**漢字の音だけを借りて表した文字**。

例 我(「ガ」という、「ぎざぎざの刃を持つのこぎり(歯のある戈)」を意味する字の音を借りて、「わたし」の意味を表した。)

コレ重要
☞ 漢字を成り立ちによって六つに分類したものを「六書」という。
☞ 「六書」とは、象形・指事・会意・形声・転注・仮借を指す。

2 部首 ☆☆

漢字を字の意味や形の類似から分類するとき、そのもとになるものを部首という。部首は、その位置によって次の七つに分類される。

1 **へん**…漢字の左側

例 氵(さんずい)→水に関する漢字〔流・池・泣〕
言(ごんべん)→**言葉や話す動作**を表す漢字〔話・議・証〕

得点UP
① 六書についての理解を深めよう。
② 漢字の成り立ちの特徴をとらえよう。
③ 部首名を覚え、その漢字の意味との関係をおさえよう。

月　日

装丁デザイン　ブックデザイン研究所
本文デザイン　A.S.T DESIGN
図　版　デザインスタジオエキス.／ユニックス／スタジオ・ビーム

写真提供・協力一覧
内井道夫／恩藤知典／神戸市立博物館／産業技術総合研究所地質調査総合センター 地質標本館／天理大学付属天理図書館／東京国立博物館／登呂遺跡／ピクスタ／福岡市博物館／ ColBase (https://colbase.nich.go.jp)
(敬称略・五十音順)

本書に関する最新情報は，小社ホームページにある**本書の「サポート情報」**をご覧ください。(開設していない場合もございます。)
なお，この本の内容についての責任は小社にあり，内容に関するご質問は直接小社におよせください。

中１５科の総まとめ

編著者　高校入試問題研究会　　発行所　受験研究社
発行者　岡　本　明　剛　　©株式会社　増進堂・受験研究社

〒550-0013 大阪市西区新町2—19—15
注文・不良品などについて：(06) 6532-1581(代表)／本の内容について：(06) 6532-1586(編集)

Printed in Japan　岩岡印刷・高廣製本
落丁・乱丁本はお取り替えします。